中国刑事预审制度研究

THE STUDY ON THE CRIMINAL PRELIMINARY HEARING SYSTEM OF CHINA

罗 晖 著

法律出版社
LAW PRESS · CHINA

序　　言

我国现行的刑事预审通常指公安等侦查机关的内设机构，依法对犯罪嫌疑人进行讯问和调查，以查明案件全部事实，决定是否移送审查起诉或者作出其他决定的活动。我国2018年修订的《刑事诉讼法》第3条规定，预审与侦查并列，属于公安机关的专属权力，其他具有侦查权的机关适用相同规定。在功能定位上，我国刑事预审具有审查证据材料、讯问犯罪嫌疑人、终结侦查、内部监督以及保障人权等职能。随着"预侦一体"模式改革的推进，公安机关的侦查部门和预审部门逐渐合并，以前的预审职能逐渐被侦查部门和法制部门分解和替代。公安机关的侦查和预审由同一个部门承担，可能会导致预审权的湮灭，从而消解了现行《刑事诉讼法》确立的预审部门对侦查部门应当进行内部制约的立法预期。客观地说，我国刑事预审制度表现为一种侦查意义上的内部审查而非司法意义上的外部制约。

相比之下，域外大陆法系确立的预审法院体系和英美法系的预审法官制度虽有所不同，但是核心都表现出了中立机关（法院、法官）对公权力机关作出的强制措施或者强制性措施的司法审查和制约。在域外诸多国家，侦查机关对犯罪嫌疑人的逮捕和羁押必须经过刑事预审机关（预审法院、预审法官）的审查。同时，侦查机关对涉案财产的查封、扣押、冻结等程序也需经过中立刑事预审机关的批准。虽然可能存在不同的经济、历史、政治以及文化背景，但是权力制约原则应是各个国家治理设计中权力配置的普适规范。在我国，依照现行《刑事诉讼法》第7条之规定，“分工负责、相互配合和相互制约”是我国人民法院、人民检察院和公安机关办理刑事案件的基本原则。然而，由于国家安全价值观之影响和刑事诉讼阶段性之特点，在刑事诉讼中审判机关、公安机关和检察机关之间似乎“配合有余”“制约不足”。依照衡平国家安全价值与个体自由价值的刑事诉讼目的之指引和因应“审判为中心”的刑事诉讼制度改革之需要，我国预审制度应当变革，司法审查功能是其应有之义。

本书作者在批判性地吸收和借鉴域外有益经验和先进理论的基础上，深入研究了刑事预审制度的历史渊源、理论基础、运行模式以及基本原则。在研究方法上，本书充分运用了历史、比较以及规范法学的研究方法，对古今中外刑事预审制度的主体、概念、原则、性质以及内容等问题进行了较为全面的评析和论证。本书紧密结合了我国刑事司法实践，从理论上阐发了许多新的观点和思想，丰富了刑事诉讼理论成果。在论证方面，本书注重逻辑，语言朴实无华，对于理论观点的阐释以及论证较为厚实，具有较强的可读性和通俗性。作者着重提出了重构我国刑事预审制度的建议，在这一点上我们的观点是相通的。需要指出的是，刑事预审制度的重构必须因应我国政法体制之变革并根植于我国的刑事司法实践之需要。窃以为，作者将法院作为我国刑事预审主体的观点，在现阶段尚不具有现实性。再者，文中说理的部分较多，实证研究的数据偏少，对于我国刑事预审制度之流弊缺乏数据证明，亦属缺憾。

本书作者罗晖同志，是毕业于武汉大学诉讼法学专业的博士，现任南宁市中级人民法院员额法官。罗晖同志身处审判工作的第一线，对司法实践具有较为深刻的认识。在应对繁忙审判业务的同时，他依然不忘初心，躬行审判实践、潜心学术研究，这在当下浮躁的社会较为难得。

在本书即将付梓之际，笔者为罗晖同志的学术理想和学术成果感到欣慰。路漫漫其修远兮！我希望他能够初心依旧，持正义之锤、秉公正之心、述法治之事、执道义之笔，在追寻学术理想的同时，努力在个案件中践行社会的公平正义。

武汉大学

于珞珈山天马斋

2018 年 12 月

目 录

摘　要

与所有的法律制度一样,刑事预审制度并非与生俱来的,而是经历了漫长的历史发展过程。现今,刑事预审制度已经成为西方两大法系各主要国家刑事诉讼制度的重要组成部分。从表面上来看,两大法系各国建立刑事预审制度的目的是在刑事案件进入庭审程序之前对刑事案件进行起诉审查,以确定案件是否符合起诉的条件。但在实质上,这些国家的主要目的在于通过中立第三方的司法审查,制约侦查机关的侦查行为和公诉机关的控诉行为,进而实现对侦查权和公诉权的司法控制,从而防止和避免被追诉人的人身权、财产权以及其他合法权利在审前被非法的限制和剥夺。因而,这些国家的刑事预审制度通常也被称为“司法审查意义上的刑事预审制度”。从我国现行《刑事诉讼法》第3条的规定来看,我国现行的刑事预审制度与两大法系各国并不相同。我国当前的立法只是将刑事预审视为公安机关侦查活动的延续和公安机关的专属职权,其主要目的在于检验核实侦查所获的罪证材料是否确凿,弥补和纠正侦查工作的疏忽和错误,而与域外刑事预审制度中强调对涉案人身自由、财产的审查以及刑事案件的分流等功能的制度设计有着原则的区别。所以,我国所谓的“刑事预审”仅仅是在名称上与两大法系各国相同,但在实质上却是两种完全不同的概念。笔者认为,我国现行的刑事预审制度存在着多种问题,其中最主要的问题是缺乏司法审查的功能。由于公安机关侦查行为具有不可诉性,因此,我国的法院无法通过现行的刑事预审制度对公安机关在侦查过程中的侦查行为进行有效的司法控制,也无法在犯罪嫌疑人或涉案财产受到来自公安机关非法采取的侦查行为或强制措施侵害时及时介入,并提供有效的司法救济手段。2014年,最高人民法院颁布实施了《四五改革纲要》,明确提出要进一步健全审判权力运行机制,并加大对人权的司法保障力度。有鉴于此,随着《四五改革纲要》的颁布施行,我国现行的刑事预审制度理应进行改革和重构。在改革的方向上,笔者认为,我国未来的刑事预审制度可以批判性地吸收和借鉴西方两大法系各国刑事预审制度的合理内核,建立一个由预审法官主导,并具备程序性司法审查功能的刑事预审制度。在重构后的刑事预审制度中,预审法官不仅应当对包括刑事公诉案件和自诉案件在内的所有刑事案件进行预审,而且还应当对限制犯罪嫌疑人或被告人人身、财产权利的强制措施进行审查。为了降低改革的成本并减少改革的阻力,笔者还设计了"分步走"的改革方案。在刑事预审制度改革的过渡阶段,先从限制犯罪嫌疑人或被告人人身、财产权利的强制措施的预审着手,在借鉴和吸收两大法系各国司法令状制度合理内核的基础上,由法院和检察机关分别对限制犯罪嫌疑人或被告人人身、财产权利的强制措施进行司法审查,并通过签发令状的方式规范强制措施的适用,强化对审前程序的司法控制。同时,也为我国刑事预审制度的全面改革和重构提供经验和借鉴。本书共分为五个主要章节,约为15万字。

第一章的主要内容是刑事预审制度的概述。本章重点介绍了刑事预审制度的发展历程,并对刑事预审、刑事预审程序和刑事预审制度的概念和相互关系进行了解析。此外,本章还重点比较了刑事预审程序与审前程序、庭前审查程序、审查起诉程序以及公诉审查程序等相似程序的异同。本章共分为四节。其中,第一节主要介绍了刑事预审制度的萌芽、形成和发展的历程,目的是通过探寻刑事预审制度的历史发展轨迹,发掘刑事预审制度的共性和特性。第二节的重点是对预审概念的界定。该节不仅介绍了“预审”一词的由来,还在吸收和借鉴各国专家学者观点的基础上形成了本书中“预审”的概念。该节还阐明了本书的研究重点,即在我国构建具有程序性司法审查功能的刑事预审制度。第三节对预审程序的概念进行了界定,并比较了预审程序与相关概念之间的异同,最后得出一个结论:预审程序不属于审前程序、庭前审查程序、审查起诉程序或公诉审查程序的一个部分,而是一个独立的诉讼程序,具有自身独特的一面。第四节重点界定了刑事预审制度的概念,并解析了刑事预审、刑事预审程序和刑事预审制度之间的相互关系。

第二章阐述了刑事预审制度的理论基础。本章共分为四节,重点探讨了刑事预审制度的法律性质、功能定位、基本原则和价值。第一节重点分析了程序性司法审查和实体性司法审查的关系,并指出刑事预审制度应当是一种程序性司法审查制度。第二节和第三节分别介绍了刑事预审制度的功能和基本原则。其中,刑事预审的功能主要包括审查起诉、案件分流和证据审查三大功能。刑事预审制度的基本原则包括平等参与原则、适度对抗原则、排除预断原则以及相对公开原则。第四节则重点介绍了刑事预审制度的外在价值和内在价值。外在价值通常又被称为工具性价值,而内在价值则是刑事预审制度的灵魂。从两者的关系来看,外在价值和内在价值相辅相成。因此,必须对内在价值与外在价值进行动态平衡,以保障预审法官正确地行使预审权力。

第三章着重考察和比较了域外刑事预审制度。本章共分为三节。其中,第一节以法国和德国等大陆法系典型国家为例介绍了大陆法系国家刑事预审制度的历史发展和共同特性。第二节以英国和美国等英美法系典型国家为例介绍了英美法系国家刑事预审制度的历史发展和共同特性。第三节是对西方两大法系各国刑事预审制度的评析。该节的重点是比较和分析两大法系各国在刑事预审的权力主体、适用范围、启动方式、审查内容、程序终结以及程序救济等方面的异同。通过比较,得出的结论是:相对而言,大陆法系国家的刑事预审制度呈现出职权主义诉讼模式的典型特征,具有较为强烈的纠问主义色彩;而英美法系国家的刑事预审制度则反映了当事人主义诉讼模式的特点,更注重对当事人权益的保障。

第四章介绍了我国刑事预审制度历史和现状。本章共分为三节。第一节介绍了我国刑事预审制度的发展历程,包括晚清时期的刑事预审制度、北洋政府时期的刑事预审制度、中华苏维埃时期的刑事预审制度、解放战争时期的刑事预审制度,以及中华人民共和国成立后的刑事预审制度的发展状况。第二节重点介绍了我国刑事预审制度的现状,包括我国刑事预审的性质、作用、权力主体、适用范围、审查内容、终结机制和救济机制等。第三节则是对我国现行刑事预审制度的评析。该节从五个方面重点分析了当前我国刑事预审制度存在的问题,包括缺乏严密系统的理论、法律地位尚待明确、已有的法律法规不能满足刑事预审的需要、对侦查的监督作用难以发挥以及救济机制有待完善等。最重要的是,该节还着重指出我国现行的刑事预审制度是一种在侦查机关主导之下的刑事预审制度。该制度并不具有司法审查功能,在本质上也不同于西方两大法系各国的刑事预审制度。

第五章的主要内容是我国刑事预审制度的重构。本章共分为六节,既是本书的最后一章,也是本书最重要的一章。第一节和第二节重点对刑事预审制度重构的必要性和可行性进行分析,指出重构刑事预审制度有利于规范刑事预审、优化刑事诉讼结构、制约公诉权、防止侦查机关滥用职权,以及加强对当事人的人权保障,从而实现公正与效率的有机统一。第三节是对我国已有的刑事预审制度改革方案进行介绍和评析。本节重点对我国理论界提出的徐氏方案、韩氏方案、云氏方案和曹氏方案四种重构方案进行了介绍和评判。第四节提出了我国重构刑事预审制度的三大原则,即尊重与保障人权原则、公检法权力平衡原则以及公正与效率兼顾原则。第五节是刑事预审制度重构的具体方案,即应当在各级法院内设立独立的刑事预审庭,由预审法官专职负责对所有刑事案件的预审工作,履行司法审查的职责。第六节是刑事预审制度重构的阶段性路径。由于任何改革都不是一蹴而就的,因此,重构我国的刑事预审制度也必须根据事物发展的客观规律,先易后难地逐步推进和完善,以争取各界的支持并减小改革的阻力。从我国的国情和司法现状出发,可以将取消公安机关的预审权作为改革的起点,进而在借鉴西方国家司法令状制度合理内核的基础上构建具有我国特色的司法审查制度,由法院和检察机关分别对限制犯罪嫌疑人或被告人人身、财产权利的强制措施进行预审,并通过签发令状的方式规制强制措施的使用,从而实现对审前程序的司法控制,并为我国刑事预审制度的全面改革和重构提供经验和借鉴。

关键词:刑事预审　刑事预审制度　程序性司法审查　实体性司法审查　重构

ABSTRACT

Like all legal systems, the criminal preliminary hearing system is not innate, but has undergone a long process of development. Nowadays, the criminal preliminary hearing system plays an important role in both of the civil law system and the common law system countries. On the surface, the purpose of the criminal preliminary hearing system is to examine the sue before the trial to decide whether or not to prosecute. However, the main purpose of the criminal preliminary hearing system is to control the act of investigation and the right of prosecution from the investigative authority and the public prosecutor before the trial. Therefore, the criminal preliminary hearing system of the west cowntries is called the criminal preliminary hearing system with judicial review function. Because of the political system, legal system and cultural environment and other factors, the criminal preliminary hearing system of China is quite different from that in the west countries. In fact, our current system is dominated by the investigative organization, according to the provision in the Criminal Procedure Law revised in the year 2012. The biggest drawback of the criminal preliminary hearing system of China is short of the neutral third party supervision. Thus, it can not effectively restrict the power of the investigative organization before the trial. In the year 2014, the Supreme People's Court published the Outline of the Fourth Five-Year Reform of the People's Court to promote our judicial system revolution. I believe that, with the outline, our current system should also be reformed and perfected. On the view, I explore and research on several issues about the criminal preliminary hearing system of China and its revolution, and put forward relevant solution to build a truly criminal preliminary hearing system with Judicial Review Function. The book is made up of five chapters with about 150, 000 words.

The first chapter is the sketch of the criminal preliminary hearing system which is mainly about the development of the criminal preliminary hearing system, in order to define the concept of the criminal preliminary hearing and the criminal preliminary hearing procedure. The first chapter also introduces the similarities and the differences of the criminal preliminary hearing procedure and the other similar procedures. There are four parts in the chapter. Among them, the first part focuses on the growth and the derelopment of the criminal preliminary hearing; The second part focuses on the concept of preliminary hearing. The second part not only introduces the origin of the criminal preliminary hearing, but also forms the concept of the criminal preliminary hearing on the basis of absorbing and drawing on the views of experts and scholars from various countries. Furthermore, the focus of the book is to build the criminal preliminary hearing system with judicial review function in our country which is clarified in the second part. The third and the fourth parts are mainly focusing on the concept of the criminal preliminary hearing procedure and comparing the similarities and differences between the related concepts, and finally come to a conclusion that the criminal preliminary hearing procedure is an independent procedure which has its particular distinction.

The second chapter describes the theoretical basis of the criminal preliminary hearing system. There are four parts in the chapter. The first part of the chapter analyzes the relationship between the procedural judicial review and the substantive judicial review firstly, and then points out that the criminal preliminary hearing system should be the procedural judicial review system. The second part and the third part introduce the function and the basic principle of the criminal preliminary hearing system respectively. The intrinsic value and the extrinsic value are both the key of the fourth part. Therefore, it should be kept dynamic balance between the intrinsic value and the extrinsic value, in order to protect the judge to exercise them correctly.

The third chapter is the comparison on the criminal preliminary hearing system. There are three parts in the chapter. The first part introduces the historical development and the common characteristics of the criminal preliminary hearing system in the civil law countries such as France and Germany. The second part describes the same content as the first part between the common law countries such as Britain and the United States. The third part comments the similarities and differences between the both criminal preliminary hearing system. The conclusion of the chapter is that the feature of the authority system is prevailing in the civil law countries, but the adversary system which paying more attention to the civil right is applying in the common law countries. Therefore, the focus of the criminal preliminary hearing system in the two legal systems is not the same.

The fourth chapter is about the history and the reality of the criminal preliminary hearing system of China. There are three parts in the chapter. The first part describes the development of the criminal preliminary hearing system of China including the period of the Late Qing Dynasty the Beiyang Gorernment the Chinese Soviet, the Liberation war and the Founding of the New China; The second part focuses on the current situation of the criminal preliminary hearing system of China, including the function, the role, the scope and the content etc. The third part focuses on the analysis of the current criminal preliminary hearing system of China by pointing out the five major problems, such as the lack of rigorous system theory, the unclear legal status and nearly no supervision, etc. Most importantly, the third part also clarifies the fact that the criminal preliminary hearing system of China has no function of the judicial review, which is different from the western countries.

The fifth chapter is the most important chapter of the book. There are six parts in the chapter. The first and the second part analyze the necessity and feasibility of the reconsitution of the criminal preliminary hearing system of China, pointing out that the reconsitution will help standardize and optimize the structure of the criminal preliminary hearing procedure. The third part analyzes the four representative mode from the Professor Xu, the Professor Han, the Professor Yun and the Professor Cao. The fourth part puts forward three principle of reconsituting the criminal preliminary hearing system. In the fifth part, on establishing the criminal preliminary hearing system with the judicial review, the book proposes the specific program that it should be set up independently the pre-trial tribunal in all the courts and given the right to the investigating judge to start the criminal preliminary hearing procedure; The sixth parts is related to the staged approach of reconsituting the criminal preliminary hearing system. Any reform is not achieved in one day. Therefore, it should be done easy things first and then gradually improved, to win the support of all the people and reduce the resistance of the reform. From the reality, we may cancel the right of the criminal preliminary hearing charged by the public security organ as a starting point, and then establish the judicial review system basing from the experience of the western countries, on the purpose of distributing the right of the judicial review between the Procuratorial Organ and the People's Court reasonably to judge whether the criminal suspect and property involved should be taken the coercive measure and further standardizing the use of coercive measure by issuing writs, in order to better realize the judicial control of the pretrial procedure and provide experience and reference for the comprehensive reform and reconsitution of the criminal preliminary hearing system of China.

Key Words: criminal preliminary hearing criminal preliminary hearing system procedural judicial review substantive judicial review reconstruction

第一章　刑事预审制度概述

历经数百年的发展和完善，刑事预审制度（criminal preliminary hearing system）已经成为世界各国刑事诉讼制度的重要组成部分。从世界范围来看，由于政治制度、司法制度以及历史文化的不同，各国的刑事预审制度存在差异。但是，综观各国的理论与实践，在差异之中仍然存在共识。这些共识主要体现在两个方面：一方面，各国普遍认同刑事预审制度形成、发展和演变的过程就是人类司法文明发展的过程；另一方面，各国也在刑事预审的基本概念、特征和功能等方面达成了高度一致的意见，在世界范围内具有普适性。可以说，上述共识不仅为我国理论界和实务界打开了"一扇窗"，使我国刑事预审制度的发展与世界潮流紧密相连，而且为改革我国现行的刑事预审制度提供了参照和评判的依据，从而能在充分地吸收和借鉴世界各国已有研究成果的基础上，更为科学和合理地完善我国的刑事预审制度。

第一节　刑事预审制度的源与流

从研究的角度来讲，通过历史研究的方法不仅有助于追溯事物的本源，而且便于了解事物的发展规律并推测其未来的变化。因此，笔者认为，以刑事预审制度的历史发展作为本书的切入点，不仅可以探寻刑事预审制度的发展轨迹,而且还有助于读者厘清预审的概念、特征和功能等基本理论问题,更深入地认识和领会我国刑事预审制度改革的必要性和紧迫性,形成改革的共识。限于篇幅和本书的结构安排,本节仅对刑事预审制度的萌芽、形成和发展的一般情况进行介绍。对于刑事预审制度在不同法系和不同国家的发展历程和现状,本书将在第三章"域外刑事预审制度的比较法考察"中选取大陆法系(civil law system)和英美法系(common law system)部分典型国家进行更为详细的介绍。

一、刑事预审制度的萌芽

与所有的法律制度一样,刑事预审制度也不是与生俱来的,而是经历了漫长的发展过程。这个发展过程也是人类司法文明在不同历史时期不断相互撞击、融合和扬弃的一种反映。[①] 一般认为,现代刑事预审制度源于法国,是新兴的资产阶级与封建专制斗争的产物。但是,据世界著名的法律史学家艾德马尔·埃斯梅因教授(Adhémar Esmein,1848～1913)的研究和考证,早在古罗马时期就出现了"预先调查程序"(preliminary investigation),可以说是现代刑事预审制度的萌芽。

古罗马文明是在意大利半岛兴起的。从今天的视角来看,古罗马文明和古希腊文明都被视为欧洲历史的起点。公元前753年,居住在半岛中的氏族组成了罗马城邦,并建立了君主制。与一衣带水的古希腊相比,古罗马文明所在的意大利半岛位于地中海中部,自然环境和地理位置更为优越,战略地位也更加重要。从人口数量来讲,古罗马比古希腊拥有的人口更多,在人力资源上也有显著的优势。公元前450年,罗马共和国颁布了成文法《十二铜表法》(The Twelve Tables),对罗马建城以来数百年的习惯法(customary law)进行了总结,并以此为契机

① 潘金贵:《刑事预审程序研究》,法律出版社2008年版,第18页。

创建了一系列法律原则和具体制度。随着罗马共和国的不断发展壮大，古罗马文明先是征服了意大利半岛，进而获得了地中海霸权，而后在公元1世纪成为横跨欧亚非的庞大帝国。古罗马帝国不仅建立了发达的物质文明，给世界留下了丰富的物质文化遗产，而且用完整的法律体系征服了世界。

古罗马文明主要经历了三个时期，即王政时期、共和国时期和帝政时期。其中，王政时期始于公元前753年，终于公元前510年。在这一时期，古罗马文明主要处于氏族社会的阶段，其主要的法律渊源为习惯法。进入共和国时期后，罗马共和国颁布实施了举世闻名的《十二铜表法》。根据该法的规定，犯罪行为被划分为"私犯"(private delicts)和"公犯"(public delicts)两种。与此相应的是，此时古罗马的刑事诉讼程序也被区分"私犯之诉"(private defendants)与"公犯之诉"(public defendants)。优士丁尼的《法学阶梯》(*Institutions*)中称，所谓"私犯"，是指对私人名誉、人身或财产的侵害行为，主要包括欺诈、胁迫、盗窃、侵辱和抢劫等行为；而"公犯"则主要是指直接危害国家利益或严重侵害个人利益而导致国家利益受到威胁的犯罪行为。① "私犯之诉"的启动取决于当事人的意愿，法官在"私犯之诉"中类似"临时被召唤来一个私人公断者的角色"。② 与"私犯之诉"相比，"公犯之诉"的裁判方式则稍显复杂。"公犯之诉"最初采用"两人审委会"(two party commission)③的形式进行裁判。随着公犯的范围日益扩大，"两人委员会"的裁判职能逐渐被执法官所替代。后来，对于一些特殊类型的犯

① 参见[英]巴里·尼古拉斯：《罗马法概论》(第2版)，黄风译，法律出版社2004年版，第224～225页。

② [英]梅因：《古代法》，沈景一译，商务印书馆2010年版，第209页。

③ 参见[意]朱塞佩·格罗索：《罗马法史》，黄风译，中国政法大学出版社2009年版，第137页。

罪,一种新的普通刑事诉讼程序出现了,即“刑事法庭程序”(quaestiones)。[①]

刑事法庭程序主要分为两个阶段,即预先调查程序(preliminary investigation)和审判程序,分别由执法官(magistratus)和陪审团(jurata)负责。其中,在预先调查程序中,控告人应首先向执法官提出控告请求,请求执法官准予控告人对被追诉人提出正式的指控。执法官在接到控告人的控诉请求后,必须对控告人的控诉请求进行初步的调查。如果执法官认为控告人的控诉请求存在法律和事实依据,应当同意控告人的控诉,并要求控告人提交正式的控告书。控告人提交的控告书中应明确被追诉人的身份并载明控诉的事实和理由。如果有多人向同一被追诉人提出数个内容相同或相似的指控,那么执法官必须明确由哪一个控告人提出指控。在预先调查程序中,执法官不能亲自收集被追诉人犯罪的证据,也不能直接讯问被追诉人。在调查完成后,控告人只有获得执法官的许可,才能向陪审团提出正式的起诉。也只有在正式起诉后,被追诉人才能被称为被告人。在正式起诉后,被告人应当被移交至审判程序进行正式审判。[②]

从现有的史料来看,古罗马设立“预先调查程序”的主要目的是对控告人的指控进行审查,并排除不适格的起诉,防止不符合条件的刑事案件进入正式审判程序。从程序设置的目的来看,古罗马的“预先调查程序”与现代预审程序有异曲同工之处。但是,从程序的运作方式来看,古罗马的“预先调查程序”既不涉及对犯罪证据的审查,也缺乏控辩

---

① 汪海燕:《古罗马刑事诉讼制度与模式探微》,载《现代法学》2003 年第 5 期。

② A. Esmein, *A History of Continental Criminal Procedure: With Special Reference to France*, trans. by John Simposon, Boston, Little、Brown and Company, 1913, pp. 33 – 34。转引自侣化强:《西方刑事诉讼传统的形成——以中世纪“非理性”证据、审判制度为中心》,载《刑事法评论》2010 年第 1 期。

审三方相互监督和制约的机制，与现代的刑事预审制度并不完全等同。但不可否认的是，古罗马的“预先调查程序”不仅充分体现了古罗马法制文明的丰硕成果，而且也为现代刑事预审制度提供了非常有价值的参考和借鉴，具有极其重要的意义。

二、刑事预审制度的形成

（一）大陆法系刑事预审制度的形成

在罗马共和国末期，古罗马境内爆发了斯巴达克奴隶起义和数次元老间的权力斗争。这不仅极大动摇了罗马共和国存在的基础，而且使奥克斯塔维乌斯趁机夺取政权。奥克斯塔维乌斯上台后，废除了共和制，开启了帝政时代。据史料记载，古罗马的帝政时期始于公元前27年，终于公元565年。在帝政后期，罗马帝国被拆分为东罗马帝国和西罗马帝国两个部分。[①]

此时，罗马帝国的北部已经成为很多少数民族的聚居地。在众多少数民族部落中，斯拉夫人部落、克尔特人部落和日耳曼人部落是三个比较大的部落。其中，日耳曼人主要分布在维斯特拉河、莱茵河、多瑙河和波罗的海之间的区域。从公元1世纪末到公元3世纪，随着社会生产力的发展和人口的不断增加，日耳曼人对土地的需求与日俱增。因此，日耳曼人开始了民族大迁徙，并在人口迁移的过程中逐步建立了西哥特王国（公元419年）、汪达尔王国（公元439年）、勃艮第王国（公元457年）和法兰克王国（公元5世纪末）等一系列的国家。公元476年，日耳曼人与西罗马帝国之间爆发了战争，最终导致了西罗马帝国的灭亡。在西罗马帝国灭亡后，日耳曼人继续发展壮大。其中，法兰克王国

---

① 周枏：《罗马法原论》，商务印书馆2001年版，第67页。

在公元6世纪经过连年征战,版图大为扩张,在合并了同属日耳曼人的图林根和勃艮第等王国后,建立了加洛林王朝。公元843年,法兰克王国查理大帝(Charlemagne,742~814)的三个子孙经过连年内战后签订了《凡尔登条约》(Treaty of Verdun),将原法兰克王国分为东法兰克王国、中法兰克王国和西法兰克王国三个国家,这三个国家在漫长的历史过程中逐步演化为当今的德国、意大利和法国。①

在法兰克王国早期的刑事诉讼中,仍然沿用来自古罗马和古希腊的控诉式诉讼程序。② 但在欧洲进入中世纪时代(Middle Ages)后,封建领主享有所辖区域最高的政治权力和司法权力。由于社会权力的分配不平等造成了贫富差距的日益严重,各种类型的犯罪行为不断增加,严重威胁了封建领主的专制统治。因此,为了维护封建专制,法国教会率先在宗教法庭内采用了纠问式诉讼程序(procédure de type inquisitioire)。该程序使法官集侦查、控诉和审批职权为一体,既可以对犯罪事实进行调查,又可以对犯罪事实进行控诉和审判。而且,被追诉人在诉讼程序中没有任何诉讼权利,通常仅仅是被审问和被刑讯逼供的对象。在庭审中,被告人必须跪在地上。如果被告在庭审中沉默不语,往往被默认为对犯罪行为的承认。③ 但在中世纪中后期,纠问式诉讼程序仍然取代了控诉式诉讼程序成为法国主要的刑事诉讼程序。

在1453年和1498年,法国国王发布了两项关于刑事诉讼程序的敕

---

① 参见何勤华等:《德国法律发达史》,台北,韦伯文化国际出版有限公司2014年版,第2~7页。

② 参见[法]贝尔纳·布洛克:《法国刑事诉讼法》,罗结珍译,中国政法大学出版社2009年版,第34页。

③ A. Esmein, *Histoire de la procedure criminelle en France: Et Specialement de La Procedure Inquisitoire Depuis Le Xiiie Siecle Jusqu'a Nos Jours*, Belfast, Ulan Press, 2012. 转引自施鹏鹏:《法国参审制:历史、制度与特色》,载《东方法学》2011年第2期。

令，进一步普及了纠问式诉讼程序。在1539年和1670年，法国又通过了《法兰索瓦一世令》(Francis I's Décret)和《1670年敕令》(Décret of 1670)，主要目的在于对法国的刑事诉讼程序进行划分。此后，法国的刑事诉讼程序涵盖了预审程序和审判程序两大主要部分。1808年，在拿破仑的领导和极力推动下，法国颁布了《重罪审理法典》(Code du Procès Criminel)。该法典不仅在世界范围内第一次以成文法的形式明确设立预审法官(Judge D'instruction)，而且建立了刑事预审制度。同时，该法典也标志着刑事预审制度的正式形成，在诉讼法史上具有重大的意义。[①]

1877年，德国在借鉴《重罪审理法典》的基础上颁布实施了《德国刑事诉讼法典》(Deutsches Strafrecht)，施行了与法国类似的刑事预审制度。[②] 与此同时，荷兰和意大利等欧洲国家也以法国的刑事预审制度为范本建立了各自的刑事预审制度。

(二)英美法系刑事预审制度的形成

根据文献的记载，英国刑事预审制度的形成最早可以追溯至盎格鲁—撒克逊时期。[③] 在公元3世纪，处于帝政时期的罗马帝国逐渐衰落。此时，欧洲大陆的盎格鲁—撒克逊人(Anglo-Saxons)不断跨海向英国殖民，并于公元827年统一英国。1215年和1275年，英国颁布了《大宪章》(Magna Carta)和《西敏寺第一法律》(Statutes of Westminster Ⅰ)两部重要法律。其中，《西敏寺第一法律》不仅是《大宪章》的补充，而且

---

① 参见姚伦主编：《预审学》(上)，中国人民公安大学出版社1986年版，第22~23页。

② 参见[日]田口守一：《刑事诉讼法》，刘迪等译，法律出版社2000年版，第5页。

③ 参见W. F Walsh, *Outlines of the History of English and American Law*, Miami, Fred B. Rothman & Co. Publishing, 1995, p. 5。转引自何勤华主编：《英国法律发达史》，法律出版社1999年版，第3页。

也对司法行政长官、验尸官和监督官等问题进行了规定。[①] 最重要的是，据查尔斯·A. 普拉斯克(Charles A. Pulaski)教授的考证，验尸程序是英美法系刑事预审制度形成的起点。在验尸程序中，如果验尸官在其管辖的范围接到有关居民非正常死亡的报告后，验尸官必须询问案件发生地附近的居民以了解死因。如果验尸官认为有可能存在谋杀或者故意伤害致人死亡等重罪行为，那么验尸官可以持续地对案件进行调查直到犯罪嫌疑人被抓获。[②]

在英美法系刑事预审制度形成的过程中，治安法官制度也是重要的一环。从"七国时代"(The Anglo-Saxon Heptarchy)开始，英国就建立了治安法官制度(magistrate judge system)。[③] 最初，治安法官(Magistrate Judge)被称为治安维持官(public security officer)，由各郡的郡长负责任命，负责起草起诉书等工作。英国国王爱德华二世于1327年确认了治安维持官的合法性，并赋予其追缉权和逮捕权，又于1344年授予了治安维持官司法审判权。而后，治安维持官于1361年被更名为治安法官。这也标志着英国治安法官制度的确立。[④] 1554年，英国制定了《菲利普法》(The Statutes of Philip)。该法规定治安法官可以根据因为重罪而被追诉的犯罪嫌疑人的保释申请而对犯罪嫌疑人进行讯问，以调查该犯罪嫌疑人是否满足申请的条件。而后，英国女皇玛丽一

① 参见 David M. Walker, *The Oxford Companion to Law*, Oxford, Oxford University Press, 1980, p. 1186.

② 参见潘金贵：《刑事预审程序研究》，法律出版社2008年版，第19页。

③ 参见公元3世纪后，由于罗马帝国的衰弱，欧洲大陆的盎格鲁—撒克逊人趁机入侵英国并向英国殖民，先后建立了一系列由盎格鲁—撒克逊人主导的国家。其中，最主要的有以下七国：肯特王国、苏塞克斯王国、埃塞克斯王国、威塞克斯王国、麦西亚王国、东盎格利亚王国和诺森伯利亚王国，史称"七国时代"。参见任奇正：《不列颠"七国时代"诸王国是封建国家吗?》，载《青海师范大学学报》(哲学社会科学版)1983年第2期。

④ 参见何家弘编著：《外国犯罪侦查制度》，中国人民公安大学出版社1995年版，第50页。

世又颁布了《玛丽法》(The Statutes of Mary)。该法对于治安法官的调查权进行了补充,进一步扩大了治安法官的权力,使治安法官在事实上享有了对被追诉人进行预审的权力,逐渐成为英美法系预审的权力主体之一。[①]

在《西敏寺第一法律》以后,英国国王爱德华一世(Edward Ⅰ,1239 ~ 1307)又于 1275 年制定了《韦斯特明斯特诏令》(Westminster Imperial Edict),赋予了陪审团对刑事案件起诉的职权。而后,英国国王亨利二世(Henry Ⅱ Curmantle,1133 ~ 1189)在 1352 年颁布的《克拉灵顿诏令》(Karlington Imperial Edict)中将陪审团分成两类:起诉陪审团和审判陪审团。起诉陪审团一般由 12 ~ 23 名陪审员构成,而审判陪审团则固定由 12 名陪审员担任。这也是"大陪审团"(grand jury)和"小陪审团"(petit jury)的由来。在刑事诉讼的过程中,起诉陪审团对于案件是否起诉具有决定权,而审判陪审团的作用则是协助法官审理案件。因此,大陪审团在事实上承担了控诉机关的职能,获得了对案件预审的权力,也成为英美法系的预审权力主体。[②]

随着欧洲资本主义经济的发展,英国和其他欧洲列强开始了扩张和殖民。当时,英国在世界范围内最主要的殖民地是美国。在建立殖民地的同时,英国也将其司法制度带到了美国。因此,美国的刑事预审制度几乎就是英国的翻版。[③] 1619 年,英国在詹姆士城建立了北美洲的第一个殖民地法院。而后,马萨诸塞和弗吉尼亚建立了大陪审团,负责对刑事案件进行审查起诉。[④] 在美国独立后,密歇根州为了简化刑事案

① See Charles A. Pulaski, *Criminal Pretrial and Trial Procedure: Cases and Materials*, Charlottesville, Michie Company, 1982, pp. 97 – 98.

② 参见何家弘编著:《外国犯罪侦查制度》,中国人民大学出版社 1995 年版,第 46 页。

③ 参见何勤华主编:《美国法律发达史》,上海人民出版社 1998 年版,第 2 页。

④ 参见王兆鹏:《美国刑事诉讼法》,北京大学出版社 2005 年版,第 10 页。

件审查起诉程序,提高预审的效率,在1859年允许治安法官对刑事案件进行预审。随后,其他各州也纷纷响应,并赋予了治安法官刑事预审的职责。自此,美国也形成了较为完备的刑事预审制度。

从刑事预审制度的形成来看,传统两大法系各国刑事预审制度的形成均经历了一个漫长的过程。可以说,新兴的资产阶级和封建地主阶级相互之间的竞争和斗争促进了刑事预审制度的形成。在传统两大法系中,大陆法系各国刑事预审制度的形成显然更依赖于成文法,习惯于通过立法的形式对刑事预审制度的具体内容进行翔实的规定。但是,以英国和美国为代表的英美法系国家则更注重于通过判例法的形式一步步地积累和完善,并最终形成某种法律制度。因此,英美法系国家刑事预审制度并不像大陆法系国家一样有明显的"成文法标志"宣告刑事预审制度的形成。

三、刑事预审制度的发展

刑事预审制度形成后,传统两大法系各国在已有的基础上不断完善各国的刑事预审制度,继续推动刑事预审制度的发展,使刑事预审制度最终走出欧美,在世界各地落地生根,为世界其他国家建立并完善刑事预审制度发挥了积极的作用。

(一)大陆法系刑事预审制度的发展

在《重罪审理法典》颁布之后不久,法国又通过法律修正案的形式对预审程序进行了一定程度的修补。1856年7月17日,法国通过法律修正案赋予了预审法官职权,使预审法官可以对涉及侦查终结问题的争议和释放被追诉人的请求作出最终裁决。1879年,法国还启动了《重罪审理法典》的修订工作,但是,由于两次世界大战的爆发,法国不得不暂时中断了《重罪审理法典》的修订。"二战"结束后,在时任总检察长安托南·贝松(Antonin Besson, 1895 ~ 1985)的领导下,颁布实施了1958年《法国刑事诉讼法典》(Code De Procédure Pénale of 1958)。在本次修法中,法国的刑事预审制度也得到了修正和完善,因为该法不仅细化了法国预审法官与公诉法官的职责,而且明确了预审法官的权力界限,加强了对预审法官的监督,确保预审法官能够正当地行使权力。针对修订后的刑事预审制度在实施中遇到的问题,法国在世纪之交相继通过了《1984年7月9日法律修正案》(Loi Amendement Du 9 Juillet 1984)、《关于加强对无罪推定和被害人权利的保护的法律》(Sur Le Renforcement De La Loi Garantissant La Présomption D'innocence Et Les Droits Des Victimes)、《使司法适应犯罪发展的法律》(La Loi D'adaptation De La Justice Au Développement Criminel)和《强化刑事程序平衡法》(Renforcement De La Procédure Pénale Equilibre Droit)等法律法规,继续对刑事预审制度进行完善。[①]

作为大陆法系国家,虽然德国早期的刑事预审制度大量借鉴了法国《重罪审理法典》的规定,但是,从19世纪末期开始,统一后的德国却走上了扩张的道路,进而导致了两次世界大战的爆发。特别是在第二次世界大战中,纳粹的专制彻底剥夺了德国民众的基本人权,使《德国刑事诉讼法典》成为一纸空文,刑事预审制度也同样失去了法律效力。[②]"二战"后,德国社会各界对法西斯政权和法西斯的法律制度进行了深刻的反省。1975年,联邦德国通过了新的《刑事诉讼法典》,通常被称为《德国新刑事诉讼法典》(Neue Strafprozessor Dnung In Deutshland),该法典建立了中间程序(zurschen verfahren),用以替代原先法国式的刑事预审制度。"中间程序作为德国刑诉法的重要程序,也就是德国的起诉

① 参见洪浩、罗晖:《法国刑事预审制度的改革及其启示》,载《法商研究》2014年第6期。
② 参见何勤华主编:《外国法制史》(第4版),法律出版社2006年版,第280页。

审查制。”[①]20 世纪末,联邦德国和民主德国因“东欧剧变”的发生再次统一。进入 21 世纪后,再次统一后的德国仍然不断完善具有德国特色的刑事预审制度,并收到了较好的成效。

(二)英美法系刑事预审制度的发展

大陪审团建立后,对英国刑事预审制度的发展起到了积极的作用。但是,由于大陪审团在预审中严格限定了陪审员的任职资格,使绝大多数女性、有色人种和下层人士没有担任陪审员的权力,严重影响了案件的公正审理。在 1948 年英国颁布实施的《刑事审判法》(Criminal Trial Law)中,英国仅保留了治安法官作为预审权力主体。[②] 20 世纪 80 年代以来,英国不断对其刑事预审制度进行改革和完善,相继颁布实施了《犯罪起诉法》(Criminal Prosecution Law)、《新刑事审判法》(New Criminal Trial Law)和《刑事诉讼与侦查法》(Code of the Criminal Procedure and Investigation)等法律法规。上述法规不仅新增加“移交告知制度”(transfer notification system),而且对刑事预审制度的时间和审查形式作出了进一步的规定。[③] 进入 21 世纪后,英国刑事预审制度改革的方向在于进一步扩大预审程序的适用范围,延长治安法官的审判时限(从以往的 6 个月延至 12 个月),合理控制进入预审程序的案件数量,从而提升预审的效率。[④]

与此同时,在英国刑事预审制度的基础上,美国也根据本国国情对

① 陈卫东、韩红兴:《初论我国刑事诉讼中设立中间程序的合理性》,载《当代法学》2004 年第 4 期。

② 参见何勤华主编:《英国法律发达史》,法律出版社 1999 年版,第 486 页。

③ 参见中国政法大学刑事法律研究中心组织编译:《英国刑事诉讼法》(选编),中国政法大学出版社 2001 年版,第 645 ~ 649 页。

④ 参见最高人民检察院法律政策研究室编译:《所有人的正义——英国司法改革报告》,中国检察出版社 2003 年版,第 67 页。

英式刑事预审制度进行了“本土化改造”。特别是“二战”后，美国相继于1968年和1975年颁布实施了《联邦法官法》(Federal Law of Judge)和《联邦刑事诉讼规则》(Federal Criminal Procedure Rules)，明确规定了大陪审团预审程序和治安法官预审程序均可适用。[①] 现今，在美国各界有识之士的推动下，美国的刑事预审制度仍然在不断的发展和完善，继续在刑事诉讼中发挥着重要的作用。

(三)刑事预审制度在世界范围内的发展

19世纪以来，刑事预审制度不仅在法、德、英、美四国蓬勃发展，而且逐渐影响到世界其他国家和地区，如荷兰、意大利、日本和中国。在1814年，荷兰成为独立的国家。但是，荷兰于1838年制定的《荷兰刑事诉讼法典》(Nederlands Wetboek Van Strafvordering)不仅与法国《重罪审理法典》在整体上非常相似，而且在刑事预审制度上与法国相关规定的差别更是可以忽略不计。直到1926年，荷兰颁布实施了新的《荷兰刑事诉讼法典》之后，才对法国式的刑事预审制度进行了若干修正，进一步加强了刑事预审制度的公开性和被追诉人的权利保护。[②]

与法国和德国一样，意大利也是由法兰克王国演化而来的。由于意大利与法国接壤，两国在地理位置上是近邻关系。因此，意大利的刑事预审制度深受法国刑事预审制度的影响。意大利最早的刑事诉讼制度几乎完全复制了法国式的刑事预审制度。但是，在墨索里尼(Benito Amilcare Andrea Mussolini，1883～1945)于1922年担任总统后，意大利不断向以阿道夫·希特勒(Adolf Hitler，1889～1945)为首的纳粹政府

① 参见[美]耳卜尔·卡米萨、韦恩·R.拉费弗、杰罗尔德·H.伊斯雷尔：《美国刑事诉讼程序概述》，载《环球法律评论》1980年第1期。

② 参见汪建成、黄伟明：《欧盟成员国刑事诉讼概论》，中国人民大学出版社2000年版，第357页。

靠拢,最终也成为一个法西斯国家。1930 年,意大利颁布了具有强烈纳粹色彩的《意大利刑事诉讼法典》(Codice Di Procedura Penale Italiano)。该法典不仅赋予了预审法官强大的侦查权,而且规定预审程序必须秘密进行,使预审程序事实上成为法西斯侵犯人权的工具。为彻底地反对法西斯,意大利于“二战”结束后废除了原有的《意大利刑事诉讼法典》并制定了新刑事诉讼法典。新的刑事诉讼法典不仅取消了预审法官对刑事案件的侦查权,而且充分吸收和借鉴了英美法系刑事预审制度的特点,被誉为开启了传统大陆法系诉讼模式向英美法系诉讼模式转变的先河。① 除了荷兰和意大利两国以外,包括奥地利、葡萄牙、比利时和希腊在内的很多欧洲国家也建立了刑事预审制度。我国澳门地区的刑事预审制度就深受葡萄牙刑事预审制度的影响。②

日本早期的法律体系和司法制度源于中国。但在“明治维新”之后,日本从 1880 年《治罪法》(《犯罪のコード》)和 1890 年《刑事诉讼法》(《日本の刑事訴訟法》)开始,以法国的刑事预审制度为范本在日本本土建立了法国式的刑事预审制度。但从 19 世纪末开始,日本逐渐走上军国主义扩张道路。此时,该国的刑事预审制度也逐渐成为法西斯独裁统治的工具。“二战”后,日本被美军占领并在美国政府的要求下制定了新的《日本宪法》(《日本国憲法》)和新的《日本刑事诉讼法》(《日本の刑事訴訟法》),但并未继续沿用法国式的刑事预审制度,也未建立新的刑事预审制度。③

日本“明治维新”后,在经济、社会和法律制度上的“全盘西化”也引

---

① 参见曹文安:《论德国和意大利刑事预审制度》,载《福建警察学院学报》2010 年第 4 期。

② 参见姜虹:《澳门刑事预审制度的评价和启示》,载《北京人民警察学院学报》2009 年第 1 期。

③ 参见曹文安:《日本刑事预审制度介评》,载《福建警察学院学报》2009 年第 4 期。

起了清朝末期中国有识之士的注意。由于帝国主义列强对中国的入侵，中国在19世纪中期由封建社会沦落至半殖民地半封建社会。为了救亡图存，晚清政府推行了自上而下的“变法修律”运动。在修法大臣沈家本修订《大清刑事诉讼律》（草案）的过程中，日本法学家冈田朝太郎（Akira Okada，1868～1936）倾力协助，该草案全面吸收和借鉴了1890年《日本刑事诉讼法》，在我国历史上首次建立了现代意义上的刑事预审制度。[①] 可惜由于种种原因，该草案并未得以真正实施。直到中华人民共和国成立后，我国的刑事预审制度才得以恢复和发展。

第二节　刑事预审的界定

一、刑事预审的定义

（一）刑事预审的一般界说

“刑事预审”最早见于法国的《法兰索瓦一世令》。在世界各国语言中，刑事预审的表达方式各不相同。比如，法国的用语是“D'instruction”；德国是“das zwischenver-fahren”；英国是“committal for trial”；而美国则是“preliminary hearing”。从世界范围来看，除了语言表达方式的差异以外，世界各国对于刑事预审一词的理解也存在差别。

在大陆法系国家中，法国法学家认为“预审法官确认犯罪事实，查证情节，集中所有迹象，力求证实作案人，这就是预审”。[②] 在日本学者

---

① 参见白俊华：《试论我国刑事预审制度的历史沿革和完善》，载《中国人民公安大学学报》2004年第3期。

② ［法］皮埃尔·尚邦：《法国诉讼制度的理论与实践——刑事预审法庭和检察官》，陈春龙译，中国检察出版社1991年版，第1页。

的眼中，刑事预审的“实质系搜查处分，其形式系审判事宜，因预审归判事行之”。① 而在英美法系国家中，根据美国联邦司法中心主编的教材《美国联邦地区法院刑事诉讼流程》(*Criminal Procedure of the United States Federal District Court*)的解释，刑事预审是指“一个指控前的听审，在该庭审中检察官必须提出足够的证据，以证明具有充分理由相信一项联邦犯罪已被实施且该犯罪系被告人所实施”。② 英国《朗文法律词典》(*Longman's Dictionary of Law*)的定义则是：“如果刑事法院的法官认为起诉书表明案件相当复杂或者案件的审判时间可能相当长，以致案件的实体利益可能需要通过在陪审团宣誓之前举行听证来保护，并且其目的是确认可能对陪审团的裁决具有实质性的事项，或者有助于陪审团理解这些事项，或者加快陪审团程序的进程，他可以命令进行预审。该命令可以根据检察官或者被指控人的申请，或者法官自己的动议签发。”③

我国学者对于刑事预审的理解也各不相同，但主要是从两个角度对刑事预审作出定义。具体而言：一方面，一些学者根据我国现有的刑事诉讼法律规范，侧重从完善公安机关侦查权的角度对刑事预审作出定义。比如，有的学者认为：“我国的刑事预审是指公安机关的预审部门依照法律的规定，对侦查部门侦破的案件进行继续侦查，在查明案件事实真相的基础上，决定是否将犯罪嫌疑人移送起诉的侦查过程。”④有的学者认为：“我国的刑事预审，是指公安等侦查机关的专门人员，依法

---

① [日]冈田朝太郎、松冈义正等口授：《检察制度》，郑言笔述，蒋士宜编纂，陈颐点校，中国政法大学出版社2003年版，第53页。

② 美国联邦司法中心主编：《美国联邦地区法院刑事诉讼流程》，徐卉译，法律出版社2003年版，第60页。

③ P. H. Richards, L. B. Curzon, *The Longman Dictionary of Law* 6th *ED*, Harlow, Pearson Education Ltd., 2002, p. 326.

④ 王怀旭主编：《预审学》，警官教育出版社1999年版，第1页。

对犯罪嫌疑人进行讯问和调查，以查明案件全部事实真相，决定是否移送起诉或者作其他处理的侦查活动。”①还有学者认为：“我国的预审是指公安预审部门在刑事诉讼的侦查阶段，为准确、及时地查明被告人的全部事实，追查其他应当追究刑事责任的人，保证无罪的人不受冤枉或诬害，依法从执行逮捕或拘留人犯后开始，并对其审问和调查，直至侦查终结这一过程所进行的诉讼活动。”②另一方面，一些学者则借鉴了传统两大法系国家刑事预审制度的合理内核，从司法审查的角度对刑事预审进行了定义。比如，潘金贵教授认为刑事预审应当有狭义和广义之分。其中，“狭义的刑事预审”是指在刑事诉讼中，拥有司法审查权的主体依法对检控方准备起诉的案件进行审查，以确定案件是否符合起诉的条件，从而决定是否应当起诉，将案件交付审判的程序。简而言之，狭义的刑事预审仅指对检控方的起诉进行审查的程序，可以将其称为“纯粹司法审查意义上的预审”。而“广义的刑事预审”则是指在刑事诉讼中，拥有预审权力的主体依法参与刑事案件的侦查活动，并对检控方准备起诉的案件进行审查，以确定案件是否符合起诉的条件，从而决定是否应当起诉，将案件交付审判的程序。简言之，广义的预审不仅包括对检控方的起诉进行审查，而且包括一定程度上预审权力主体对侦查活动的参与和调控，可以称为“侦查兼司法审查意义上的预审”。③

（二）刑事预审的概念

笔者认为，世界各国对刑事预审理解不同的主要原因在于：第一，

---

① 云山城主编：《预审学》，中国人民公安大学出版社 2007 年版，第 1 页。

② 毕惜茜：《预审学理论研究综述》，群众出版社 1998 年版，第 2 页。

③ 参见潘金贵：《刑事预审程序研究》，法律出版社 2008 年版，第 2 页。

各国对于刑事预审的定位不同。其中,一些国家将刑事预审定位为一种司法审查制度,而另一些国家将刑事预审定位为侦查中的方式和手段。因此,如果不实事求是地考虑各国的实际情况,就对刑事预审下一个笼统的定义,难免有失偏颇。第二,刑事预审本身有所差异。即便在同一法系的国家中,各国的刑事预审也或多或少存在差别。例如,在一般情况下,预审法官在英美法系国家不介入犯罪侦查,仅仅负责对刑事案件进行审查起诉。而某些大陆法系国家的预审法官具有侦查的职能,可以亲自查证案件事实和调取案件证据,甚至可以指挥侦查机关对犯罪事实进行调查。如法国预审法官在刑事预审中可以"收集犯罪证据,并对涉及某人的犯罪证据是否充分进行认定,从而决定是否将该人提交审判法庭进行审判"。[①] 第三,各国设立刑事预审制度的侧重点不同。由于"当事人主义"的传统对英美法系国家的影响,英美法系国家的刑事预审制度更侧重于被追诉人的人权保障,其不仅强调预审程序运作过程中的对抗性,而且在预审的证据审查标准上对被追诉人更为有利。而大陆法系国家的刑事预审制度则承袭了"职权主义"的传统,预审程序的设置以查明案件事实真相为目的,强调打击犯罪的优先作用。因此,大陆法系国家的预审法官往往拥有更大的实际权力,甚至还具有一定程度的侦查权。

从我国当前的立法来看,我国仅仅将刑事预审视为公安机关侦查活动的延续,是公安机关的专属职权,没有任何司法审查的作用。因而,我国的"刑事预审"仅仅是在名称上与两大法系国家相同,而在权力主体、性质和目的等方面均不相同,在实质上是两种完全不同的概念。从本书的研究重点和研究目的来看,笔者期望取消当前我国公安机关所具有的预审权,并批判性地吸收和借鉴传统两大法系各国刑事预审

---

① 宋英辉等:《外国刑事诉讼法》,法律出版社 2006 年版,第 284 页。

制度的合理内核，建立起由法院主导的并真正具备司法审查功能的刑事预审制度。

因此，笔者认为，本书所谓的“刑事预审”应当是指，预审法官在刑事案件立案和受理的过程中，依法对相关机关或个人移送到法院的刑事案件进行起诉审查，并对限制犯罪嫌疑人或被告人人身、财产权利的强制措施进行预先审查，以确定案件是否可以进入审判程序或者是否需要采取相关强制措施的诉讼活动。

二、刑事预审的基本特征

虽然世界各国对于预审的理解有所不同。但是，综合各国关于刑事预审的定义，刑事预审具有以下共同的基本特征：

第一，预审是一种“预先审查”的诉讼活动。预审相当于一座“防火墙”，其设立是为了对程序进行裁决，并防止不当起诉进入审判程序，而不是对被追诉人是否构成犯罪以及构成何种犯罪并承担何种刑事责任作出裁决。

第二，预审的权力主体中立于控辩双方。预审权力主体在预审程序中处于一种超然的中立地位，不属于侦查机关、公诉机关和被追诉人的任何一方。而且，预审权力主体仅仅负责预审，在案件进入审判程序后不能介入，以避免形成先入为主的思想，从而导致裁判的不公。

第三，预审具有裁判性。预审裁判的结果是启动审判程序或者不启动审判程序。预审并不是为了对被追诉人是否有罪和具体罪责进行审理和裁判，其仅仅是对被追诉人是否符合起诉的条件进行程序上的审查和判断。如果对被追诉人的指控符合法定追诉条件，则案件进入审判程序；如果不符合法定追诉条件，则审判程序不应启动。

第三节　刑事预审程序的界定

一、刑事预审程序的定义

从前文可知，刑事预审一词与世界各国刑事诉讼理论、政治体制、司法传统和实践密切相关。“刑事预审程序”一词也是如此。根据美国《布莱克法律词典》(*Black's Dictionary of Law*)的定义，“刑事预审程序是指(通常由治安法官主持进行的)决定是否有足够的证据起诉被告人的刑事听证程序”。[①] 在英国权威的《牛津法律大辞典》(*Oxford Law Dictionary*)中，刑事预审程序被定义为“刑事诉讼的一个阶段，首见于1808年的《法国刑事诉讼法典》(*Code De Procédure Pénale Français*)，以后为大多数欧洲国家所采用。这一制度旨在保证只将具有事实根据和法律根据的指控提交给初审法院，并在开庭审理之前驳回缺乏根据的指控。刑事预审仅适用于严重犯罪。刑事预审由地方预审法官主持进行。在预审过程中，地方预审法官在讯问被告、进行调查、搜查和扣押、听取证词，以及发现事实等方面拥有广泛的权力”。[②] 根据《德国新刑事诉讼法典》第199条至第211条的规定，中间程序就是德国的刑事预审程序。所谓“中间程序”，是指从检察官将案件移送到法院起至庭审前，法院作出开庭审理决定时的阶段。[③]

笔者认为，结合本书对于“刑事预审”的定义，“刑事预审程序”应当是指预审法官在刑事案件立案和受理的过程中，依法对相关机关或个

---

① Bryan A. Garner, *Black's Law Dictionary* 8th *ED*, Eagan, Thomson West, 2004, p. 3739.

② [英]戴维·M. 沃克:《牛津法律大辞典》，光明日报出版社1988年版，第711页。

③ 参见柴松霞:《德国刑事诉讼法修改的特色所在》，载《西部法学评论》2011年第1期。

人移送到法院的刑事案件进行起诉审查,以及对限制犯罪嫌疑人或被告人人身、财产权利的强制措施进行预先审查,以确定案件是否可以进入审判程序或者是否需要采取相关强制措施的诉讼程序。

二、刑事预审程序的基本特征

从刑事预审程序的定义可知,刑事预审程序的基本特征主要有以下几个方面:

第一,刑事预审程序是一个独立的诉讼程序。在司法实践中,刑事预审程序应当是一个与公安机关侦查程序、检察机关审查起诉程序和法院审判程序相并列的诉讼程序。

第二,刑事预审程序是一个中间程序。刑事预审程序的目的并不在于对刑事案件进行终局裁决,其只是对刑事案件的事实和证据,以及对限制犯罪嫌疑人或被告人人身、财产权利的强制措施进行预先审查,以确定案件是否符合进入审判程序的条件。

第三,刑事预审程序具有起诉审查的功能。在刑事预审程序中,法院应当通过预审法官对进入预审的刑事案件进行审查,以核实案件的事实和证据。如果预审法官认为案件符合进入审判程序的条件,预审法官应当作出准予交付审判的裁判,并将案件移送相关业务庭开庭审理。在案件进入审判程序后,预审法官既不能参与裁判,也不能在审判中履行起诉职责。

三、刑事预审程序与相关概念的辨析

(一)刑事预审程序与刑事审前程序的异同

刑事审前程序(以下简称审前程序)通常是指刑事案件在进入法院审判程序之前所需要经历的程序总称。一般而言,审前程序包括立案程序、侦查程序和审查起诉程序三个主要部分。① 由于我国现行《刑事诉讼法》在立法结构上将第二篇和第三篇分别命名为"立案、侦查、提起公诉"和"审判"。因此,笔者认为,我国的刑事诉讼理论和立法在事实上已经对审前程序和审判程序进行了划分。有鉴于此,如果不能将刑事预审程序与审前程序进行有效区分,不仅容易导致概念上的混淆,也不利于我们对刑事预审程序的研究。

1. 刑事预审程序与审前程序的相同点

首先,两者在时段上均发生在审判程序之前。在刑事诉讼中,刑事预审程序的目的是对公诉机关提起的公诉案件和自诉人提起的自诉案件,以及对限制犯罪嫌疑人或被告人人身、财产权利的强制措施进行预先审查,以确定案件是否符合进入审判程序的条件,从而决定是否将案件交付审判;而审前程序的主要目的则是进行审前准备。因此,两者均非审判程序,发生的时间段相似。

其次,两者均有对案件进行起诉审查的功能。在刑事预审程序中,预审法官必须对刑事案件的事实和证据进行审查和判断,以确定案件是否符合进入审判程序的条件。审查起诉也是审前程序的重要功能。在审前程序中,起诉审查功能的实现是通过检察机关的审查起诉程序来完成的。在审前,检察机关必须对公安机关侦查完毕并移送到检察机关的刑事案件进行审查,以判断案件是否符合提起公诉的条件。只有符合条件的刑事案件,检察机关才能向法院提起公诉。

最后,两者均有对案件分流的作用。从刑事预审程序在各国的适用来看,预审权力主体可以根据一定的标准或条件对各类案件进行甄别和筛选,并依照不同案件的情况,进行不同的分类处理。一般而言,经过预审的刑事案件既可以被移交至审判程序,也可以被裁定驳回起

① 参见陈卫东主编:《刑事审前程序研究》,中国人民大学出版社 2004 年版,第 3 页。

诉或者移送到上诉法院刑事审查庭(criminal review tribunal)。而审前程序则是通过立案程序、侦查程序和审查起诉程序三种不同的程序设计对案件进行筛选和分流,通过不立案和不起诉等方式,将不符合立案条件和提起公诉条件的案件分流处理,从而保障进入审判阶段的案件符合法律规定的要求,以确保司法资源得到合理的配置。

2. 刑事预审程序与审前程序的不同点

首先,两者处理案件的类型不同。根据传统两大法系各国相关法律的规定,刑事预审程序既可以适用于自诉案件,也可以适用于公诉案件。而根据我国现行的法律规定,审前程序审查的案件只能是刑事公诉案件,即由检察机关依法代表国家追究被告人的刑事责任的案件。

其次,两者的启动模式不同。根据传统两大法系各国的相关法律规定和司法实践,刑事预审程序可以根据被追诉人的申请、检察官的申请或者由预审法官依照职权启动;但在我国,只有公安机关立案后,审前程序才被正式启动。

最后,两者的救济机制不同。刑事预审程序的救济机制主要是通过上诉或请求重新预审。以法国的刑事预审程序为例,一方面,对于预审法官所作出的裁定,共和国检察官(procureur de la république)可以在收到裁定后 5 日内向上诉法院的刑事审查庭提起上诉;另一方面,共和国检察官在新的控告出现时有重新预审的请求权。但是,审前程序中的救济机制主要是复议和申诉两种方式。例如,《中华人民共和国刑事诉讼法》(2018 年 10 月 26 日第十三届全国人民代表大会第六次会议第三次修正,以下简称我国《刑事诉讼法》)第 179 条规定,对于公安机关移送起诉的案件,人民检察院决定不起诉的,应当将不起诉决定书送达公安机关。公安机关认为不起诉的决定有错误的时候,可以要求复议,如果意见不被接受,可以向上一级人民检察院提请复核;同时,该法第 180 条规定,对于有被害人的案件,决定不起诉的,人民检察院应当将不起诉决定书送达被害人。被害人如果不服，可以自收到决定书后7日以内向上一级人民检察院申诉，请求提起公诉。人民检察院应当将复查决定告知被害人。对人民检察院维持不起诉决定的，被害人可以向人民法院起诉。被害人也可以不经申诉，直接向人民法院起诉。人民法院受理案件后，人民检察院应当将有关案件材料移送人民法院。第181条规定，对于人民检察院依照本法第177条第2款规定作出的不起诉决定，被不起诉人如果不服，可以自收到决定书后7日以内向人民检察院申诉。人民检察院应当作出复查决定，通知被不起诉的人，同时抄送公安机关。

（二）刑事预审程序与庭前审查程序的异同

一般认为，“庭前审查程序”是指法院在开庭审判前，对刑事案件进行初步审查并决定是否将刑事被告人交付审判的诉讼活动。[①] 庭前审查程序与刑事预审程序在某种程度上存在相似之处，但两者在本质和功能上却截然不同。因此，为避免它们在司法实践中的混淆，我们必须对其进行严格的区分。

1. 刑事预审程序与庭前审查程序的相同点

两者均是审判程序之前的程序。在刑事诉讼中，刑事预审程序的主要目的是对相关机关或个人移送到法院的刑事案件进行审查，以确定案件是否符合进入审判程序的条件，从而决定是否将案件交付相关业务庭审判；庭前审查程序也有类似的功能。因此，两者均非正式的审判程序，且发生的时间段相同，均有对案件进行过滤和分流的作用。

---

① 参见汪建成、杨雄：《比较法视野下的刑事庭前审查程序之改造》，载《中国刑事法杂志》2002年第6期。

2. 刑事预审程序与庭前审查程序的不同点

首先，两者定位不同。一般而言，预审程序与侦查程序、审查起诉程序和审判程序一样，都属于刑事诉讼中的独立诉讼程序。而庭前审查程序并非独立的诉讼程序，只是庭审准备程序的一个组成部分。

其次，两者功能不同。在传统两大法系各国，刑事预审程序具有司法审查的功能。虽然庭前审查程序也具有案件审查和分流的功能，但是，庭前审查程序并不具备司法审查的功能。

最后，两者审查的结果不同。在刑事预审程序中，预审法官对于起诉是否适格的审查可以导致审判程序启动或者不启动；而在庭前审查阶段，适用该程序的直接结果是决定该案是否需要开庭审判，并且将无须开庭审判的案件排除在外。

（三）刑事预审程序与审查起诉程序的异同

在我国，所谓"审查起诉程序"，是指侦查终结后，检察机关对公安机关侦查终结移送起诉的案件和自行侦查终结的案件进行审查，依法决定是否对犯罪嫌疑人提起公诉、不起诉或者撤销案件的诉讼活动。刑事预审程序与审查起诉程序是两种性质不同、职责各异的诉讼阶段。它们的主要异同点如下：

1. 刑事预审程序与审查起诉程序的相同点

一方面，刑事预审程序与审查起诉程序发生的时间段均在审判程序之前。在刑事诉讼中，刑事预审程序的主要目的是由法院对相关机关或个人移送到法院的刑事案件进行审查，并决定是否应当将案件交付审判。审查起诉程序的主要目的是对刑事案件进行审查起诉，从而依法决定是否对犯罪嫌疑人提起公诉、不起诉或者撤销案件。两者均为非正式的审判程序，且发生的时间段相同。

另一方面，刑事预审程序与审查起诉程序均有过滤和分流的作用。

在这两个程序中，通过对刑事案件进行筛选、过滤和分流，法院和检察机关可以将一部分不符合要求的刑事案件排除在审判程序之外，并作出相应处理。

2. 刑事预审程序与审查起诉程序的不同点

首先，两者的审查主体不同。预审法官是刑事预审程序的权力主体，其职责在于对案件是否符合审判条件进行形式上的审查，并决定案件能否进入审判程序。检察机关是审查起诉程序的主体，其职能是审查起诉，并决定是否提起公诉。

其次，两者的功能不同。一般而言，预审法官所承担的司法审查的功能主要体现在两个方面：一是审查起诉的合法性；二是审查涉及犯罪嫌疑人或涉案财产强制措施的必要性。但是，作为公诉机关，检察机关在审查起诉程序中的所有活动都是为了履行法定的公诉职责，并不附带有司法审查的功能。

最后，两者的目的不同。刑事预审程序的主要目的在于通过预审法官对刑事个案的司法审查，间接实现对侦查权的司法控制。而审查起诉程序的目的则在于通过检察机关对公安机关侦查结果的全面审查，提高公诉的准确性，以便更好地实现刑事诉讼法打击犯罪的目的。

（四）刑事预审程序与公诉审查程序的异同

我国的公诉审查程序与刑事预审程序在性质和内涵上均非常接近。我国学者对于公诉审查程序的定义是："刑事公诉审查是指检察机关提起公诉之后、审判之前，由法院对起诉进行审查，以判断起诉是否符合法定起诉条件的诉讼活动。"[①]公诉审查与预审程序的异同主要体现在：

① 韩红兴：《我国刑事公诉审查程序的反思与重构》，载《法学家》2011 年第 2 期。

1. 刑事预审程序与公诉审查程序的相同点

首先,两者均具有初步审查的功能。两者的主要目的都是在审判程序开始前对刑事案件进行初步审查,以防止不当起诉进入审判程序。

其次,两者均发生在审判程序之前。在刑事诉讼中,刑事预审程序的主要目的是依法对相关机关或个人移交到法院的刑事案件进行司法审查,以确定案件是否符合进入审判程序的条件,从而决定是否将案件交付相关业务庭审判;公诉审查程序是由法院在审判前对起诉案件进行审查,以确定起诉是否符合法定起诉条件。

最后,两者均可以对案件进行过滤和分流。预审法官在预审终结后,必须根据审查的情况作出准予移送审判程序的裁定或者不予追诉的裁定,并将符合条件的案件移送至相关业务庭。而在公诉审查程序中,法院在开庭前也必须对公诉案件进行审查,以排除一部分不符合审判条件的案件。

2. 刑事预审程序与公诉审查程序的不同点

第一,两者的审查对象有所区别。刑事预审程序审查案件的范围不仅包括公诉案件,而且在某些国家和地区还包括自诉案件,如《澳门刑事诉讼法典》规定对于自诉案件的预审,在被指控人提出声请的情况下可以启动。[①] 但是,公诉审查程序审查案件的范围仅限于公诉案件,而不包括自诉案件。

第二,两者承担审查职责的主体有所区别。通常情况下,在刑事预审程序中,负责审查判断案件是否符合进入审判程序的条件的审查法官是预审法官。但是,预审法官并不能担任本案的庭审法官。在公诉审查程序中,负责对公诉案件进行审查的法官同时也是该案的具体承

① 参见邱庭彪:《澳门刑事诉讼法分论》,社会科学文献出版社 2012 年版,第 194 ~ 195 页。

办法官。

第三,两者的启动程序有所不同。一般情况下,刑事预审程序的启动由公诉机关提起,但是在某些特殊情况下也可以由被害人或其他人提起。如《澳门刑事诉讼法典》第269条和第270条的规定,刑事预审的提起既可以由嫌犯针对检察院或辅助人控诉的事实申请预审,也可以由公诉罪或告诉罪中的辅助人针对检察院未控诉,且对检察院的控诉构成实质变更的事实申请预审。但是,根据我国《刑事诉讼法》第181条的规定,我国只有法院有权启动公诉审查程序。

第四,两者的审查形式不同。刑事预审程序既可以在控辩双方和其他诉讼参与人的参与下通过直接言词的方式公开进行审查,也可以在非公开的方式下进行书面审查。但是,我国现行的刑事法律法规并未规定审判程序的启动需要征求被追诉人的意见,因此,公诉审查程序的审查形式中只包含书面审查,而不包括言词审查。

第四节　刑事预审制度的界定

一、刑事预审制度的定义

所谓“制度”,通常是指“要求大家共同遵守的办事规程或准则”。[①]在社会科学中,“制度”一般是指在特定社会范围内统一的、调节人与人之间社会关系的一系列习惯、道德、法律和规章等的总和,它由社会认可的非正式约束、国家规定的正式约束和实施机制三个部分构成。制度的适用范围非常宽泛,它不仅是国家法律、法令、政策的具体化,而且

① 中国社会科学院语言研究所词典编辑室编:《现代汉语词典》,商务印书馆2012年版,第1678页。

是人们行动的准则和依据。因此,制度对社会治安和公共秩序的维护具有十分重要的作用。

结合本书对于“刑事预审”和“刑事预审程序”的定义,笔者认为,所谓“刑事预审制度”,是指预审法官在刑事案件的立案和受理过程中,依法对相关机关或个人移送到法院的刑事案件进行起诉审查,以及对犯罪嫌疑人和涉案财产采取强制措施的必要性进行预审,以确定案件是否可以进入审判程序或者是否需要采取相关强制措施的一系列程序、规范或准则的总称。

二、刑事预审制度的内容和特点

从内容上看,刑事预审制度的主要内容包括两个方面:一是对有权机关或个人移送到法院的刑事案件进行起诉审查,以确定案件是否可以进入审判程序,并交由相关的业务庭室开庭审理的制度;二是对犯罪嫌疑人和涉案财产采取强制措施的必要性进行审查,以确定是否需要采取相关强制措施的制度。设立刑事预审制度的主要目的在于解决三个问题,即谁来对起诉权的行使进行审查、谁来决定案件能否进入审判程序,以及谁来对预审的全过程进行监督和制约。

刑事预审制度对于刑事案件的过滤与分流、审判程序的顺利运行和被追诉人的人权保障等具有重要的意义。作为一个特殊的诉讼制度,刑事预审制度的特点主要有:

首先,刑事预审制度与侦查制度、审判制度和执行制度等都是刑事诉讼制度的重要组成部分。但是,在刑事诉讼中,刑事预审制度与侦查制度、审判制度和执行制度等刑事诉讼具体制度之间并非从属关系。它们相互独立、相辅相成并且地位平等,共同承担着打击犯罪和保障人权的重要任务。

其次,从刑事预审制度设立的目的来看,刑事预审制度侧重于审查有权机关或个人提起刑事诉讼的请求是否适当,而非对案件的实体问题进行终局裁决。因此,刑事预审制度具有中间性,是承接审前程序和审判程序的桥梁和纽带。预审终结后,只要案件进入审判程序,预审法官就必须回避,不能参与庭审,以防止预断的发生。

最后,刑事预审制度具有司法审查的功能。司法审查是现代民主国家普遍设立的一项重要法律制度,是国家通过司法机关对其他国家机关行使国家权力的活动进行审查,通过司法活动纠正违法行为,并对由此给公民、法人、其他组织合法权益造成的损害给予相应救济的法律制度。从传统两大法系各国的立法与司法实践来看,在通常情况下,法院是司法审查权的权力主体。在当今世界,为了对侦查权和公诉权进行制衡,很多国家构建了刑事预审制度,以期通过预审法官对刑事个案的起诉审查,进而实现对侦查权和公诉权的司法控制。刑事预审制度通过对侦控机关控诉行为的司法审查,不仅在客观上限制了起诉权的滥用,而且在一定程度上保护了被追诉人的诉讼权利,从而确保了刑事诉讼的公正与高效。

三、刑事预审、刑事预审程序和刑事预审制度的相互关系

笔者认为,刑事预审、刑事预审程序和刑事预审制度三者之间存在以下关系:

一方面,三者之间存在相辅相成的关系。从概念上来看,刑事预审是一种诉讼活动;刑事预审程序是一种诉讼程序;刑事预审制度不仅涵盖刑事预审程序,而且包含与之配套的一系列规范或准则。这些规范或准则不但可以规范刑事预审程序的运行,而且可以规范刑事预审过程中的相关诉讼活动。因此,刑事预审和刑事预审程序都属于刑事预审制度的重要组成部分。与此同时,刑事预审制度功能的实现有赖于刑事预审和刑事预审程序。只有通过预审法官在刑事预审程序中的预

审活动,才能对相关机关或个人移送到法院的刑事案件进行司法审查,从而确定案件是否可以进入审判程序。

另一方面,三者也存在相互制约的关系。从功能上来看,“刑事预审”强调的是“审”,即对有权机关或个人移送到法院的刑事案件,或者对犯罪嫌疑人和涉案财产采取强制措施的必要性进行审查和判断;“刑事预审程序”着眼于“程序”,即预审法官在预审审查过程中所应遵循的程式和先后次序;“刑事预审制度”强调的则是“制度”,即预审法官在预审审查过程中所应遵循的诉讼程序和各种行为准则或规范。由于三者的侧重点有所不同,因此,三者在司法实践中也会发生冲突。如果刑事预审超越了刑事预审程序规定的范围,那么刑事预审不仅不能实现司法审查的作用,而且可能会对被追诉人的合法权益造成侵害。如果刑事预审制度本身漏洞频出,那么也会对刑事预审和刑事预审程序的实施和运行造成不良影响,降低两者的功效。

第二章　刑事预审制度的理论基础

第一节　刑事预审制度的法律性质

一、关于刑事预审制度法律性质的争议

刑事预审制度的法律性质究竟是什么？理论界和实务界一直存在争议。在我国，关于刑事预审制度的性质有以下几种具有代表性的观点：一是“专政说”，根据《公安部预审工作规则》（以下简称《预审工作规则》）的规定，认为预审工作“是公安机关的一项专门业务，是公安工作的重要组成部分，是刑事诉讼程序中的一个重要环节”。因此，无产阶级专政的工具就是刑事预审制度的性质。① 二是“侦查说”，认为刑事预审制度应当是一种侦查制度。其中，有观点认为，刑事预审制度是“侦查制度中的子系统”；②还有观点认为，刑事预审制度是“特殊的侦查制度”。③ 三是“司法审查说”。这种学说的核心思想是：由于传统刑事诉讼纠问式审判中“控审合一”的种种弊端，使“控审分离”在现代刑事诉讼制度中深入人心。因此，在刑事预审制度中，控审也应分离，应

---

①　姚伦主编：《预审学》，中国人民公安大学出版社1986年版，第19页。

②　张月亭、薛宏伟：《预审是侦查活动中的子系统——试析预审在刑事诉讼中的地位》，载《公安大学学报》1988年第2期。

③　朱以重、韩国权：《试论我国预审的性质和职能——兼谈预审概念》，载《公安大学学报》1989年第4期。

由预审法官对侦控机关的侦控行为进行司法审查。具体而言:一方面,侦查职能、控诉职能和预审职能应分别由不同的机关行使;另一方面,刑事预审仅负责对控辩双方的争议进行审查,最终的裁判仍需经过法院的审判程序才能作出。事实上,“司法审查说”来源于“法律至上”原则,是日耳曼法“司法权优越”思想的一种体现。①

最初,“法律至上”原则是指当臣民受到国王或其代理人的非法行为侵害时,臣民可以向有专门管辖权的法院申请救济,由该法院对其行为(一般为行政行为)的合法性进行审查。由此可见,“法律至上”原则最早的功能是限制国王及其代理人的权利。或许该原则的制定者也未曾想到,法律至上原则所蕴含的对绝对权力限制的理念一旦得以确立,不仅能约束普通的平民百姓,而且能约束政府官员,甚至能约束议会和国王,并由此演化出了司法审查权。②

二、刑事诉讼中的司法审查制度概述

司法审查(judicial review)又称违宪审查(constitutional review),是现代主张法治的国家所普遍采取的一项重要的法律制度。从广义上来说,司法审查制度是指一定的机构利用司法程序来审查立法行为和行政行为是否违法和违宪的一种制度安排;从狭义上来说,司法审查制度特指司法机关通过司法程序对立法行为和行政行为是否违宪或违法进行审查的一种制度。③

---

① 参见[日]杉原泰雄:《宪法的历史》,吕昶、渠涛译,社会科学文献出版社 2000 年版,第 132 页。

② 参见[美]罗斯科·庞德:《普通法的精神》,唐前宏、廖湘文、高雪原译,法律出版社 2001 年版,第 54 页。

③ 参见季金华:《历史与逻辑:司法审查的制度化机理》,载《法律科学》(西北政法大学学报)2010 年第 4 期。

(一)司法审查制度的起源

从司法审查制度的历史来看,1803 年美国的马布里诉麦迪逊案(Marbury v. Madison)是司法审查制度的开端。该案的起因是美国共和党和联邦党的党争。由于时任美国总统的约翰·亚当斯(John Adams,1735～1826)对同党威廉·马伯里(William Marbury,1762～1835)担任治安法官的任命过于匆忙,直到其任期届满前的最后一天都没有来得及给马伯里发出任命状。在其任期届满后的第二天,共和党人托马斯·杰弗逊(Thomas Jefferson,1743～1826)正式担任美国联邦总统。杰弗逊总统不仅没有颁发任命状给马伯里,而且指示时任国务卿的詹姆斯·麦迪逊(James Madison,1751～1836)扣发任命状。麦迪逊扣发任命状的行为引发了马伯里的不满,马伯里便起诉麦迪逊,并要求法院强制麦迪逊发出任命状。一审法院经审理认为,作为原告,马伯里的起诉违反了法院管辖权的规定,因而是无效的。但马伯里提起上诉后,联邦最高法院首席法官约翰·马歇尔(John Marshall,1755～1835)认为宪法是所有法律的母法,司法机关有权对任何法律是否违背宪法作出认定。① 可以说,该判例不仅在事实上授予了美国司法机关违宪审查权,而且还使"以权力制约权力"的理念深入人心,推动了美国司法审查制度的发展。

(二)刑事诉讼中司法审查制度的价值

在刑事诉讼中,司法审查制度也被广泛使用。笔者认为,刑事诉讼中的司法审查制度是指在刑事诉讼中,拥有司法审查权的主体通过诉讼程序对侦控机关诉讼行为的合法性进行审查的制度。从传统两大法系各

① 参见林榕年主编:《外国法制史》,中国人民大学出版社 1999 年版,第 198 页。

国的刑事诉讼制度来看，司法审查制度的价值主要体现在两个方面：

一方面，有利于对审前侦控机关的诉讼活动进行司法控制。在刑事诉讼中，侦查机关往往具有强大而广泛的侦查权，其不仅可以在侦查过程中采用多种侦查方法和措施查明案件事实并收集相关证据，而且可以对犯罪嫌疑人和涉案财产采取多种强制措施，对犯罪嫌疑人的人身自由和涉案财产进行一定程度的限制。控诉机关在刑事诉讼中则代表国家追诉犯罪，履行控诉的职能。为了实现打击犯罪和惩罚犯罪的目的，侦控机关必须竭尽所能查证案情，收集一切可以证明被追诉人有罪的线索和证据。在审前阶段，与侦控机关所掌控的国家权力和丰富的司法资源相比，被追诉人所拥有的诉讼权利和诉讼资源显得微不足道，始终处于不利地位。因此，通过司法审查制度，以法院为代表的中立第三方可以在审前对侦控机关的诉讼活动进行必要的监督和制约，防止侦查机关和控诉机关的权力过于膨胀。[①]

另一方面，有利于维护和保障被追诉人的合法权利。在刑事诉讼的侦查阶段和控诉阶段中，为了追诉犯罪和惩罚犯罪，侦控机关往往需要使用一些秘密的侦查手段，或者通过强制措施限制被追诉人人身自由权和财产权的行使。如果这些手段和强制措施使用不当，那么被追诉人的合法权利就会受到损害。由于被追诉人和控诉机关在刑事诉讼中的目的相悖，因此，被追诉人很难通过侦查程序或控诉程序来维护和保障自身的权益。作为中立的第三方，司法审查的权力主体在审前与侦控机关没有直接的牵连，因而司法审查制度可以给予被追诉人一个合法的救济途径，使被追诉人可以在审前依法维护其自身的合法权利。

① 参见陈卫东主编：《刑事审前程序研究》，中国人民大学出版社 2004 年版，第 53 页。

(三)在我国刑事诉讼中引入司法审查制度的必要性

从我国的国情和司法实践来看,在刑事诉讼中引入司法审查制度具有现实的必要性,具体而言:

1. 有利于加强对公安机关侦查行为的司法控制

在我国,公安机关是一个具有“双重属性”的特殊行政机关。与普通的行政机关不同,公安机关不仅代表国家行使行政权,依法履行社会管理职能,负责户籍管理、出入境管理、交通管理、消防管理及危险物品管理等,而且具有刑事侦查权,可以依法对刑事案件开展侦查工作。在对刑事案件进行侦查的过程中,公安机关可以使用多种侦查方式和各种强制措施,具有强大的侦查权。但是,当前我国对于公安机关的侦查行为却缺乏制约手段。在传统上,我国对于公安机关侦查行为的控制主要有两种方式,即内部控制和外部监督。所谓内部控制,通常表现为公安人员在施行具体侦查行为或者适用强制措施时,必须经过公安机关内部的层层审批,并取得单位领导或负责人的同意。而外部监督则主要是来自于检察机关的监督。当检察机关发现公安机关已经实施的侦查行为或提请逮捕的申请明显不当或违反法律规定时,可以向公安机关提出纠正意见或直接作出不予批捕的决定。可是,在司法实践中,上述两种制约方式均难以发挥其功能,实施的效果亦不佳。这是因为:其一,公安机关的内部控制易于受到人情关系和自我保护主义的影响;其二,检察机关是我国法定的公诉机关,需要承担追诉犯罪的职责。为了实现打击犯罪和惩罚犯罪的目的,检察机关和公安机关在刑事诉讼中的目标基本一致。因此,从被追诉人的立场来看,来自检察机关的外部监督在实质上仍然属于是一种“自己人对自己人”的监督。因此,在刑事诉讼中引入司法审查制度,由中立的第三方作为司法审查的主体,可以实现更好的监督效果。

2. 有利于进一步优化我国的刑事诉讼结构

刑事诉讼的结构通常又被称为刑事诉讼的模式，是指控诉、辩护和审判三方在刑事诉讼中基于各自的法律地位而构成的相互关系。刑事诉讼的结构不仅反映了刑事诉讼中国家权力机关之间的关系，而且反映了国家权力与个人权利之间的关系。因此，刑事诉讼的结构决定了刑事诉讼程序的基本运作。从世界范围来看，各国的刑事诉讼结构主要有职权主义诉讼结构、当事人主义诉讼结构和折中主义诉讼结构三种类型。我国的刑事诉讼结构是仿照苏联的模式构建的，具有典型的职权主义特征，其最大的特点是以追诉和惩罚犯罪为中心。具体体现为：(1) 在侦查过程中，公安机关侦查手段广泛而多样；(2) 在起诉方式上，检察机关为代表国家提起公诉的主体；(3) 在审判阶段，法院始终居于主导地位，可以依其职权主动调查案件事实。但是，这种模式的缺陷在于对被追诉人诉讼权利的保障不够重视。特别在审前阶段，被追诉人与侦查机关和检察机关的地位并不平等。与之相比，当事人主义诉讼结构的优点在于强调控辩双方的平等地位、相互对抗及攻防力量的平衡，而且注重控辩双方在诉讼程序中的参与性。由于司法审查制度源于美国，因而司法审查制度本身也受到当事人主义诉讼结构的影响。在我国刑事诉讼中引入司法审查制度，可以在我国原有的诉讼结构中广泛吸收和借鉴当事人主义诉讼结构的优点，进一步提高诉讼程序的公开性和参与性，完善对被追诉人的权利保障机制。

3. 有利于增加被追诉人的救济途径，保障被追诉人的诉讼权利

我国现行的刑事诉讼制度侧重于对犯罪的打击和惩罚，因而在刑事诉讼程序的具体设计上给予了公安机关和检察机关种种便利。尤其在侦查阶段和审查起诉阶段，公安机关和检察机关可以通过多种方式调查和收集犯罪嫌疑人的犯罪事实和证据。在调查遇到困难时，公安机关和检察机关还可以通过秘密侦查或补充侦查等方式获取其所需的

相关资料。而且,在我国的司法实践中,部分公安机关和检察机关在侦查阶段和审查起诉阶段对被追诉人非法搜查、非法扣押和非法超期羁押的现象仍然存在。与此相反,被追诉人的诉讼权利在侦查阶段和审查起诉阶段却受到一定程度的限制。由于公安机关侦查行为的不可诉性,被追诉人难以在审前就公安机关的侦查行为向法院起诉,以获得来自法院的救济。而引入司法审查制度后,被追诉人可以向中立的第三方请求司法审查。这在事实上增加了被追诉人的救济途径,更好地保障了被追诉人的诉讼权利。

三、程序性司法审查和实体性司法审查的关系

笔者认为,刑事诉讼中的司法审查应当包括程序性司法审查(procedural judicial review)和实体性司法审查(substantive judicial review)。其中,程序性司法审查是指依照法律规定的程序对刑事诉讼中的程序性违法行为进行的司法审查;实体性司法审查是指对刑事诉讼中有关实体性处分行为进行的司法审查。

(一)程序性司法审查和实体性司法审查的差异

一般而言,在刑事诉讼中,程序性司法审查具有以下特点:首先,程序性司法审查是一种诉讼行为,并且通常由法官所实施。其次,程序性司法审查仅仅解决诉讼过程中产生的程序性问题,而不解决犯罪嫌疑人或被告人的刑事责任承担和刑罚确定等实体问题。最后,程序性司法审查可以引起程序性法律关系的变化。如果刑事诉讼程序中的诉讼行为不具备该种效力,如向当事人发出开庭传票或者告知当事人合议庭组成人员的行为,均不属于程序性司法审查。

与程序性司法审查不同,实体性司法审查的特点主要表现在两个方面:一是实体性司法审查所指向的对象是刑事诉讼中有可能对犯罪

嫌疑人或被告人的权利造成侵害的实体性处分行为，而非诉讼过程中发生的程序问题；二是实体性司法审查可以引起实体性法律关系的产生、变更和消亡。

程序性司法审查和实体性司法审查最大的差异在于，程序性司法审查所审查的对象为刑事诉讼中发生的程序性违法行为，解决的是有关程序性的法律问题，而实体性司法审查则审查有可能对犯罪嫌疑人或被告人权利造成侵害的相关实体性处分行为，解决的是有关实体性处分行为自身是否具有合法性的问题。

（二）传统两大法系各国对司法审查制度的不同选择

为了制约国家公权力，防止和避免侦查机关和检察机关在审前阶段滥用权力，传统两大法系中的绝大多数国家在刑事诉讼中根据本国国情建立了司法审查制度对审前阶段侦控机关的诉讼行为进行司法控制。其中，相当一部分国家通过刑事预审制度实现司法审查的目的，英美法系国家偏向于程序性司法审查机制，大陆法系国家则侧重于实体性审查。之所以会有这样的差异，主要原因是：

一方面，英美法系国家在政治哲学上更为崇尚自由主义。这也导致了英美法系国家在刑事诉讼中更加强调"正当程序"（due procedure），即没有正当程序，公民所拥有的任何财产或身份将不能被剥夺，也不能被随意逮捕或监禁。[①] 由于个体权利相对于国家权力非常弱小，因而英美法系国家在刑事诉讼中更为重视对个体权利的保障。最初，"正当程序"只是意味着国家应当使用正式的起诉方式对刑事诉讼中的被告人进行追诉，并且被告人在庭审中有权获得陪审团的审判。

① 参见［英］丹宁勋爵：《法律的正当程序》，李克强、杨百揆、刘庸安译，法律出版社 2015 年版，第 1 页。

随着“正当程序”适用范围的不断扩大,当今的“正当程序”原则不仅意味着国家必须保障各方参与人在刑事诉讼中的合法权益,而且要求国家在刑事诉讼参与人的诉讼权利受到公权力侵害时必须进行适当干预,防止犯罪嫌疑人和被告人等诉讼参与人的权利受到侵犯。程序性司法审查机制不仅有利于保障国家依照公正、公开和公平的诉讼程序实现对犯罪的追诉,提供控辩双方平等的对抗舞台,而且有利于制约国家公权力。

另一方面,法国、德国和荷兰等大陆法系国家长期以来受到“王权至上”(kingship-supremacis)的影响,具有长期的集权主义(centralism)传统。在国家利益和当事人的权益发生冲突时,大陆法系国家往往会限制甚至牺牲当事人的部分权益,以保障国家整体利益和社会公序。因此,为了严厉打击犯罪,大陆法系国家通常采用实体性司法审查的方式。在刑事诉讼程序中,除了审查是否有程序性违法行为以外,司法审查权力主体还需要审查是否有侵害犯罪嫌疑人或被告人权利的实体性处分行为。

四、刑事预审制度应当是程序性司法审查制度

在刑事诉讼中,假若侦查权和公诉权被不当行使,那么犯罪嫌疑人和被害人的合法权益就会受到非法侵害。有鉴于此,从权力互相制衡的角度,必须要赋予预审法官对侦查机关和公诉机关诉讼行为的合法性进行审查的权力。因此,笔者赞同“司法审查说”的观点,认为刑事预审制度应当是一种司法审查制度,主要理由是:

首先,刑事预审的权力主体具有司法审查权。一般而言,刑事预审的权力主体是预审法官。预审法官具有对侦控机关的诉讼行为或请求进行审查,并作出最终裁决的权力。在预审程序中,预审法官居于中立地位并负责主持听证,侦控机关和辩护人分别代表国家一方和被追诉

人一方在听证中进行平等的对抗。在听证结束后，预审法官通过司法裁判的方式终结预审程序。从终结的结果上来看，预审程序的终结主要有两种：一种是肯定式的法律后果，即预审法官认为侦控机关对于被追诉人犯罪的指控达到起诉条件，则准予进入审判程序；另一种是否定性的法律后果，即预审法官认为侦控机关对于被追诉人犯罪的指控不符合法定的起诉条件，因而作出不予起诉的决定。无论是何种法律结果，都是基于预审权力主体的司法审查权而获得的。

其次，程序性的理由是引起刑事预审程序启动、运行和终止的直接原因。例如，《法国新刑事诉讼法》第 44 条赋予了检察官申请启动预审的权力。该条的具体内容是：检察官对驻设于其管辖区内各违警罪法庭的检察官享有指挥权。共和国检察官可以把自己知悉的犯罪情况通知警察并命令他们进行逮捕。必要时，共和国检察官可以直接要求对案件进行正式侦查。①

再次，刑事预审程序的解决对象是程序性问题，而非实体性问题。由于设立预审程序的目的是对侦控机关的控诉请求进行初步的审判，以审查其是否符合起诉的要件，防止错误的追诉进入审判程序。因此，与正式的判决不同，预审程序并不是终局性裁决，其目的并非是对案件涉及的实体性问题即犯罪的罪责和量刑等进行审查和裁决。

最后，程序法律关系的产生、变更和消灭是预审裁判的结果。侦控机关对犯罪嫌疑人的控诉经过预审法官的审查后，如果预审法官认为符合起诉的法定条件，则准予启动审判程序，也就产生了“审判”这一程序法律关系；如果预审法官认为不符合起诉条件，作出不予起诉的裁定，致使审判程序不能启动，也就终止了“起诉”这一程序法律关系；但

① 参见《法国刑事诉讼法典》，余叔通、谢朝华译，中国政法大学出版社 1997 年版，第 24 页。

是，如果预审法官在作出“不予起诉”的决定后，允许侦控机关退回案件并补充侦查，而后再行起诉，则在事实上变更了“起诉”这一程序法律关系。

第二节　刑事预审制度的功能

一、公诉审查

从世界各国刑事公诉制度（public prosecution system）来看，刑事公诉的模式主要有两种：一种是检察主导模式，另一种则为司法主导模式。检察主导模式着眼于保障检察机关独立公诉权，其特征主要体现在：其一，公诉权由检察机关独享，其他机构不享有该权能；其二，在具体个案中，检察官有独立决定起诉或不起诉的权力；其三，检察机关或检察官关于案件的起诉决定直接引发审判程序的启动，并确定审判的范围。韩国和日本就是这一模式的典型代表。司法主导模式则是西方国家所普遍采用的模式，该模式的主要特征是：其一，公诉的提起与起诉决定相分离，分别由两个不同的机关行使，以防止公诉权的滥用。其二，就具体个案而言，检察机关或检察官在公诉过程中只享有起诉请求权，而审查起诉则由专门的司法机构负责。该司法机关在收到检察机关或检察官的起诉请求后应依法作出审查，并作出是否允许案件进入审判程序的裁判。其三，司法机关对于案件的审查决定可以产生启动审判程序并确定审判范围的法律效力。

从检察主导模式和司法主导模式两者的优缺点来看，在检察主导模式中，由于该模式过于强调检察机关对公诉权的独占性和公诉的效率，却忽略了其他机关的制约作用，所以不利于权力的互相制衡。在司法主导模式下，负责控诉的是检察机关，而负责对检察机关的控诉进行审查的则是预审法官。

从实际的效果来看，司法主导模式更有利于发挥权力相互制衡的作用，约束侦控机关的权力，以更好地保障被追诉人的合法权益。因此，在司法主导模式下，刑事预审制度最大的功能就是对公诉权的制约，防止公诉机关权力过于膨胀，从而维护控、辩、审三方权力之间的平衡。具体而言，就是由预审权力主体对检察机关关于犯罪的指控进行起诉审查，在审查中了解检察机关控诉的理由、案件的事实和证据情况，并通过裁定的形式决定案件是否可以进入审判程序。

二、案件分流

刑事预审制度的案件分流功能是指通过预审程序将侦控方不适格的指控排除在法院审判程序之外。在西方国家，刑事预审制度的案件分流功能通常被认为是刑事预审制度最基础的功能，其过滤和分流的对象主要是案件和证据。具体而言：

一方面，预审法官对侦控机关的控诉进行审查后，通过驳回起诉或者撤销起诉的形式将不符合起诉要求的案件予以排除，从而实现对不符合开庭条件案件的过滤。例如，《美国联邦刑事诉讼法》(Federal Code of Criminal Procedure)第12条明确规定，如果被告人在审前对侦控机关的指控提出异议，那么法院必须进行审查或作出裁定。[①] 而且，《法国新刑事诉讼法典》规定，经过预审的重罪案件，预审法官如果认为其中的某个诉讼行为与法律规定相悖，那么，预审法官可以直接宣布该行为无效。假如预审法官认为案件事实不构成犯罪，或者指控缺乏充

① 参见《美国联邦刑事诉讼法规则和证据规则》，卞建林译，中国政法大学出版社1996年版，第47页。

分的理由，那么可以宣布诉讼终止。[①]

另一方面，证据材料如需要在正式审理中进行展示，那么必须在预审程序中经过控辩双方的同意或者预审法官的裁定准许，从而便于排除不适格的证据，提升庭审的公正和效率。比如，英国分别于 1995 年和 1996 年创立的“答辩和指导听审程序”（defence and guidance hearing procedure）和“预先听审程序”（prehearing procedure）均为排除不适格的证据并解决证据可采性的问题而设。通过案件分流功能，预审法官可以对刑事案件进行一定程度的甄别和筛选，并在数量上和质量上对案件进行控制，进而实现司法调控的目的。

三、证据审查

刑事预审制度的证据审查是指预审权力主体通过对案件的证据材料进行分析、研究和比较，确定证据真实性和证明力的诉讼活动。从各国的刑事预审制度来看，证据审查功能主要体现在以下三个方面：

（一）证据收集

证据制度是刑事诉讼制度的重要组成部分，而证据制度的前提和基础就是证据的收集。在缺乏证据的情况下，法院难以准确地对案件争议事实进行认定，进而作出错误的裁判，最终损害当事人的合法权益。因此，在刑事预审程序中，无论是大陆法系国家还是英美法系国家均采取了一定的措施保障证据的收集，以确保预审法官能在获取充分证据的基础上作出正确的裁判。在大陆法系国家，预审程序中负责指控犯罪嫌疑人并提出相应证据的一般为检察机关，如果在预审程序中检察机关不能提出充分的证据或者所提供的证据材料是通过非法方式

---

① 参见程味秋主编：《外国刑事诉讼法概论》，中国政法大学出版社 1994 年版，第 122 页。

取得，那么预审法官可以驳回检察机关的指控。当然，预审法官也可以依照法律的规定和职权主动收集证据。例如，《法国新刑事诉讼法典》第 81 条规定，预审法官可以依法实施任何他认为有利于查明案件事实真相的一切侦讯行为。在法国的司法实践中，预审法官可以发布各种令状，包括搜查令、拘传令和逮捕令等，并通过搜查、扣押和询问证人等方式获取证据。同时，如果预审法官因故不能亲自收集案件证据，那么可以通过"请求授权"(commission rogatoire)委派司法警察或者其他法官调取证据。但是，该预审法官仍然必须承担核实证据真实性的责任。[①] 在奉行当事人主义诉讼理念的英美法系国家，以控辩双方自行收集证据为原则，法官调查取证为例外。但是，这并不意味着预审法官不具有任何调取证据的权力。恰恰相反，由于被追诉人及其代理人在缺乏强制取证权的情况下获取证据的难度日益加大，导致某些关键证据被追诉人方难以获取，以致在正式庭审过程中无法出示，最终损害被追诉人的合法权益。因此，部分英美法系国家准予法官行使补充证据的权力。例如，1995 年《苏格兰刑事诉讼法》[Criminal Procedure(SCOTLAND) ACT 1995]规定，法官在预审程序中对控辩双方的案件准备情况应予查明，在必要时可以要求控辩双方采取措施补充必要的证据。[②]

(二)证据开示

证据开示(discovery)也称证据展示，一般是指控辩双方在庭前将各自占有的证据向对方进行展示，进行证据信息交流的制度。由于证据开示制度有利于控辩双方在庭前充分沟通证据信息，并对无争议的

---

① 参见周建华:《法国预审法官存废之争》，载《中国刑事法杂志》2006 年第 3 期。

② 参见中国政法大学刑事法律研究中心:《中英刑事审判前程序研讨会纪要》，载《政法论坛》2002 年第 4 期。

证据进行固定，最大限度地防止了庭审过程中“证据突袭”现象的发生，实现控辩双方“双赢”的效果，从而缩短了在正式庭审中控辩双方对争议的证据进行质证的时间，提高了庭审的效率。因此，英国学者甚至认为“预审是证据开示不可或缺的工具”。①

（三）证据排除

证据排除通常是指对非法证据的排除。由于刑事预审程序在侦查程序和庭审程序之间具有承前启后的作用，因此，预审程序的证据排除功能尤为重要。在预审程序的证据排除中，最常适用的是非法证据排除规则。所谓非法证据排除规则（expulsion rule of illegal evidence），是对非法取得的供述和非法搜查扣押取得的证据予以排除的统称。也就是说，除非法律另有规定，否则非法证据不能被司法机关在审理案件的过程中所采用，更不能作为定案的证据。

因为非法证据排除规则的核心在于确定非法证据的效力，因而排除非法证据在刑事预审制度中具有非常重要的意义。一方面，有利于庭审法官正确适用证据，促进司法公正和廉洁。通常而言，在刑事预审程序中，负责预审的法官并非庭审法官。庭审法官并不能提前接触到案件的证据。另一方面，有利于避免当事人受到非法证据的损害，维护当事人的合法权利。在预审过程中，预审法官进行“非法证据排除”可以为庭审法官查清案件事实、正确适用法律、公正审理案件创造有利条件。

世界很多国家就刑事预审制度的证据排除功能进行了规定。例如，《英国刑事诉讼与侦查法》第31条规定，预审法官可以解决“关于证

① Ronald Joseph Delisle & Don Stuart, *Learning Canadian Criminal Procedure*, Toronto, Carswell Company Limited, 1986, p. 455.

据的可采性问题”。同时,1995 年《苏格兰刑事诉讼法》第 72 条也规定,在预审程序中,即使当事人未就有关证据可采性问题提出异议,法庭仍应确认是否存在此问题,并且如果存在有关证据可采性的问题,法庭则须根据有关规定来决定是否同意排除此可采性有异议的证据;如果同意排除此证据,法庭则可对此异议进行处理,除非其认为在预审阶段处理此问题不恰当。[①] 其中对于自白证据,非法证据排除规则规定在获得自白证据的过程中,采集方法和程序上的瑕疵并不当然导致自白证据的无效,如果该自白证据被证明是可靠的,仍然可以被承认并被作为案件的认定依据;对于实物证据,非法证据排除规则也规定,由于非法获取的实物证据会导致被告人在庭审过程中承担不利的后果,因此,必须对这样的证据类型予以排除。与此同时,《美国联邦刑事诉讼规则》和《俄罗斯联邦刑事诉讼法典》(Федеральный уголовно-процессуальный кодекс)也存在类似的规定,《俄罗斯联邦刑事诉讼法典》规定,只要证据清单是从法庭出具的,控辩双方就均有权申请排除。如果预审法官作出了排除证据的决定,那么该证据即失去了相应的法律效力,不能作为刑事判决的根据。

第三节 刑事预审制度的原则

一、平等参与原则

从语义上看,平等参与原则(principle of equal participation)的“平等”是指在享受待遇或权利义务方面与他人等同;而“参与”则是指参加

---

① See Robert Shiels et al., *Criminal Procedure (Scotland) Act* 1995. 4th *Ed*, Edinburgh, W. Green 2005, p. 233.

者加入或融入某件事之中，以行为完成某项活动。依法保障当事人的诉权，给予当事人平等参与刑事诉讼各项程序的机会是该原则的核心内容。在刑事诉讼中，平等参与原则有以下几个基本要求：首先，刑事诉讼的各项程序应保障所有参与者平等参与的权利；其次，在具体的程序中，所有参与者都有机会参加诉讼；再次，在参与者参与诉讼活动的过程中，参与者能充分表达自己的诉求并通过合法的途径对裁判结果施加影响；最后，所有参与者在参与诉讼程序的过程中应受到公平和公正的对待，并享有人格尊严的保障。

在刑事预审制度中，平等参与原则的核心在于依法保障当事人参与预审程序的机会，并赋予当事人充分的权利，使其可以通过合法的途径对预审的裁决结果施加影响。在具体的刑事预审程序中，平等参与原则更多地体现在以下几个方面：

第一，刑事预审程序应当赋予控辩双方平等的诉讼地位和相应的诉讼权利。因为在司法实践中，刑事诉讼中的被追诉人在代表国家公权力的侦控机关面前经常处于弱势地位。因此，只有被追诉人能够作为平等的诉讼主体参与刑事预审程序，才能与侦控机关进行公平的对抗。

第二，在具体的个案中，控辩双方均有充分的机会参与预审程序。预审法院或预审法官在预审程序中均处于中立地位，负责对进入预审的案件进行中立裁判。控辩双方才是预审程序的真正主体。

第三，控辩双方在预审程序中的“平等”应当是相对平等。作为预审程序的参与者，控辩双方作为平等的诉讼主体理应得到公平的对待。但是，这并不意味着绝对平等的存在。因为控诉方作为代表国家行使公权力的主体并承担着追诉犯罪的职责必然拥有被追诉人所不具备的各种办案条件，而且被追诉人作为犯罪嫌疑人往往具有很大的社会危害性。因此，在预审程序的设计中必然给予对代表国家意志的侦控机关更多的职权，以利于其更好地打击犯罪。但是，在强化侦查机关权力的同时，也必须对被追诉人一方进行适当的关注和倾斜，以保障被追诉人在预审程序中不因为基本权利手段的缺乏而丧失自我保护的能力。这既需要立法机关在预审程序设计时予以考虑，也需要预审法官在裁判中尽职尽责、保持中立、平等对待控辩双方。

第四，控辩双方在参与预审程序的过程中，能有机会充分表达自己的诉求并通过合法途径对裁判结果施加影响。这就要求预审法官在个案中能保持中立地位，秉公执法，在预审程序的全过程保障控辩双方的充分参与，并且可以充分表达各自诉求和展示证据材料。一方面，对于控诉方而言，预审法官应给予控诉方充分的时间和机会对被追诉人进行控诉，并且展示对被追诉人有利和不利的证据；另一方面，对于被追诉人而言，预审法官应保障被追诉人有充足的时间和机会对控诉方的控诉提出辩解，并保障被追诉人可以充分地主张和展示对己方有利的证据。

第五，控辩双方在参与预审程序的过程中不仅应受到公平和公正的对待，而且也必须享有充分的人格尊严保障。前述已提及，作为国家公权力的代表，控诉机关与被追诉人相比，在各个方面均占有巨大的优势。有鉴于此，为避免控诉机关对于权力的肆意妄为，刑事预审程序的设计更应体现出对被追诉一方诉讼地位和诉讼权利的尊重，而不应先入为主地认为被追诉方理所应当无条件地服从控诉方的意志，理所应当不存在正当和合法的权益。应充分尊重当事人作为平等诉讼主体的各项权利，保障其对预审程序的参与性，并且以公正和公开的形式反映出来，正如法谚所云，“正义是至尊无上的符号，不仅应当得到实现，而且还应以人们看得见的方式实现”。[1]

从传统两大法系的司法实践来看，各国对于平等参与原则的理解有所

① 叶雷：《不做正义的旁观者——读刘桂明新著〈正义不会缺席〉》，载《法人》2014年第7期。

不同。在英美法系国家,控辩双方参与预审程序的程度较高,诉讼地位较为平等,权利义务也比较均衡。因此,参与预审程序的控辩双方事实上掌握着预审程序的诉讼主导权。在预审程序中,控辩双方能尽其所能,积极参与,运用各种合法的方式和技巧对案件事实和证据积极地进行攻防和对抗,尽最大努力影响预审法官的裁决。总而言之,"地位平等、权义平衡、参与性强"就是英美法系国家刑事预审中平等参与原则的特点。在大陆法系国家,控辩双方对预审程序的参与性不足,诉讼地位不平等,权利义务不均衡。在职权主义诉讼模式下,法官可以依职权主动调查取证,并且可以超出当事人的诉讼请求进行裁判。在预审程序中,预审法官是预审程序的主导者,享有广泛的司法权力,掌控着预审程序的全过程。作为国家公权力的代表,控诉机关相对于被追诉人而言仍然具有较高的地位,可以动用国家资源对案件进行侦控。而被追诉人在预审程序中居于较为弱势的地位,各种权利受到一定的限制,参与程序的空间也较为有限,基本上是一种被动的参与。由于控辩双方本身的地位不对等,再加上预审法官的强势主导,大陆法系国家控辩双方对于预审程序的参与性不足,体现出"地位有别,权义失衡,参与性弱"的特征。但是,随着世界经济和科技的不断发展,传统两大法系相互交流不断增加,客观上导致了两大法系互相借鉴、取长补短、互相融合的结果。因此,大陆法系也在不断吸收和借鉴英美法系对于预审程序中被追诉方的权利保障制度,提高被追诉方的诉讼地位,并增强对被追诉方权利义务的保障。

二、适度对抗原则

(一)适度对抗原则的价值

所谓适度对抗原则(principle of moderate confrontation),是指控辩

双方在预审中的对抗应适当有度，并且应当在一定的范围内进行。因为刑事预审制度的最终目的是对案件进行筛选和分流，并非对案件的实体问题进行裁决。因此，虽然刑事预审制度具备一定的独立性，但是从整个刑事诉讼程序来看，预审程序相对于审判程序而言，仍然属于前置性和辅助性的程序。从“审判中心主义”(centralism judgement)的角度来看，庭审阶段才是控辩双方进行充分对抗的最佳时机。有鉴于此，笔者认为，适度对抗原则更适合刑事预审制度，主要理由是：

首先，适度对抗原则符合审判规律的要求。由于现代刑事诉讼秉承“审判中心主义”的理念。作为整个刑事诉讼中最重要的程序和中心环节，无论是当事人的诉求、控诉人的指控、控辩双方的证据材料，还是被告人的辩解等都需要通过庭审程序进行全面的交锋和对抗。因此，虽然控辩双方的交锋和对抗在刑事诉讼各个阶段无处不在，但是作为审前程序，预审程序仅仅承担对控诉方的控诉材料、案件事实和相关证据进行初步审查并作出程序上的裁判这一职责，并不负责对案件进行实体上的裁判。就预审程序自身而言，并不需要控辩双方进行全面而高强度的对抗。控辩双方在一定程度和一定范围内的对抗已经足以满足预审程序的各项要求，符合司法实践中的审判规律。

其次，适度对抗原则有利于提高诉讼的经济性。由于对抗式的诉讼方式需要控辩双方针对案件事实和证据材料进行反复质证，需要耗费大量的时间成本和经济成本。而从法经济学“成本—收益”的视角出发，在市场经济条件下，任何一个诉讼主体在进行诉讼活动时，都要考虑具体诉讼行为在经济价值上的得失。作为“经济人”或“理性人”，“人们都是自己满足度的理性最大化者”。[①] 因此，预审程序中各项环节

① 罗晖：《新世纪法国刑事预审制度改革探析——基于成本—收益的法经济学分析》，载《学术论坛》2014 年第 6 期。

的设置也应考虑到诉讼效益。而适度对抗原则既可以避免控辩双方在正式庭审前过早地全面对抗，又可以缩短预审周期，提高质证效率，在司法实践中恰恰可以符合预审程序的需求。

最后，适度对抗原则更有利于保障当事人的诉讼权利。虽然“审判中心主义”已经成为世界绝大多数国家的选择，但是，以审判阶段作为整个刑事诉讼的核心并不意味着放弃审前阶段。相反，以预审程序为代表的审前程序与审判程序之间呈现着相辅相成的关系，对刑事诉讼当事人诉讼权利的保障均发挥着不可或缺的作用。从司法实践来看，在预审程序中适用适度对抗原则能充分保障当事人的诉讼权利，主要体现在：一是适度对抗而非全面对抗降低了被追诉人的诉讼压力，使被追诉人能以更积极的心理状态参与预审活动，更主动地提供相关证据，并对案件的事实和证据发表意见。这就有利于预审法官最大限度地了解案件发生时的情况并对案件事实进行准确认定。二是适度对抗可以限制控辩双方对抗的程度。这就有利于预审法官在充分听取控辩双方意见的基础上确定争议焦点，准确地认定案件事实和适用法律，从而促进裁判公正，提高审判效率。三是适度对抗原则有利于防止预审法官权力的滥用。在预审程序中的适度对抗虽然对于控辩双方而言仅仅是在一定范围和限度内的交锋和对抗，但是，这样的交锋和对抗有利于被追诉人充分行使诉讼权利，客观上发挥了对预审法官审判权力的制约作用，既有利于审判权正常有效运行，又限制审判权力的无限扩张，防止权力的滥用，能够促进被追诉人息诉服判，减少其对预审裁判结果的抵触。

（二）适度对抗原则的适用

适度对抗原则在刑事预审制度中的适用既可以鼓励控辩双方积极参与预审，又有利于预审法官适度控制预审开庭的节奏、更准确地把握争议焦点、厘清案件事实和证据。同时,控辩双方的适度对抗在一定意义上也起到了对国家司法权的监督和制约作用,有利于司法公正在刑事诉讼中的实现。那么,如何在刑事预审制度中适用适度对抗原则呢?笔者认为,应当从以下几个方面着手:

首先,鼓励控辩双方积极参与对抗。前述已提及,适度对抗不仅符合审判规律的要求,而且有利于提高诉讼的经济性和保障被追诉人的诉讼权利。因此,在刑事预审程序中,应当鼓励控辩双方在庭审中积极参与对抗。通过控辩双方的适度对抗,预审法官可以从控辩双方的交锋和对抗中更深入地了解案情,确定焦点,厘清证据,从而作出更公正的裁判。

其次,明确对抗的范围,并进行适度的限制。通常而言,控辩双方对案件事实和证据的不同观点和理解是双方对抗的主要原因。如果不限定控辩双方对抗的范围,就可能导致控辩双方在预审程序中消耗过多的人力和物力查找相关证据材料,竭力为对己方有利的案件事实提供证明。由于预审程序设置的目的是对即将进入审判程序的案件进行初步筛查,并非对案件事实的最终裁决。所以,在预审阶段消耗过多的人力和物力有违预审程序设置的初衷。有鉴于此,笔者认为,适度地限定控辩双方对抗的范围对于刑事预审程序非常重要,控辩双方对抗的核心应当是控诉机关的指控是否达到法定的起诉标准。从刑事预审程序的设置和功能来看,在控诉机关依照"起诉法定主义"(doctrine of legal prosecution)的要求就犯罪事实提起控诉后,预审法官应对控诉机关的控诉从当事人是否适格、证据是否充分确凿、犯罪性质和罪名的认定是否正确等方面进行审查判断,以确定该案件是否符合进入审判程序的标准。

最后,鼓励有效对抗。笔者认为,鼓励有效对抗应从以下两个方面来理解:一是鼓励控辩双方在预审程序开始前和进行中对案件无争议的事实和证据达成一致,并通过书面形式对相关事实和证据进行固定,使控辩双方可以在预审程序中集中精力对双方存在争议的事实和证据进行辩论,也可以促使预审法官专注于对双方存在争议的事实和证据进行审查,从而既缩小了控辩双方辩论的范围,也缩小了预审法官审查的范围,使预审法官更容易归纳出控辩双方争议的焦点。二是要求预审法官对控辩双方的对抗进行适度调控。由于预审法官在预审程序中既是中立的裁判者,又是预审程序的主持者,因此,预审法官在预审程序中可以通过引导控辩双方围绕案件的争议焦点进行辩论,排除控辩双方没有争议的事实和证据,适当控制预审开庭的时间等措施对预审双方的对抗适度调控,以避免预审过程中控辩双方的交锋和对抗变成无休止的缠斗,从而有利于预审法官明确争议焦点,厘清案件事实,作出正确的裁判。

三、排除预断原则

(一)预断的内涵

从字面上,所谓"预断",可以从两个方面来理解:一是"预",就是"在先""事先"的意思;二是"断",是指"判断"和"决定"。在刑事诉讼中,"预断"是指法官因先入为主的印象,怀着对当事人的偏见而对刑事案件进行裁判,从而导致案件的审理结果与案件事实和证据出现偏离的情况。① 虽然预断并不代表法官一定会枉法裁判,但是,预断的存在有可能会使公众怀疑审判结果的公正性,丧失对裁判的信任,从而对司法公正丧失信心。

在某些情况下,人们可能会混淆"预断"、"偏见"和"预测"。从含

① 参见潘久维:《审判心理学》,四川科学技术出版社1989年版,第168页。

义上看,“偏见”是指人们以不正确或不充分的信息为根据而形成的对其他人或群体的片面甚至错误的看法与影响;而“预测”则是指在掌握现有信息的基础上,依照一定的方法和规律对未来的事情进行测算,以预先了解事情发展的过程与结果。作为一种不正确的认知,偏见是经过长期的积累而形成的错误经验,这种错误的经验掺杂了私人情感的成分,以致即使得到了确实可靠的信息,仍旧固执己见。[①] 而预测主要指的是人们在认识事物的过程中,依照一定的方法对事物反映出来的规律予以总结,从而对事物的发展和变化予以推断。因此,“预断”与“偏见”和“预测”在具体内涵上存在差别。

（二）预断产生的原因

“首因效应”(primacy effect)是预断产生的主要原因。“首因效应”就是第一印象,是指与他人最初接触时使对方形成并占据主导地位的效果。完全不熟悉的两个陌生人在初次接触时的举止会给对方留下较为深刻的印象,而这一印象所输入的信息会对今后双方彼此的认知产生持续性,甚至是决定性的影响。例如,两个陌生人第一次见面时一方给另一方留下的第一印象是狡猾、贪婪等坏品质,那么该人其他方面的品质通常也会被认为是不好的、消极的。而这种影响通常具有持续性,在两人再次会面时,先前给对方留下的第一印象仍会产生影响,从而导致一方可能的判断失误。因此,首因效应也被称为第一印象效应。在刑事诉讼中,同样也会出现“首因效应”。如果法官在审判前过多地受到控辩双方其中一方的影响,例如,法官在庭审之前阅卷时仅仅参阅控诉方的案卷材料,或者仅仅参阅辩护方的相关材料,抑或仅仅了解了被

① 参见时蓉华主编:《高等学校文科教材:现代社会心理学》(第 3 版),华东师范大学出版社 2013 年版,第 227 ~ 228 页。

害人一方对案情的陈述和对案件的看法,那么就有可能对整个案情产生先入为主的预断。这种预断也许体现在对被害人一方抱有同情的思想,也许体现在对被告人一方抱有厌恶的情绪,但都有可能导致在庭审程序中有失偏颇,最终影响案件的公正审理和公正裁判。

刑事诉讼中,在"首因效应"的影响下,法官的预断具有一定的危害性,其主要体现在两个方面:一方面,极易导致有罪推定的产生。由于刑事审判一般是通过归纳或演绎的方法对案件事实进行推导和认定,因此,如果法官在正式审判前过多地受到控辩双方其中一方的影响,就有可能陷入该方的思维套路,从而影响其对案件作出客观中立的判断。例如,法官在正式审判前首先接触到公诉机关提供的案件材料,而公诉机关重点收集了对被告一方不利的证据以极力证明被告人有罪,并有意无意地忽略了对被告方有利的证据。如果此时法官不去了解被告人一方对案件事实的供述和辩解,以及辩护人一方对案情的观点和辩护材料,那么就有可能无意中对公诉机关的推理方法形成先入为主的印象,而难以保持客观中立。另一方面,有可能出现庭审程序被架空的情况。美国心理学家 S. T. 菲斯克(Susan Tufts Fiske,1952 年至今)和 S. E. 泰勒(Shelley Elizabeth Taylor,1946 年至今)均认为:从社会认知的角度来看,人们在对一件事情形成自己的看法时必须参考能接触到的所有信息,但是,在选择什么样的信息或如何解释这些信息时,先前的预期或目的起着非常重要的作用。① 上述二人的观点实际上集中于一点:人们对事情的看法往往受到自身对相关信息的预期或者选择的影响。因此,如果法官在庭审程序开始之前接触到控辩双方有关案件的证据材料,那么就有可能使法官在庭审前就对案件形成了某种程度的预期。

① 参见[美]S. T. 菲斯克、S. E. 泰勒:《社会认知——人怎样认识自己和他人》,张庆林等译,贵州人民出版社 1999 年版,第 260~261 页。

而这种预期使法官在庭审中对案件的证据材料有所选择，往往只注意到自己感兴趣的证据材料，而不是对证据的整体进行全面的评判，从而导致冤假错案的发生。

（三）预断的排除

所谓预断排除原则（principle of exclusion of prejudgment），是指在刑事诉讼中，为了防止和避免法官因先入为主的印象形成对当事人的偏见和预断的心理，使案件裁判结果与案件事实和证据发生偏离的各种诉讼程序和规则的总称。[①] 虽然法官对案件的预断并不代表其一定会枉法裁判，但是，当事人和社会各界却有可能因此对裁判丧失信任，甚至影响其对整个刑事诉讼程序的信赖。有鉴于此，在刑事预审制度的程序设计上，应当尽可能防止和避免预断，具体而言：

一方面，严格贯彻预审法官和审判法官相分离的制度。如果预审法官与审判法官为同一人或者属于同一合议庭，就很难防止法官的预断。因此，“将纠纷交由对案件一无所知并且毫无利害关系的人进行裁判，其利在于保证裁判者的中立无私”。[②]《世界刑法学会第十五届代表大会关于刑事诉讼中的人权问题的决议》也明确规定：“为了使这种公正确实存在，必须严格区分起诉职能与审批职能，因此负责判决的法官必须是未参与预审的法官。”[③]因此，预审和审判相分离已经成为世界刑事诉讼制度的发展潮流。

另一方面，从制度设计上保障预审法官中立。从刑事审判的角度出发，法官中立有利于保障各方诉讼参与人平等地参与刑事诉讼，也有

① 参见李学军、刘建华：《预断排除法则若干问题浅析》，载《法学家》2003 年第 6 期。

② 何兵：《法律程序的价值和弊端》，载《人民法院报》2004 年 5 月 12 日，第 5 版。

③ 肖云：《论刑事公诉案件庭前程序》，载 http://www.jsfy.gov.cn/llyj/xslw，最后访问日期：2014 年 11 月 30 日。

利于平衡法官与控辩双方以及其他利害关系人之间的关系。法官中立是现代刑事诉讼制度的基本要求。如果法官在庭审中集控诉职能和审判职能于一身,就会对控辩平衡的刑事诉讼结构造成扭曲,最终导致法官作为中立裁判者地位的丧失。① 在具体内涵上,"静态中立"(static neutrality)和"动态中立"(dynamic neutrality)属于法官中立的两个不同层次。其中,"静态中立"主要是指对法官参与审判的资格要求,包括三个基本点:(1)法官不能对与自己相关的案件进行审理;(2)法官个人利益不能存在于案件裁判的结果中;(3)法官对所有的诉讼参与人不应有任何的偏见和袒护。而"动态中立"则要求法官在审判过程中恪守中立,不能从神态、语言和动作等方面表现出对其中一方当事人的偏袒,并对另外一方当事人抱有偏见,具体包括:一方面,在刑事审判程序中,法官不能代替控辩双方及其他诉讼参与人行使本应由他们自行行使的权利和承担他们应自行承担的义务;另一方面,法官在庭审中对控辩双方合法的诉讼活动都应予以尊重,不能随意打断和阻止,也不能随意忽视和怠慢其中任何一方。

从现代刑事诉讼的发展来看,法官中立并不仅仅意味着其在审判程序中的中立,而是在刑事诉讼的全过程包括预审程序中保持中立。因此,刑事预审制度的设计必须从制度上保障预审法官的中立地位,不受任何机关和当事人的非法干涉和影响。

四、相对公开原则

(一)适用相对公开原则的原因

司法公开在刑事诉讼制度中既是刑事司法公正的制度保障,又可

① 参见谢佑平等:《刑事司法权力的配置与运行研究》,中国人民公安大学出版社 2006 年版,第 208~209 页。

以防止和避免法官滥用权力,具有非常重要的意义。具体而言:首先,司法公开有利于司法权的透明运作,约束法官权力的行使,同时也能避免司法权被不当干预。其次,司法公开也有利于公民意识的普及和提高,"自由、平等和权利的正义"是现代公民意识的核心和终极价值。[①]最后,司法公开有利于对公民进行法治教育。公民通过积极参与司法实践,不仅可以不断地积累司法活动的经验,而且可以逐步形成尊重司法程序、尊重法官和尊重司法裁判的行为习惯,从而积极、自觉和主动地定分止争。

美国法学家伯尔曼曾说:"没有公开就没有正义。"[②]但笔者认为,刑事预审程序的全过程并不能完全向社会公开,而只能是相对公开。所谓相对公开原则(principle of relative openness),就是指预审的内容和过程应当在一定范围内向控辩双方以及社会大众公开,以加强社会各界对于刑事预审制度的信任。其原因如下:

(1)刑事诉讼所涉及利益的多元化使刑事诉讼的全过程交杂着多种利益的博弈。就刑事诉讼程序本身而言,在一些情形下也需要有特殊的规定对公开审判进行补充和完善,将非公开审判作为某种特殊的例外而存在。从世界各国的立法来看,不公开审理的范围一般包括:①涉及国家秘密或者危害国家安全的案件;②严重违反社会秩序或公序良俗的案件;③未成年人涉嫌犯罪的案件;④涉及商业秘密、医疗秘密、新闻秘密等受到法律保护的秘密而不宜公开审理的案件等。因此,在上述情况下,不开庭审理比公开开庭审理更为适合。

(2)从刑事预审制度自身的特点来看,适度公开已经可以满足预审

---

① 参见马长山:《法治进程中公民意识的功能及其实现》,载《社会科学研究》1999年第3期。

② [美]伯尔曼:《法律与宗教》,梁治平译,中国政法大学出版社2003年版,第21页。

程序的需要,没有必要实施全面公开。由于刑事预审程序可以采用开庭审查和不开庭审查两种模式。一般而言,大陆法系国家更倾向于对案件进行不开庭审查,即预审法官在预审中既不传唤控诉机关,也不传唤被追诉人及其辩护人以及相关证人、鉴定人等,而是通过阅读案卷材料和控辩双方提交的证据材料后,作出程序上的裁判。而英美法系国家更倾向于开庭审查的模式,即控辩双方必须到场参加预审并提交相关证据。预审法官在开庭过程中直接调查了解案情和证据,并听取控辩双方的控诉和辩解,而后综合所了解到的案情和证据材料再作出是否将案件移交正式审判程序的裁判。由此可见,从传统两大法系刑事预审的特点来讲,在预审中进行开庭审查给予了控辩双方公开对抗的舞台,允许控辩双方就案件的事实和证据进行公开的争论,更能体现现代刑事诉讼公开、公平和公正的基本价值。但是,不开庭审查并不意味着没有公开。因为预审的审查结果是向控辩双方和被追诉人告知的,而事实上被追诉人的家属也可以通过辩护人在第一时间了解到预审法官裁决的结果。而且,预审法官的裁决在刑事诉讼程序中仅仅属于一个阶段性和程序性的裁决,并非终局性和实体性的裁判。因此,适度的公开已经可以满足预审程序的需要。

(3)刑事预审程序中相对公开更有利于减轻预审法官的压力,提升预审效率。由于全面公开可能导致预审法官在预审过程中和作出裁决时受到社会舆论的不当干扰和压力,不能从中立的角度和公正的立场对案件进行裁判。因此,适度公开可以在一定程度上缓解全面公开给预审法官造成的无形压力,有利于提升预审法官处理案件的效率,加快刑事诉讼程序的运行。

(4)相对公开也有利于了解预审法官审查案件的过程并对可能的违法行为进行监督。"阳光是最好的反腐剂",从司法公开的角度来看,衡量预审程序是否公开可以从预审过程的开放性和裁判结果的公开性两个方面考察。预审过程的开放性通常表现为允许新闻媒介和社会各界参与预审的全过程;而预审裁判结果的公开性则表现为预审的裁判结果应该毫无保留地向社会大众公开,使社会大众能及时了解诉讼结果。当前,由于职权主义诉讼模式的影响使某些大陆法系国家预审过程的公开性还达不到向社会全体公众公开的程度。但是,无论是大陆法系国家还是英美法系国家,除了某些特殊类型的案件以外,预审的裁判结果均已具备向控辩双方、被追诉人、被害人以及社会公众公开的条件。因此,将预审法官的裁判结果和理由适度公开,有利于控辩双方、被追诉人、被害人以及社会公众了解预审法官的裁判形成的理由、对控辩双方证据的取舍以及推理认证的过程,更有利于对预审法官权力的监督。

(二)相对公开原则适用的要求

1. 公开内容的适度限制

在刑事预审的全过程中,预审内容的公开应限制在以下几个方面:(1)可以完全公开的事项,包括侦查机关的诉讼活动和对案件进行侦查的法律依据,控诉机关的诉讼活动及法律依据,控辩双方在预审过程中的诉讼主张及证据材料,预审法官作出裁判的结果及理由,被追诉人的人权保障措施;(2)限制公开的事项,包括商业秘密或者个人隐私等未经当事人同意不应公开的事项,或者预审法官审查案件过程中部分不宜公开的诉讼行为和诉讼活动;(3)不能公开的事项,包括案件涉及国家秘密的部分,案件涉嫌危害公共安全且不适宜公开的部分,以及其他法律规定不能公开的事项。

2. 公开的对象适当限制

刑事预审公开的对象主要包括:(1)当事人。当事人是刑事诉讼的主体,享有法律规定的权利了解预审法官对案件的裁判结果及理由,因此，当事人应是预审适度公开的主要对象。(2)与案件有关的其他利害关系人。利害关系人虽然不是案件的当事人，但是案件的裁判结果与他们有着非常密切的关系。因此，利害关系人也应属于预审程序公开的对象，但是利害关系人的知情权与当事人不应完全等同。(3)社会公众。向社会公众公开有利于保障社会公众对刑事预审程序的知情权，有利于对预审法官和预审程序进行监督，促进预审程序的公平公正。所以，社会公众也应是预审程序的公开对象。但是，与当事人和其他利害关系人不同，社会公众与本案并没有直接的利害关系，因此，向社会公众公开的限制应当多于当事人和其他利害关系人。

3. 公开的范围应适当限制

从世界各国的司法实践来看，刑事预审公开的范围主要是依据普通案件和重大案件进行划分。通常而言，普通案件的审理过程和审理结果只对案件当事人公开。其他利害关系人仅仅有权利了解普通案件的审理结果，而普通案件的审理过程一般不允许向其他利害关系人公开。如果社会公众想了解普通案件的审理过程和审理结果，一般应向预审法院或预审法官申请，经同意后才能进行公开。对于重大案件的审理过程和审理结果应当向当事人、其他利害关系人和社会公众公开。但是，如果在重大案件中有限制公开的事项或者完全不能公开的事项，应当有选择地或者拒绝向其他利害关系人和社会公众公开。

第四节　刑事预审制度的价值

价值，是人类用于衡量达成精神共识所耗费物质资源的尺度标准。从法学的角度而言，所谓法的价值是指法律满足人类生存和需要的基本功能。法的价值主要体现在：一方面，法要满足人的需求。从唯物主义的角度来看，世界上任何一个人与其他人都互不相同，每个人的需求都是各不相同的。因此，法的价值也应当是多方面和多层次的。另一方面，人对法律有自身的期望和信仰。在法与人的关系之中，法与人的关系并不是平等的。包括安全、效益、秩序、公平和正义等法的价值往往对人的行为产生各种影响。因此，人往往通过制定法律规则，并通过制定的法律规则对人的行为进行评价与指导。刑事诉讼法的价值是刑事诉讼法的效用和意义，是满足国家、社会和社会成员的具体需要。[①]

在刑事诉讼中，公平、正义、效率和秩序等多元化的价值是随着侦查、起诉和审判的流程环环相扣、紧密相连的。它们既有融合又有冲突，共同构成了刑事诉讼的价值体系。从刑事诉讼价值的层面来看，刑事诉讼法律程序的价值还可以分为外在价值和内在价值。[②] 作为刑事诉讼制度中的重要组成部分，刑事预审制度的价值主要指的是刑事预审制度满足当事人和其他程序参与人的需要，对当事人、社会大众以及国家产生的效用和意义。从价值层面来看，刑事预审制度的价值也具有外在价值和内在价值两个层面。

一、外在价值

所谓刑事预审制度的外在价值是指刑事预审制度对于实现刑事实体法所追求的目标是否有用或者有意义。刑事预审制度的外在价值（extrinsic value）又经常被称为工具性价值（instrumental value），因为它是保障刑事实体法的顺利施行，并且惩罚犯罪和保障人权的重要工具，对实现公正、效率、秩序和安全等价值具有非常重要的作用。

---

① 参见陈光中主编：《刑事诉讼法学》，中国人民公安大学出版社 2004 年版，第 80 ~ 81 页。

② 参见陈瑞华：《刑事审判原理论》，北京大学出版社 1997 年版，第 45 页。

刑事预审制度之所以会具备外在价值,一方面是刑事实体法从理论变为现实的必然要求。刑事实体法的法条所规定的罪名和刑罚体现了国家刑罚权的存在。但是,从纸面上的刑罚权转化为现实可用的司法实践,必须确保诉讼程序的公正,使刑事实体法所规定的罪名和刑罚能够通过公正的诉讼程序在个案中得以实现,从而最终将刑事实体法从理论转化为现实。另一方面是来自刑事诉讼法本身,因为法律的公正更有利于社会大众接受统治阶级制定的法律规范,促进社会稳定并维护统治阶级的统治秩序。

从刑事诉讼法理论来看,关于刑事预审制度的外在价值主要有两种主要学说:一是绝对工具主义理论(the theory of absolute instrumentalism);二是相对工具主义理论(the theory of relative instrumentalism)。绝对工具主义理论认为设置刑事预审程序是为了保障刑事实体法在司法实践中的实施,并且保障刑事实体法所提倡的公正、效率、秩序和安全等价值。但是,绝对工具理论并不承认刑事预审程序自身具有独立的内在价值,仅仅机械地认为刑事预审程序就是为实现刑事实体法的目的而服务的,甚至认为"程序法的唯一正当目的,则为最大限度地实现实体法"。这种理念的存在在一定程度上助长了程序虚无主义。[①] 相对工具主义理论则对绝对工具主义的理论进行了部分修正和完善。从相对工具主义理论的视角来看,刑事预审制度不仅仅是为了保障刑事实体法正确实施的工具,而且刑事预审制度本身也具有一定的作用和价值,能够对刑事实体法的正确实施提供保障。但是,相对工具主义理论仍然具有一定的局限性,比如相对工具主义论者通常认为刑事预审制度只是为了保障最终裁判结果公正的手段,在程序公正和实体公正二者之间必须做出选择时,仍然坚持首先应实现实体公正,必要时甚至可以牺

① 参见陈瑞华:《程序价值理论的四个模式》,载《中外法学》1996 年第 2 期。

性程序公正。

从特性上看，刑事预审制度的外在价值主要有以下四大特点：第一，通过明确刑事预审的权力主体及职责、被追诉人以及其他诉讼参与人的基本权利和义务，为在预审过程中查清相关案件事实及准确适用刑事实体法构建了基本的框架；第二，通过明确刑事预审的程序流程，为在预审过程中合理分配控辩双方的举证责任，准确适用刑事实体法和刑事诉讼法的有关规定提供了保障，最大限度减少和避免了因为程序不当而导致的裁判错误；第三，通过明确刑事预审过程中对证据的收集与运用的规则，为在预审过程中依法获得证据并且排除非法证据提供了程序规范和保障；第四，通过对不同类型的案件进行繁简分流，并建立不同层次的多级预审机构，使不同类型的案件能通过不同的预审程序进行审理。比如，《法国刑事诉讼法典》根据刑事案件的轻重和复杂程度将刑事案件分为轻罪、重罪和违警罪三种类型。不同类型的案件适用的预审程序也有所不同，从而提高了刑事预审的效率。

二、内在价值

（一）内在价值的作用

所谓刑事预审制度的内在价值（intrinsic value）是指刑事预审制度自身所固有的、非因其他外在事物而存在或改变的价值。在任何一项刑事诉讼的具体制度中，内在价值都是必不可少的，因为内在价值是刑事诉讼价值体系的核心和灵魂。在刑事预审制度中，内在价值主要体现为公正、效率、秩序和安全等价值。理论界普遍认为，刑事预审制度之所以能成为刑事实体法的重要保障，不仅仅是因为刑事预审制度具有外在价值，更重要的是因为刑事预审程序本身就具备公正、效率、秩序和安全等价值。①

刑事预审制度之所以要强调内在价值的作用,主要是因为:一方面,内在价值与外在价值是相辅相成的关系。公正、效率、平等、秩序和安全等价值有利于实体公正的实现。设置刑事预审制度的目的是通过对案件进行预先审查,排除不适格的案件,防止不适格的案件进入刑事审判程序。如果刑事预审程序自身效率低下、程序不公、漏洞百出,那么就会导致对案件审查所需的时间延长,导致对案件的裁判久拖不决,最终妨碍实体公正的实现。另一方面,内在价值与外在价值相互制约。在刑事诉讼程序中,如果片面强调刑事预审程序的工具性作用,就有可能导致对刑事预审程序自身的公正、效率、秩序和安全等价值的忽视,导致片面追求实体公正而故意违反程序的现象发生。反之,过于强调内在价值的重要性或者对公正、效率、秩序和安全等预审程序自身的内在价值提出了过高的标准和要求,也有可能影响预审过程中案件的审查效率,无形中拖延了案件移交审判程序的时间,影响对案件的实体裁判。因此,在一些特殊情况下,为了加快预审案件的审查,提升预审权力主体对案件的审查效率,必须对公正、效率、秩序和安全等预审程序自身的内在价值中的某些部分适当牺牲。这样的程序设计并不仅仅是为了限制预审法官的权力,而是对内在价值与外在价值进行动态平衡,保障预审法官依法正确行使权力。

(二)内在价值的主要内容

1.公正价值。有学者认为"正义是一张普罗修斯似的脸,变化无

① 参见李麒主编:《刑事诉讼法学》(第2版),法律出版社2010年版,第54页。

常、随时可以呈现不同形状，并具有极不相同的面貌”。[①] 也有人认为：“公正的实质是人们基于控制和约束自由价值和秩序价值之间冲突的烈度和范围而作的一项理性的自律安排。”[②]在刑事诉讼中，公正具有不可替代的意义和价值，因为公正不仅代表了当事人对法官依法裁判的期盼，而且也代表了社会大众对刑事诉讼制度的普遍期望。

从内容上看，刑事预审制度的公正价值主要体现在：(1)刑事预审程序相对公开。所谓相对公开，就是指刑事预审程序的内容和过程应当在一定范围内向控辩双方以及社会大众公开，以加强社会公众对于预审程序的信任。刑事预审程序的适度公开不仅有利于防止和避免预审法官在案件审查过程中滥用权力，又可以使社会公众对司法公正产生直观的感受，使得预审程序能在阳光下运行，接受社会公众的监督，并对公众进行法治教育，从而鼓励公民积极参与刑事诉讼程序，逐步形成尊重司法程序、尊重法官和尊重司法裁判的行为习惯。(2)控辩双方地位平等，权利和义务对等。无论是控诉机关还是被追诉人一方在刑事预审过程中都应得到同等的尊重。同时，刑事预审程序在设置上应给予控辩双方同等的权利，允许控辩双方在预审法官调查案件时能够充分展示证据和进行对抗，从而保障被追诉人的诉权。(3)预审法官在刑事预审中居于中立地位。在预审过程中，预审法官应恪守中立，与案件无利益纠葛。同时，法官必须平等对待控辩双方，不能先入为主对控辩双方中的任何一方产生偏见。在处理具体案件时，预审法官不能在没有充分调查的情况下就对案件进行预断，而应在综合案件事实、案件证据以及控辩双方辩论意见的基础上对案件作出最终裁决。(4)保障控辩

---

① E. Bodenheimer and Jurisprudence, *The Philosophy and Method of the Law* (*revised edition*), Harvard, Harvard University Press, 1974, p. 196. 转引自肖建国：《程序公正的理念及其实现》，载《法学研究》1999 年第 3 期。

② 万毅：《刑事诉讼价值评论》，载《法学论坛》2003 年 9 月。

双方及其他诉讼参与人的参与。在预审的全过程中保障控辩双方及其他诉讼参与人的充分参与,有利于控辩双方充分表达各自诉求和展示证据材料,促进预审法官对案件的公正审查。对于控诉方而言,充分参与预审程序意味着控诉方拥有法律规定的权力对被追诉人进行控诉,并且有充分的时间和机会向预审法官展示被追诉人有利或不利的证据。而对于被追诉人而言,则意味着被追诉人可以依法享有充分的权利对控诉方的控诉提出自己的辩解,并在预审的过程中享有充分的人格尊严保障,是一个独立的权利主体。

2. 效率价值。从经济学的角度看,所谓"效率"就是指资源优化配置的最佳效果。① 在现代社会,效率这一名词已经从经济学领域拓展到法学领域。"迟到的正义非正义"就是最好的描述。从刑事诉讼的角度来看,效率可以被界定为刑事诉讼法律规范所调整的社会效果与所投入的法律成本之间的比值。随着人类社会的快速发展导致贫富差距的不断扩大,使一些地区犯罪现象日渐增多,犯罪手段也日益复杂。如果不考虑诉讼效率的要求,司法机关将不堪重负。当前,"公正在法律中的第二种含义是指效率"。② 在刑事预审制度中,效率价值主要体现在:

(1)合理配置预审法官和其他诉讼资源,尽量减少不必要的浪费。由于在预审程序中,预审法官主要负责的是对控诉机关指控的刑事案件进行审查起诉,并做出程序性的裁决。对于控辩双方而言,该裁决并不涉及案件的实体问题,并非案件的最终审判结果。因此,从诉讼投入来看,应合理配置预审法官的数量,减少各种不必要的资源浪费和消耗。

---

① 参见钱弘道:《论司法效率》,载《中国法学》2002 年第 4 期。

② [美]理查德 · A. 波斯纳:《法律的经济分析》,中国大百科全书出版社 1997 年版,第 31 页。

(2)合理分流刑事预审案件,提高案件的审查效率。从当前世界各国的刑事诉讼制度来看,在绝大多数情况下,刑事预审程序仅适用于审查某些类型的刑事案件,而非所有类型的刑事案件。例如,美国法律规定,刑事预审程序不处理以下五类案件:①被告人主动放弃预审权利的;②检察官在预审开始前主动撤销指控的;③检察官在预审开始前将重罪指控降为轻罪指控的;④起诉书在预审期截止后才交给检察官的;⑤犯罪行为轻微,无须预审的。[①] 而且,部分国家还规定了不同层级的预审程序对不同类型的案件进行审查。比如《法国刑事诉讼法典》规定,刑事案件根据罪刑轻重可以分为违警罪、轻罪和重罪。其中,违警罪和轻罪只需经过预审法官的一级预审。通过设置合理的分流程序,不仅减少了预审程序的流程,而且进一步提高了案件的审查效率。

(3)合理制定预审的具体流程,提高预审法官审查案件的效率,方便被追诉人和其他诉讼参与人参与。由于预审程序主要承担着审查起诉的功能,在案件数量日益增多的情况下,要及时对侦查机关移送的案件进行快速甄别和筛选,并将其移送到不同类型的审判程序中,就必须合理制定预审程序的流程,提高预审法官审查案件的效率。一般而言,预审法官主要负责审查以下内容:其一,审查是否存在控诉机关指控的犯罪事实和相关证据。其二,审查侦查机关在侦查案件过程中的侦查行为和所采取的措施是否必需并且符合相关的法律规定。从节约诉讼成本和提高诉讼效率的角度出发,应结合预审程序在刑事诉讼程序全过程中的定位设计合理的程序流程,合理地确定案件的审查标准和范围,从而便于预审法官迅速理清案件中的焦点问题,明确控辩双方的诉讼争点,提高审查效率。同时,由于控辩双方均为预审程序的主体,保障控辩双方能积极地参与预审程序,有利于预审法官及时查明案件的

① 参见宋英辉主编:《外国刑事诉讼法》,法律出版社 2006 年版,第 182 页。

相关事实和证据材料。

3. 秩序价值。《辞海》认为，所谓“秩序”是指“人或事物所在的位置，包含了整齐、守规则之义”。[①] 秩序既包括自然秩序，又包括社会秩序。自然秩序指的是在自然的过程中存在连续性和确定性的规律，如太阳在东方升起，月有阴晴圆缺等。而社会秩序则是指社会交往过程中的一种相对稳定的人际关系。从刑事诉讼的角度来看，“秩序”最主要指的是刑事诉讼程序应依照法定的流程运行，并在运行中保持稳定性和持续性的状态。在刑事预审制度中，秩序价值主要体现在：

(1)程序法定性。在刑事诉讼中，程序的法定性主要是指刑事诉讼各主体应当按照法律规定的方式和程序参加刑事诉讼，并且按照法律规定的方式处理它们之间的相互关系，否则将承担对其不利的后果。在刑事预审程序中，程序法定性的核心思想是要求刑事预审的权力主体、控辩双方和其他诉讼参与人必须严格按照法律规定的程序和方式参与刑事预审，遵守刑事程序法的强行性规定，并且承担违背相关规定的法律后果。比如，如果预审法官不遵守回避的法律规定，继续参与对案件的审查，那么其将受到法律的追究。同时，如果被追诉人在预审程序中滥用诉权或者违背法律的强行性规定，也同样会被法律所追究。

(2)程序的有序性。程序的有序性反映了现代社会对刑事预审程序公平、公正、公开和规范的要求，其要求刑事预审程序按照一定的规则，在空间上和时间上有序运行。[②] 因此，这就要求在刑事预审程序的设计中，与程序相关的各个环节必须相互衔接，不能随意中断或停止。也就是说，刑事预审程序一旦启动，就必须按照法律规定的程序依次运行，一个阶段紧接着另一个阶段层层推进，像火车一样从一个站徐徐开

① 夏征农、陈至立主编：《辞海》，上海辞书出版社2009年版，第2955页。
② 参见孙笑侠：《法律程序剖析》，载《法律科学》1993年第6期。

向另一个站，直到抵达终点为止。[①] 同时，作为预审程序的参与者，包括预审权力主体、控辩双方和其他诉讼参与人必须按照法律规定依次参与预审程序并进行相关诉讼活动，既不能任意组合，也不能随意超越或者停滞不前，如《法国刑事诉讼法典》对重罪案件预审的规定。

(3)程序的非可逆性。非可逆性的过程通常被称为程序的自结合，即在程序运行过程中，在程序的一部分已完成，它不能返回到原来的状态。如果需要再次返回，就只能重新启动程序。刑事预审程序也同样具有不可逆转性，并且对所有参加预审程序的主体具有同等的拘束力。在预审程序开始后，刑事预审程序各个参加主体，包括预审权力主体、控辩双方和其他诉讼参与人的诉讼行为都必须受到预审程序的流程和时限的拘束，其具体的诉讼行为一旦在某一环节中已经完成，就不能轻易被推翻，成为无可动摇的过去。[②]

(4)程序的时限性。程序的时限性主要是指在诉讼程序中，各个环节都有一定的法定时限，参与诉讼程序的各个主体必须遵守程序对时间的限制性规定，及时完成诉讼行为。从静态上看，在刑事预审程序中，刑事诉讼法对于程序的每一个环节都有关于时间的规定和限制，并为参与刑事预审程序的各个主体提供了标准化和统一化的时间标准，方便各个主体及时参与并完成相关的诉讼行为，并且避免因各个主体无序参与，导致权力被肆意滥用的情况发生。从动态上看，由于刑事预审程序的各个环节紧密相连，一个环节紧接着另一个环节，一个环节的结束往往意味着下一个环节的开始。但是，在一般情况下，当前一个环节还没有结束时，就不能立即启动下一个环节的程序。因此，程序的时限性要求刑事预审程序的各个参与者在参与刑事预审程序中既不能操

---

① 参见沈达明编著：《比较民事诉讼法初论》(上册)，中信出版社 1991 年版，第 170 页。

② 参见季卫东：《程序比较论》，载《比较法研究》1993 年第 1 期。

之过急超越程序流程,又不能过于缓慢导致不能完成各个环节所需完成的任务。比如,在案件进入预审以后,对于需要听取辩护方的意见的案件,预审法官不能在收到案卷后直接要求辩护方立即提供意见,而应该按照法律规定给予一定的时间供辩护方收集相关证据并且准备辩护意见。同时,辩护方应在法定的时限内提交证据材料并发表辩护意见,不能无故拖延,使案件的审查难以在法定时限内完成。

4. 安全价值。从词义上看,对于"安全"一词一般有以下理解:一种认为"安全"应包括两个层次的含义,一是平安,无危险;二是保护和保全的意思。[①] 另一种观点认为"安全"是指不受威胁,没有危险、危害和损失的情况。[②] 从刑事诉讼的角度来看,各种危害和扰乱诉讼秩序的现象使立法者不得不重视安全对于刑事诉讼程序的意义。所以,刑事诉讼中的"安全价值"主要是指在刑事诉讼程序的设置和运行中,参加人和其他社会公众的人身权和财产权得到充分保障,没有受到危害和损失。在刑事预审制度中,"安全价值"意味着:第一,预审程序具有安全的架构,能够健康、有序和稳定地运行;第二,刑事预审程序权力结构配置合理,能良好地处理预审权力主体和其他程序参与者之间的关系,有效保障各参与者的合法权益;第三,刑事预审程序运行稳定,能给予各个程序的参与者,包括预审权力主体、控辩双方和其他程序参与人安全感,并且能被其他社会公众所信赖。具体而言:

(1)刑事预审制度自身能够健康、有序和稳定地运行。从刑事预审制度本身来看,其主要有两个方面的要求:一是预审程序本身具有独立性,即预审程序自身具备独立的构造、流程和结构,是一个能自主独立

---

① 参见汉语大词典编纂处:《汉语大词典》,上海辞书出版社 2012 年版,第 1316 页。

② 参见中国社会科学院语言研究所词典编辑室编:《现代汉语词典》,商务印书馆 2012 年版,第 7 页。

运行的程序系统，不受外界的非法干涉。二是预审程序本身规范有序。这就要求预审程序本身有充足的安全措施，没有明确的缺陷或漏洞。并且，程序的运行有相关的规则或规定进行规范，使程序的运行健康有序。

(2)预审程序的权力结构配置合理。在预审程序的设置和运行中，始终交织着权力与权利之间冲突和妥协。这是因为预审程序在设计中形成了一个“三角形”的结构。在这个结构中，以预审法官为代表的预审权力主体居于三角形的最上方，以中立裁判者的地位主持着预审程序，代表着权力；而控辩双方分别位于三角形下方的左右两端，是预审程序中的权利主体。在三角形结构中，“正三角形”的结构最为稳定。从预审权力结构的配置来看，显然正三角形的结构最为合理，也最为稳定。[①] 因此，要保持程序架构的稳定，必须在预审程序中对预审法官和控辩双方的权力和权利进行合理分配，明确权力和权利之间的边界、内容以及行使的方式等。在分配时必须贯彻公开原则，即对程序本身权力结构的分配必须在阳光下进行，并且通过公开的形式告知参与预审程序的所有参与者；同时，在分配时也必须贯彻人权保障原则，也就是说，在进行程序权力的分配时，禁止以有罪推定的形式剥夺被追诉人合法的辩护权、生命健康权和人格尊严，禁止以任何借口和理由侵犯被追诉人的合法权益。

(3)预审程序应当被程序参与人和社会公众所信赖。预审程序要平稳健康运行，最重要的是做到以下两点：一方面，必须遵循权力无涉的原则。所谓权力无涉的原则是指程序权力只能在法律严格限定的时间和空间范围内运行，不能随意超越法律规定的程序边界，更不能随意

---

① 参见汤维建：《论诉中监督的菱形结构》，载《政治与法律》2009 年第 6 期。

侵犯程序以外的当事人。[①] 在预审程序中，权力无涉原则要求预审程序的权力主体必须在法律授权的范围内对案件进行审查。具体而言，预审法官在预审中不能对被追诉人的私生活进行干涉或侵犯。同时，预审法官审查案件时必须严格依照法定的程序流程在法律设定的空间内进行，在没有法律依据的情况下，不能将程序以外的其他当事人主动纳入预审程序当中，随意扩大程序的范围。另一方面，有必要确保程序的参与者的权利在受到侵害时能及时得到救济。虽然预审法官在预审程序中受到法律规定的多种限制，使预审法官不能轻易逾越法律设定的空间。但是，无数事实证明，仅仅依靠预审法官个人的自律或者程序自身的规定并不足以防止和避免权力被滥用的情况发生。因此，程序参与人的主要救济渠道应当包括：第一，程序废止请求权。这是指预审程序的参与人享有请求相关部门对预审程序进行审查并撤销非法程序的权利。如果该机构发现预审程序确实会损害程序参与人的合法权益，那么该机构可以依照法定程序撤销该违法部分。第二，程序损害预防权。这是指预审程序的参与人为了防止或避免预审程序对其可能造成的人身或财产侵犯，而享有的在损害发生前请求保护的权力。比如，在预审程序中，被追诉人发现自己已经受到了控诉机关的人身威胁并且有可能造成人身损害时，被追诉人可以请求预审法官排除人身威胁，以避免控诉机关的威胁变成对被追诉人的实质损害。第三，程序救济权。程序救济权主要是指当预审程序的参与人在预审程序对其已经造成人身或财产损害的情况下，请求有权机关弥补损失并恢复补救的权利。

---

① 参见胡亚球：《程序安全：程序价值的新视角》，载《中国法学》2004 年第 5 期。

第三章　域外刑事预审制度的比较法考察

第一节　大陆法系刑事预审制度

一般认为,有关“法系”的理论,是由日本著名法学教授穗积陈重先生(Hozumi Nobushige,1855 ~ 1926)首先提出的。穗积陈重先生根据世界各国法律制度的共性,将世界各国的法律体系划分为大陆法系、英美法系、印度法系、阿拉伯法系和中华法系。其中,大陆法系又被称为民法法系,是以罗马法为基础并演化而来的一系列法律制度的总称。法国不仅是大陆法系的发源地,而且其在资产阶级革命胜利后颁布的宪法、民法、民事诉讼法、商法、刑法和刑事诉讼法“六法”更是成为其他大陆法系国家的样本。

一、大陆法系刑事预审制度的历史变迁

随着各国法律制度的发展,大陆法系也出现了两个主要分支:法国法系和德国法系。其中,法国法系以个人权利和自由为主导,主要体现了自由资本主义的特点,而德国则更为强调国家干预和社会公共利益,反映了垄断资本主义的特征。[①] 因此,本部分将主要以法德两国为例,阐述大陆法系国家刑事预审制度的特征和规律。

---

① 参见何勤华:《大陆法系变迁考》,载《现代法学》2003 年第 1 期。

(一)法国刑事预审制度的历史变迁

现代大陆法系刑事预审制度的发源地是法国,刑事预审制度在法国的发展过程经历了三次大规模的改革。具体而言:

1. 法国刑事预审制度的萌芽

从刑事诉讼的发展历程来看,控诉式诉讼制度(tupe accusatoire),又称"弹劾式诉讼制度"(accusatory system),最早出现在古希腊和古罗马时期,而后流传到法国。直到加洛林王朝(les Carolingines)和中世纪(Middle Ages)早期,法国仍然使用控诉式诉讼制度。控诉式诉讼制度的主要特点在于法官只能根据控告的内容和范围进行审理,并不能主动的追究犯罪。① 但是,中世纪中后期,纠问式诉讼制度(inquisitiorial system)逐渐取代了控诉式诉讼制度。

在纠问式诉讼制度中,司法机关有权采取主动行动,无论被害人是否提出指控。这种诉讼制度最初来源于教会法庭的审判制度。法官在纠问式诉讼中集侦查、控诉和审批职权为一体,既可以对犯罪事实进行调查,又可以对犯罪事实进行控诉和审判。② 从1453年开始,法国通过《法兰索瓦一世令》(Francis I's Décret)和《1670年敕令》(Décret of 1670)对法国的刑事诉讼程序进行了划分。从那时起,法国的刑事诉讼程序就包括了预审程序和审判程序两部分。但是,由于在纠问式诉讼制度中,对犯罪事实真相的调查被置于首要地位,这使预审程序和审判程序变成履行必要手续的一种形式,没有发挥出应有的作用。③ 这也导

① 参见[法]贝尔纳·布洛克:《法国刑事诉讼法》,罗结珍译,中国政法大学出版社2009年版,第34页。

② 参见罗旭南:《纠问式诉讼概念探微》,载《海南大学学报》(人文社会科学版)2005年第2期。

③ 参见[法]卡斯东·斯特法尼等:《法国刑事诉讼法精义》(上),罗结珍译,中国政法大学出版社1999年版,第79页。

致了法国社会各界对纠问式诉讼制度的怀疑和反对,并推动了法国刑事预审制度第一次改革。

2. 法国刑事预审制度的第一次改革

1780 年后,预审中广泛使用的刑讯逼供被明确禁止。1808 年,法国颁布了《重罪审理法典》(Code du Procès Criminel),对控诉式诉讼程序和纠问式诉讼程序采取了折中的方式,即预审程序采用纠问式诉讼程序,而庭审程序则采用控诉式诉讼程序。该法典还划分了法国的警察、检察官和法官的职权范围,并规定由预审法官专门负责对刑事案件的预审。[①] 在《重罪审理法典》颁布之后,法国又以法律修正案的形式继续完善预审程序。1856 年对轻罪评议制度(Système de délibération)进行改革的法律修正案被国会通过。在此次改革之前,法国的预审法官通常仅承担一般调查人员(enqueteur)的职能。当涉及释放被追诉人的请求以及侦查终结问题的争议时,预审法官仅仅有权向轻罪评议庭提出报告,但无权作出最终的裁决。修正案通过后,预审法官取得了最终裁决权,可以不经过轻罪评议庭直接作出决定。在 1897 年通过的法律修正案中还增加了有关"诉讼辅佐人"(assistante ad litem)的规定。根据规定,被追诉人在预审中有权获得诉讼辅佐人的帮助。诉讼辅佐人在接受被追诉人的委托后,可以依法接触被追诉人,并为被追诉人提供相关的法律意见和建议。[②]

3. 法国刑事预审制度的第二次改革

进入 20 世纪以后,两次世界大战的爆发使法国政府和人民均意识到一个公平、公开和公正的刑事诉讼制度对于人权保障的重要性。因

① 参见[法]贝尔纳·布洛克:《法国刑事诉讼法》,罗结珍译,中国政法大学出版社 2009 年版,第 46 ~ 47 页。

② [法]卡斯东·斯特法尼等:《法国刑事诉讼法精义》(上),罗结珍译,中国政法大学出版社 1999 年版,第 93 页。

此,“二战”后法国启动了《刑事诉讼法典》的修正工作,这也使法国的刑事预审制度进入了新的发展阶段。

早在1879年,法国就拟定了关于《刑事诉讼法典》第一卷全部条款的修正草案。在时任总检察长马特尔(Mater)的领导下,法国于1930年又拟定了《法国刑法典》(Code Pénal Français)和《刑事审理法典》(Code De Procédure Pénale)的修正草案,并先后于1934年和1938年提交到法国的议会。遗憾的是,由于“二战”来临,法国不得不中断了刑事诉讼法的修正工作。在“二战”结束后,法国于1953年成立了以时任总检察长安东宁·贝松(Anmnin Besson)主持的专门委员会,重新负责刑事诉讼法的修正。1958年年底,《法国新刑事诉讼法典》颁布施行,对于法国刑事预审制度的修正和完善主要体现在:(1)进一步细化了预审法官与公诉法官的职责,防止两者在行使职权过程中相互干预。(2)明确了预审法官的“权力清单”。比如,在重罪案件中,预审法官必须参与;而在轻罪案件中,预审法官的参与具有任意性,仅有在未成年人实行的轻罪案件和部分违警罪中才必须参与。(3)明确规定二级预审应当采用公开审理的方式进行,严禁秘密审判。(4)加强了对预审法官的监督,最大限度地防止和避免预审法官滥用权力。①

在20世纪末,针对《法国新刑事诉讼法典》颁布施行后出现的一些问题,法国于1984年7月9日的法律修正案中设立了“办公室听审程序”(audition de cabinet)。同年8月24日通过的法律修正案对被追诉人委托律师以及律师在预审程序中的权利等方面作出了进一步的规定,增强了预审透明度,具体内容包括:(1)该法规定预审法官对被追诉人作出临时羁押的决定时,应当给予被追诉人辩护准备期。在准备期

① 参见罗晖:《新世纪法国刑事预审制度改革探析——基于成本—收益的法经济学分析》,载《学术论坛》2014年第6期。

内，预审法官应告知被追诉人有权选择律师或者指定律师。(2)该法规定被追诉人如果在预审期间受到拘留并且超过20个小时，那么该被追诉人可以要求会见律师。律师受到被追诉人委托后可以查阅与被追诉人有关的案卷资料，并且不受限制的与被追诉人会面。(3)该法规定被告人和被害人在预审期间可以要求预审法官任命鉴定人、询问证人或者开展新的调查。而在以往的法律规定中，仅有检察官有权在预审期间要求法官进行上述工作。(4)预审法官重新获得了行使先行羁押的权力，可以对先行羁押进行独立的裁决。[①]

4. 法国刑事预审制度的第三次改革

在21世纪初，法国颁布实施了《关于加强保障无罪推定和被害人权利的法律》(Loisur le renforcement de la présomption d'innocence et des droits des victimes)。该法关于刑事预审制度的具体内容是：(1)启动预审的条件更为严格。只有在证明被追诉人具有“严重的或者相互吻合的形迹”并有可能构成犯罪的前提下，预审法官才可以启动预审。(2)律师的权利有所扩大，保障律师的在场权。在被追诉人被拘留时，律师可以立即介入，或在第20个小时和第36个小时介入。(3)设立了“自由与羁押法官”。“自由与羁押法官”通常由院长任命，主要负责决定对犯罪嫌疑人的先行羁押，并对延长犯罪嫌疑人的拘留期间、部分搜查与扣押、实施电话监听等事项进行审查。

同年12月5日，法国“乌特罗案”(Cas Utero)爆发。该案充分暴露了法国司法制度中的缺陷和问题，并引发了法国预审法官的存废之争，最终推动了法国刑事预审制度的第三次改革。[②] 在“乌特罗案”发生

---

① 参见《1993年8月24日第93—1013号法律》。转引自陈丽莉：《法国的检察官制度》，载《法学杂志》2008年第6期。

② 参见肖军、刘静坤：《从乌特罗案看法国预审法官制度改革》，载《中国检察官》2012年第16期。

后,法国组建了针对该案的调查委员会。经过调查,该委员会提出了一系列举措,包括创建预审法官中心、建立预审法官过错追究机制,并要求对预审法官讯问的过程全程录像等。随后,法国相继颁布实施了《使司法适应犯罪发展的法律》(La loi d'adaptation de la justice au développement Criminel)和《强化刑事程序平衡法》(Renforcement de la procédure pénale equilibre droit),将调查委员会提出的改革措施一一落实,进一步完善了法国的刑事预审制度。①

(二)德国刑事预审制度的历史变迁

1. 德国刑事预审制度的形成

公元1世纪,在罗马帝国的北部聚居了很多少数民族。在众多的少数民族部落中,斯拉夫人(Slavs)部落、凯尔特人(Lelts)部落和日耳曼人(Germanic peoples)部落是三个比较大的部落。其中,日耳曼人主要分布在维斯特拉河(Vistula)、莱茵河(Rhine River)、多瑙河(Danube)和波罗的海(Baltic Sea)之间的区域。在公元5世纪末,日耳曼人建立了法兰克王国。法兰克王国建立后,该国制定并颁行了一系列法律规范。其中,最为著名的是《撒利克法典》(Lex Salica)和《里普利安法典》(Lex Ripuaria)。与日耳曼早期的习惯法相比,这两部法典的颁布使法兰克王国的刑事诉讼制度从"弹劾制"进入"纠问制"。

843年,法兰克王国分裂为东法兰克王国(Ostfrankenreich)、中法兰克王国(Francia media)和西法兰克王国(Francieo ccidentale),即当今的德国、意大利和法国。919年,德意志王国成立。作为一个独立的国家,

① 参见洪浩、罗晖:《法国刑事预审制度的改革及其启示》,载《法商研究》2014年第6期。

德国的历史正式开始。[①] 由于德国与法国均由法兰克王国分裂并演化而来,因此,德国早期的刑事司法制度不仅结合了日耳曼习惯法与罗马法的特点,而且与法国有很多相似之处。[②] 1532 年颁布实施的《加洛林纳刑法典》(Carolina Code)首次明确将德国的刑事诉讼程序划分为侦查程序和审判程序两个阶段。同时,在该法典中还明确设立了专门的法官负责对案件进行侦查,该种类型的法官普遍被认为是预审法官的前身。[③]

但是,由于《加洛林纳刑法典》允许对被追诉人实施刑讯逼供,并且实行有罪推定和不公开审理的制度,严重侵犯了被追诉人的人权。因此,在德国统一后,为安抚社会各界民众,德国于 1877 年 2 月 1 日颁布实施了《德国刑事诉讼法典》(Deutsche Strafprozessorclnung),该法典在刑事预审制度方面大量借鉴了 1808 年《法国重罪审理法典》的相关规定,将德国的刑事诉讼程序也划分为两大部分,即预审程序和审判程序。[④]

2. 德国刑事预审制度的发展与扭曲

1871 年统一后的德国生产力得到迅速的恢复和发展,不仅使德国迅速成为欧洲的强国,而且还开始走上了扩张的道路。1914 年 7 月 28 日,奥匈帝国在德国的支持下,以萨拉热窝事件(Sarajevo Assassination)为借口,率先挑起了第一次世界大战(First World War)。[⑤] 但是,战争

---

① 参见何勤华等:《德国法律发达史》,台北,韦伯文化国际出版有限公司 2004 年版,第 2 ~7 页。

② 参见何家弘编著:《外国犯罪侦查制度》,中国人民公安大学出版社 1995 年版,第 215 页。

③ 参见何勤华等:《德国法律发达史》,台北,韦伯文化国际出版有限公司 2004 年版,第 29 页。

④ 参见[日]田口守一等:《刑事诉讼法》,刘迪等译,法律出版社 2000 年版,第 5 页。

⑤ 参见人民教育出版社历史室编:《世界近代现代史》(第 2 版),人民教育出版社 2000 年版,第 132 页。

的失败导致了德皇威廉二世(Wilhelm Ⅱ,1859～1941)的专制统治全面崩溃,而纳粹党利用"一战"失败后德国社会的种种矛盾迅速崛起,并于1933年1月建立了纳粹政府,开始了法西斯统治。从1933年颁布《消除人民和国家痛苦法》(Das Gesetz über Die Beseitigung Der Menschlichen Und Nationalen Schmerzen)开始,德国纳粹政府还颁布了《联邦摄政法》(Bundesrecht Und Politik)、《关于帝国最高领袖的法令》(Das Dekret Des Obersten Führers Des Imperiums)和《德国改造法》(Deutsches Reform Recht)等一系列纳粹专制法律,彻底剥夺了德国民众的基本人权,也使《德国刑事诉讼法典》成为了一纸空文。[①] 纳粹的专制也使德国的刑事预审制度遭到了全面破坏,事实上失去了效力。

3. 战后德国刑事预审制度的新发展

第二次世界大战后,因为美国和苏联对德国的占领,德国被人为地划分为联邦德国和民主德国两个国家。同时,德国社会各界对法西斯的危害也进行了深刻的反省。在内外多种因素的促进下,联邦德国在继承和发扬大陆法系刑事诉讼传统的基础上,开始了对刑事预审制度大规模的改革。[②] 在1975年,联邦德国通过了《德国新刑事诉讼法典》(Neue Strafprozessordnung In Deutschland),正式将原由预审法官行使的侦查职权移交给检察官,仅仅负责对侦查活动进行司法审查。[③] 从此,法国式的预审程序不再出现在德国的刑事诉讼程序中。

根据《德国新刑事诉讼法典》的规定,德国的刑事诉讼程序有以下几个主要阶段。第一个阶段是调查程序。在调查程序中,检察官负责

---

① 参见何勤华主编:《外国法制史》(第4版),法律出版社2006年版,第280页。

② 参见柴松霞:《论德国刑事诉讼模式改革对我国的启示》,载《天津法学》2011年第2期。

③ 参见曹文安:《论德国和意大利刑事司法语境中的预审》,载《福建警察学院学报》2010年第4期。

收集和检验案件的证据材料,并决定是否提起公诉。第二个阶段是中间程序。在中间程序中,主审法官对案件的事实和证据材料做出初步的审查。如果主审法官认为检察机关对被追诉人的指控理由充分、证据充足,那么就应将案件移送至审判程序。反之,应直接驳回公诉。第三个阶段是审判程序。在审判程序中,法官应对通过中间程序审查的案件进行审理并作出最终裁决。

同时,《德国新刑事诉讼法典》明确规定了"中间程序"的具体内容。从法条的含义上理解,中间程序就是德国式的刑事预审程序。因为设立中间程序的主要目的是审查起诉,防止检方滥用控诉权。简言之,中间程序是德国刑事诉讼审查制度。[①] "中间程序具有双重性,一方面审查在审前程序中采取的追诉行为;另一方面,表明审判程序的启动,审查实施的犯罪行为在法律和事实上是否存在'合理的怀疑'。"[②]通过中间程序,法官必须对案件进行初步审查,而不能随意启动审判程序。因此,如果对被追诉人的指控不符合法定的起诉条件,那么应将案件排除在审判程序以外。1991 年,随着两德统一,联邦德国的法律制度成为统一后德国的法律制度,适用范围包括原民主德国所辖的地区。因此,德国的"中间程序"也成为德国唯一的刑事预审程序。但是,由于《德国新刑事诉讼法典》并不反对案件的主审法官担任该案中间程序的法官,这就容易引发法官的偏见和预断。因此,德国社会各界对该程序也有一些非议,希望能对其进行改进和完善。这也是未来德国刑事预审制度改革的目标和方向。[③]

---

① 参见林钰雄:《论中间程序——德国起诉审查制的目的、运作及立法论》,载《月旦法学》2002 年第 9 期。

② Mireille Delmas Marty and J. R. Spence, *European Criminal Procedures*, Cambridge, Cambridge University Press, 2002, p. 314.

③ 参见陈卫东、韩红兴:《初论我国刑事诉讼中设立中间程序的合理性》,载《当代法学》2004 年第 4 期。

二、大陆法系刑事预审制度的特点

(一)预审法官是最重要的预审权力主体

笔者认为,所谓"刑事预审的权力主体",是指在刑事预审程序中居于中立地位,有权对有关被追诉人的指控进行审查并享有裁判权力的组织或个人。从世界各国的情况来看,刑事预审的权力主体非常广泛,包括预审法官、治安法官、大陪审团、刑事审查庭和司法委员会(Judicial Committee)等。虽然大陆法系各国的刑事预审制度因不同的国情、经济文化发展状况和司法制度而存在一定的差别,但从总体而言,预审法官、刑事审查庭和司法委员会是大陆法系国家主要的三种刑事预审权力主体。其中,预审法官最为重要。具体而言:

1. 预审法官

预审法官源起于法国。为了加强对本国检察官权力的监督和制约,法国于1808年在每一个法院中设立了一个新的业务庭,即"审议庭"(chambres délibérables)。该庭由三名法官组成。其中,一名法官负责对检察机关移送法院的刑事案件进行初步审查。在审查完毕后,该法官应将符合起诉条件的刑事案件提交至审议庭合议。只有在审议庭表决通过后,检察机关才能向法院正式起诉。"审议庭"中负责审查的法官,通常也被视为大陆法系"预审法官"的雏形。[1] 当今,大陆法系各国中最重要的刑事预审权力主体是预审法官。一般认为,预审法官是为了寻求司法公正而设立的一个法官岗位,其职责主要是对刑事案件进行预审,并决定是否将案件交付审判程序。从狭义上看,只有法律明

① 参见谢佑平、邓立军:《预审法官制度比较研究》,载《中国人民公安大学学报》2004年第5期。

确规定属于预审法官的法官才是预审法官。但从广义来看，所有承担刑事预审职责的法官都应属于预审法官。这既包括了狭义上的预审法官，也包括了中间程序法官和治安法官等具有刑事预审职责的法官。综合大陆法系各国的刑事预审制度，大陆法系的预审法官主要有以下特点：

(1)预审法官的任职资格

在大陆法系各国中担任预审法官，必须符合一定的条件，并取得相应的任职资格。一般而言，大陆法系各国预审法官的任职主要通过以下两种方式：

一方面，通过任命的方式获任预审法官。在大陆法系各国中，法国和荷兰的预审法官主要是通过任命的方式取得任职资格。通常情况下，法官的任命比检察官更为严格。检察官由司法部领导和任命，司法部长可以根据工作需要分配和调动检察官。而法官则享有独立于立法权和行政权的特殊权力，由法国总统直接从法官中择优任命。[①]《法国新刑事诉讼法》对预审法官的任职期限没有限制，但根据法国 2001 年 5 月 30 日通过的法律修正案，预审法官的任期被限制为 10 年。[②] 从荷兰的情况来看，根据 1983 年修订后的《荷兰宪法》(Nederlandse Grondwet)第 118 条的规定，荷兰的法官由荷兰王室委任。一旦任命，终身任职。在荷兰，普通人只有拥有法律专业研究生学历和法律专业硕士以上学位，并且通过法官训练课程(RAIO training)后才能被任命为法官。由于荷兰的预审法官从职业法官中择优任命，因此，荷兰的预审法官也必须符合法官的任职条件。[③]

---

① 参见周建华：《法国预审法官存废之争》，载《中国刑事法杂志》2006 年第 3 期。

② 参见倪静：《法国预审法官制度存废之争》，载《人民法院报》2010 年 5 月 21 日，第 8 版。

③ 参见汪建成、黄伟明：《欧盟成员国刑事诉讼概论》，中国人民大学出版社 2000 年版，第 362 页。

另一方面,通过指定的方式获任预审法官。中间程序法官是德国预审的权力主体。德国也是大陆法系诸国中以指定方式任命预审法官的代表。根据德国刑事诉讼法律法规的规定,中间程序法官仅仅是根据首席法官的指派临时负责对案件材料进行审查,并非专职的预审法官。换句话说,德国的中间程序法官是从法官中产生的。但是,作为大陆法系国家,德国刑事诉讼体系与同属于大陆法系国家的法国有很深的渊源。因此,德国法官任职条件与法国法官的任职条件类似,也非常严格。根据《德国法院组织法》(Organisationsrecht Des Gerichtshofes)的有关规定,必须通过两次考试才能取得德国的法官职业资格。其中,第一次考试是大学法律专业考试。法科学生只有在大学完成至少三年半的法律学习后才能参加。第二次考试则是法官职业资格考试。在参加第二次考试之前,法科学生必须到普通法院、律师事务所、公证处和立法机构等单位实习并取得实习证明。在通过法官职业资格考试后,法科学生才可以取得法官的任职资格。在取得法官职业资格以后,还要通过联邦司法部部长、州司法部长与法官挑选委员会共同选任才能被任命为各级法院的法官。其中,联邦司法部部长与法官挑选委员会共同选任联邦最高普通法院法官,主管所属领域的联邦部长与法官挑选委员会共同选任联邦各最高法院的法官,各州司法部部长同法官挑选委员会共同选任各州法院的法官。① 在荷兰、俄罗斯和意大利等大陆法系国家也有类似的规定。这些国家的预审法官也是通过指定的方式获任的。

(2)预审法官的职能

根据大陆法系各国的法律规定,侦查职能和裁判职能是各国预审

① 参见周道鸾主编:《外国法院组织与法官制度》,人民法院出版社 2000 年版,第 75 ~ 85 页。

法官的两大职能，具体而言：

一方面，侦查职能是大陆法系预审法官的重要职能。根据《法国新刑事诉讼法典》第53～78条的规定，法国的预审法官可以依法进行一切侦查行动，以查明事实真相。在侦查中，预审法官不仅应当查找证明被追诉人有罪的证据，而且也应当查找证明被追诉人无罪的证据。预审法官在侦查中可以对被追诉人的性格和生活环境进行调查，如被追诉人的人格特质、家庭情况和物质生活情况。在特殊情况下，预审法官还可以根据第81条第8款的规定对被追诉人的指令进行医疗检查与心理学检验。[①] 在侦查的范围上，法国的预审法官原则上仅能在其所负责的辖区范围内开展预审的调查活动。如果需要跨区域调查案件，那么预审法官可以采用委托的方式向需要调查区域的司法警察发出查案委托书，委托该区域的司法警察调查案件的情况。但是，1975年8月6日的法律修正案允许法国的预审法官履行事先通知手续后，可以在全国范围内调查案件。当涉及搜查或者扣押时，预审法官应当告知所在辖区的检察官。在搜查中，预审法官还可以邀请检察官参加。在有其他工作安排时，预审法官可以委托其所负责辖区内的司法警官进行搜查。在扣押时，预审法官必须根据第97条第1～6款的规定，对被扣押的物品和文件资料在扣押笔录中进行清点并逐项登记。在侦查中，在涉及毒品走私等犯罪的案件中，预审法官还可以根据第706－33条的规定采取强制措施，以命令的形式先行关闭涉嫌走私毒品的机构，比如用于走私毒品的房屋、俱乐部或者其他交易场所等。[②] 除了法国以外，比利时的刑事诉讼程序也分为预审程序和审判程序两个阶段。其中，法院

---

① 参见《法国刑事诉讼法典》，罗结珍译，中国法制出版社2006年版，第86页。

② 参见［法］贝尔纳·布洛克：《法国刑事诉讼法》，罗结珍译，中国政法大学出版社2009年版，第218页。

在预审程序中主要负责对被追诉人采取强制措施案件的侦查,也具有一定的侦查职能。①

另一方面,预审法官具有裁判职能。根据《法国新刑事诉讼法典》的规定,在预审程序开始阶段、进行阶段和终结阶段,预审法官均可以行使裁判权,并且主要通过裁定的形式进行。当预审程序启动后,预审法官认为该案并不属于其管辖,则应作出"无管辖权的裁定",停止对该案的管辖。在预审程序进行的过程中,预审法官也享有多项裁判权。比如,预审法官可以根据第 82 条的规定做出裁定,拒绝检察机关要求进行的某一预审行为,或者根据第 82 - 1 条的规定拒绝一方当事人希望进行的预审行为。预审法官也可以依照第 82 条第 9 款的规定拒绝被追诉人提出的医疗检查或心理学检验的申请。在预审程序终结时,预审法官认为无须对被追诉人的行为作出进一步追诉的,那么预审法官可以根据第 177 条第 1 款的规定直接作出不予起诉的裁定。但是,如果预审法官认为控诉机关对被追诉人的指控符合法律规定,则应裁定将案件移送至审判法庭进行审理。② 根据我国澳门特别行政区《澳门刑事诉讼法典》的规定,澳门的预审法官也具有裁判职能,可以在预审辩论结束后批示是否准予起诉。③

2. 刑事审查庭

刑事审查庭的全称是"上诉法院刑事审查庭"(tribunal de révision pénale de la cour d'appel),是法国专有的刑事预审权力主体。法国 1808 年的《重罪审理法典》开创了法国特有的"两级预审制"(système de pré-procès à deux niveaux),即将法国的刑事预审程序明确分为两个阶

① 参见汪建成、黄伟明:《欧盟成员国刑事诉讼概论》,中国人民大学出版社 2000 年版,第 7 页。

② 参见《法国刑事诉讼法典》,罗结珍译,中国法制出版社 2006 年版,第 88 ~ 90 页。

③ 参见邱庭彪:《澳门刑事诉讼法分论》,社会科学文献出版社 2012 年版,第 200 页。

段——第一级预审和第二级预审。最初，刑事审查庭称为“提起控诉庭”（chambre de mise en accusation）。但在《法国新刑事诉讼法典》中被改为“控诉庭”（chambre d’accusation）。现在，刑事审查庭在法语中被称为“ chambre d’instruction”，主要有以下特点：

（1）刑事审查庭由 3 名法官构成。其中，庭长负责庭内的管理和日常工作，两名法官协助庭长工作。在必要情况下，该法院的其他法官可以被抽调至刑事审查庭担任预审法官。1987 年的第 87 – 1 号法律修正案还特别规定了刑事审查庭庭长的任命程序——由上诉法院院长上报法官协会，并经该协会最高理事会同意后，以命令的形式进行任命。如果刑事审查庭庭长因故不能履行职务，应由上诉法院的院长指定该院中的一名庭长或法官代行职权。1974 年第 74—163 号法律修正案和 1987 年第 87—1062 号法律修正案则规定，上诉法院需每年召开全体会议择优任命预审法官，任期一年。

（2）刑事审查庭主要的职权。刑事审查庭的职权主要体现在：第一，负责第二级预审。由于法国实行特殊的两级刑事预审制，刑事审查庭主要负责对重罪案件进行第二级预审。根据法律规定，刑事审查庭在预审中适用的是纠问式诉讼程序。这种程序具有书面性、非公开性和非对席性的特点。在预审过程中，刑事审查庭主要是对被追诉人受到的指控进行审查，审查被追诉人的犯罪行为是否构成重罪。如果被追诉人的犯罪行为构成重罪，那么刑事审查庭应当作出裁定并向重罪法院起诉，将被追诉人的案卷材料移送至重罪法院。第二，对预审法官的第一级预审进行监督。这种监督主要通过两种方式：其一，监督预审法官预审行为的适当性。根据现行的《法国新刑事诉讼法典》第 207 条和第 221 条的规定，刑事审查庭可以在多种情况下直接受理预审案卷。而且，根据该法第 204 条的规定，只要在预审中发现有可能涉嫌犯罪的犯罪嫌疑人，即使预审法官并未对其进行审查，刑事审查庭也可以通过命令的方式直接对该犯罪嫌疑人进行审查。其二,审查预审中各项手续的完备性。“程序的实质是管理和决定的非人情化,其一切布置都是为了限制恣意、专断和裁量。”[①]在预审过程中,所有的预审行为都必须履行法律规定的程序和手续。否则,可能造成预审行为无效。例如,除了“法律条文明文规定无效”的19种情形以外,《法国新刑事诉讼法典》第56条、第57条、第172条,以及第706.24条等也规定了各种预审无效行为。[②]

3. 司法委员会

司法委员会(Judicial Committe)是欧洲各国普遍设立的机构。在司法实践中,司法委员会通常扮演着政府和法院中间人的角色,其主要功能在于对欧洲各国的司法机构进行行政管理。在一些大陆法系国家,司法委员会除了承担着法官管理、预算编制和司法行政等职能以外,还可以作为预审的权力主体,参与刑事预审工作。[③] 荷兰、比利时和希腊等国就是其中的典型。

荷兰的司法委员会由3名预审法官组成,可以在预审过程中行使预审法官的职权,包括预审调查、决定羁押等强制措施以及受理对传唤的申诉。比如,根据《荷兰刑事诉讼法典》(Nederlands Wetboek Strafvordering)第57条、第59条和第61条的规定,荷兰的警察在抓获犯罪嫌疑人时第一次讯问的时间不能超过6个小时。在讯问之后,如果警察认为犯罪嫌疑人有可能构成犯罪,并且符合审前羁押的条件,那么可以适用警察拘留,时限为3天。但是,警察拘留必须得到预审法官

---

① 季卫东:《法律程序的意义——对中国法制建设的另一种思考》,载《中国社会科学》1993年第1期。

② 参见施鹏鹏:《法国刑事程序无效理论研究——兼谈中国如何建立“刚性”的程序》,载《中国法学》2010年第3期。

③ 参见[荷]威姆·沃尔曼斯:《司法委员会的职能与组织——欧洲各国法院的司法行政管理模式比较研究》,王晓芳译,载《法律适用》2004年第2期。

的审查并批准，以保障犯罪嫌疑人的合法权益。对于部分刑事案件，警察拘留则必须得到荷兰的司法委员会批准才能进行羁押。[①]

除了荷兰以外，比利时和希腊等国的司法委员会也具有预审的功能。比如，比利时的司法委员会既可以在某些情况下审查延长被羁押人羁押时间的申请，又可以决定是否将刑事案件交付审判程序。而希腊的司法委员会则分别设立了一审法院的轻罪法庭和上诉法院。该委员会也是由3名法官组成，采用不公开审理的方式进行预审。如果被追诉人对一审法院司法委员会作出的裁决不服，可以向上诉法院的司法委员会提出上诉。[②]

（二）预审适用于绝大多数的刑事案件

刑事预审的适用范围通常是指何种类型的刑事案件能够进入刑事预审程序。明确刑事预审的适用范围不仅有利于明确何种类型的刑事案件可以进入预审程序，而且也有利于防止和避免部门之间出现相互推诿的现象。综合大陆法系各国的立法情况和司法实践，大陆法系刑事预审的适用范围主要包括以下方面：

1. 适用于所有类型的刑事案件

在绝大多数大陆法系国家，所有类型的刑事案件均可以适用刑事预审制度。比如，根据《法国新刑事诉讼法典》的规定，所有在法国刑法中规定的犯罪类型均可适用于第一级预审。在1810年《法国刑法典》（Code Pénal Français）中，法国对于犯罪的类型进行了如下划分：（1）违警罪（crimes contre la police），即可以被处以2万法郎以下罚金的犯罪；（2）轻罪（délit），即可以被处以五年以下监禁及高额罚金的犯罪；（3）重

① 参见张远南：《荷兰刑事诉讼简介》，载《法制日报》2003年3月27日，第6版。

② 参见潘金贵：《刑事预审程序研究》，法律出版社2008年版，第161页。

罪(crime),即可以被处以15年、20年、30年有期徒刑或者无期徒刑的犯罪。上述三类案件在过错的认定上存在着差别,其中故意是重罪构成的必须要件,而轻罪仅需在原则上具备故意,违警罪则仅需具备过失这一要件。虽然该法典历经多次修订,但时至今日,上述规定依然没有改变。①

荷兰早期的刑法大量借鉴了《法国刑法典》的规定。但是,不同于《法国刑法典》,《荷兰刑法典》(Wetboek Van Strafrecht)仅规定了重罪和轻罪两种类型。其中,《荷兰刑法典》第二篇第一章到第三十一章的犯罪属于重罪,主要包括危害国家安全罪、危害皇室尊严罪、扰乱公共秩序罪和危害生命罪等;第三篇第一章到第九章的犯罪属于轻罪,包括危害公众和公共财产安全罪、妨碍公务罪、侵害民事身份的轻罪和危害乡村治安罪等。根据《荷兰刑事诉讼法典》的规定,任何一起刑事犯罪案件都必须经过检察官领导下的警察进行的初步调查。但经过初步调查后,检察官可以申请预审法官继续调查。因此,无论是重罪还是轻罪,只要检察官认为有必要对案件开展预审调查,预审程序均可以适用。②

不仅《葡萄牙刑事诉讼法》中有类似的规定,而且影响到了我国澳门特别行政区的刑事预审制度。比如,根据《澳门刑事诉讼法典》第269条的规定,无论公诉案件抑或自诉案件,被指控人都可以要求预审。在侦查终结归档后,如果检察机关没有提出公诉,那么被害人有权要求预审。③

2. 仅适用于危害严重的刑事案件

根据《德国新刑事诉讼法典》的规定,案件在进入审判程序之前,必

---

① 参见[法]雅克·博里康:《法国的犯罪——犯罪人二元论体系介绍》,朱琳译,载《法学杂志》2006年第6期。

② 参见王俊平:《荷兰刑法典的发展和特色》,载《法学杂志》2009年第3期。

③ 参见邱庭彪:《澳门刑事诉讼法分论》,社会科学文献出版社2012年版,第192页。

须经过中间程序。只有中间程序法官审查并裁定准予案件进入审判程序后，才能开启审判程序。因此，当检察官对刑事案件进行审查起诉后，如果认为案件需要交付审判程序，那么检察官应根据不同的情况选择适用普通程序或特别程序。如果案情简单或者证据清楚确凿，检察官可以通过口头或者书面的方式申请法院直接适用简易程序对案件进行审理，而无须经过中间程序。[①] 与此类似，如果检察官在对案件审查起诉后认为案件属于轻罪，那么检察官可以通过书面的方式申请法院对该案不进行法庭审理。法官只需出具书面处罚令，而无须出具书面裁决。[②] 但是，倘若有严重的犯罪嫌疑，那么检察官应当适用普通程序对犯罪嫌疑人提起公诉。此时，检察官提起的公诉书必须包括开启审判程序的申请，并和案卷一起提交至法院。而后，中间程序自动启动。简言之，只有危害严重的刑事案件才应当进入中间程序。

3. 主要适用于危害严重的刑事案件

在一些大陆法系国家，刑事预审程序主要适用于危害严重的刑事案件。其他类型的刑事案件则可以选择适用预审程序。比如，在法国，包括轻罪和违警罪在内的其他刑事案件一般不适用二级预审，在特殊情况下才可适用。[③]

（三）预审的启动方式选择较多

通常，刑事预审程序的启动有当事人启动模式、公诉机关启动模式、法官启动模式和混合式启动模式四种主要模式。其中，当事人启动

---

① 参见［德］托马斯·魏根特：《德国刑事诉讼程序》，岳礼玲、温小洁译，中国政法大学出版社2004年版，第206～209页。

② 参见《德国刑事诉讼法典》，宗玉琨译，知识产权出版社2013年版，第283页。

③ 参见潘金贵：《法国刑事预审程序的考察与评价》，载《西南民族大学学报》（人文社科版）2005年第1期。

模式、公诉机关启动模式和法官启动模式都是只有当事人、公诉机关和法官才有权依法启动预审,其他预审权力主体均不能启动预审。而混合式启动模式则是指包括被追诉人、被害人、公诉机关和预审法官在内的多个预审权力主体均有权启动预审程序。从大陆法系各国的情况来看,大陆法系国家一般采用公诉机关启动模式、法官启动模式和混合式启动模式。

1. 公诉机关启动模式

根据《法国新刑事诉讼法典》的规定,共和国的检察官可以申请法官启动预审。在申请时,检察官应首先将公诉书提交至预审法官处。预审法官初步审查后,如果认为有必要启动预审程序,则应启动第一级预审程序。对于重罪案件,预审法官必须在第一级预审程序完成后才能将案件移送至上诉法院,由上诉法院的检察长进行初审。检察长完成初审后,应将案件提请至上诉法院的刑事审查庭,申请启动第二级预审。

2. 法官启动模式

德国是法官启动模式的典型代表。在德国的中间程序中,只有中间程序法官有权启动刑事预审程序,其他预审权力主体均不能启动。具体而言,德国的检察官在公诉书中必须载明被追诉人及其被指控的犯罪行为、实施犯罪行为的时间和地点、犯罪行为的法定特征、适用刑罚的法律依据和证据、辩护人和审理法院等信息。法院收到检察官的公诉书后,法官应当将公诉书送达被追诉人,并且应告知其必须在指定期限内作出答复:一是答复是否需要申请查询个别证据;二是答复是否对启动审判程序存在异议。当被追诉人申请或者提出异议时,法院应当裁定是否批准。对于上述裁定,被追诉人不能提出异议。如果被追诉人没有提出申请或异议,或者提出申请或异议后被法官裁定驳回,那么中间程序就应当继续进行。[①]

3. 混合式启动模式

在混合式启动模式下，多个预审权力主体均有权启动刑事预审程序。葡萄牙是大陆法系诸国中采用了混合式启动模式的典型国家。由于我国澳门特别行政区原先是葡萄牙的殖民地，因此，澳门特别行政区的刑事预审启动模式也采用了混合式的启动模式。《澳门刑事诉讼法典》不仅规定了被追诉人可以申请启动预审程序，而且，在检察机关侦查终结后并作出将侦查归档的决定后，被害人在接到检察机关归档的批示或拒绝重新侦查批示的通知后，也可以在一定时间内申请启动预审程序。[②]

（四）预审的内容侧重于实体性审查

1. 预审的审查标准

对于预审的审查标准，各国学者主要有以下两种观点：其一，认为刑事预审应当是程序性审查，而非实体性审查。这种观点的主要理由是，预审法官在预审阶段只需解决程序性的问题，即只需审查案件是否符合最基本的起诉条件，包括审查案件是否有明确的被告、事实与理由，是否属于法院的受理范围，以及证据是否具备法定的形式等。而案件的实体内容则应留待法官在审判阶段进行处理。因此，"预审法官不能就案件的实体问题作出裁决，即他永远不能宣布判决和刑罚"。[③] 其二，认为刑事预审对案件的审查应当是实体性审查。在预审中，预审法

---

① 参见何勤华等：《德国法律发达史》，台北，韦伯文化国际出版有限公司 2004 年版，第 427 页。

② 参见叶青：《中国大陆公诉案件审查程序与澳门预审程序之比较研究》，载《福建政法管理干部学院学报》2005 年第 2 期。

③ 汪建成、黄伟明：《欧盟成员国刑事诉讼概论》，中国人民大学出版社 2000 年版，第 7 页。

官必须对案件指控是否真实进行核实,并审查案件证据的真实性、合法性、关联性和充分性,以证明案件符合起诉的条件。①

从大陆法系各国的情况来看,大陆法系各国普遍侧重于在刑事预审中对案件进行实质性审查,证明标准相对较高。根据《法国新刑事诉讼法典》的规定,法国的预审法官在预审时必须详细核对被追诉人的基本情况、被追诉人受到指控的情况,以及案件的证据情况。在必要时,预审法官还可以调取相应的证据或者要求有权机关进行补充侦查。同时,该法还要求法官在审理案件的过程中凭借自己的良心和确信对案件的是非曲直作出判断。这一判断标准常常被称为内心确信(inner conviction)的证明标准。② 内心确信要求法官根据自己的良心对案件事实和证据进行独立的判断,从而使法官的心理状态达到确信的境界,并以此作为裁判的直接依据。在刑事预审程序中,"内心确信"的证明标准将对案件事实和证据的判断完全交由预审法官。与英美法系普遍采用的"合理根据"(reasonable basis)证明标准相比,预审法官需承担更多的责任。

2. 预审的审查内容

由于大陆法系各国侧重于对刑事预审进行实体性审查,因此,大陆法系各国普遍赋予了预审权力主体强大的调查权,使其可以依法查明案件的事实,并尽可能多地获取所需的证据。

以法国为例,根据《法国新刑事诉讼法典》第 81 条的规定,法国的预审法官有权进行查明案件事实真相的一切侦讯活动。③ 从该条的规

---

① 参见郑志峰:《公诉案件庭前审查程序研究》,载 http://www.chinacourt.org/article/detail/2004/11/id/141723.shtml,最后访问日期:2015 年 6 月 20 日。

② 参见《法国刑事诉讼法典》,罗结珍译,中国法制出版社 2006 年版,第 248 页。

③ 参见《法国刑事诉讼法典》,余叔通、谢朝华译,中国政法大学出版社 1997 年版,第 42 页。

定来看,法国的预审法官不仅有权在预审中查明犯罪发生的时间、地点和被害人等与犯罪行为有关的基本事实,而且预审法官还可以在预审中查明被追诉人的有罪证据,也可以查明被追诉人的无罪证据。不仅如此,法国预审法官在预审过程中还可以通过以下途径查明案件事实,具体而言:(1)亲自验证事实。根据该法第 92 条、第 106 条和第 107 条等法律条文的规定,预审法官可以亲自到犯罪现场调查、勘验和收集证据。如果需要验证的事实需要进行技术分析,预审法官可以请求专业的鉴定人员协助分析。(2)听取证人证言。根据该法第 101 条的规定,凡是预审法官认为可以提供有效证言的人,预审法官均可以传唤他们到庭,以了解其对案件情况的看法。但是该法第 102 条也规定,预审法官听取证言时应分别进行,而且被追诉人不能在场。(3)讯问被追诉人。根据该法第 114 条的规定,被追诉人在讯问时有权要求辅佐人到场,除非其主动放弃该项权力。并且在讯问过程中,被追诉人所做的各项声明均应在笔录记载。(4)听取民事当事人陈述。根据该法第 87 条的规定,刑事案件的受害人可以在预审的全过程中任何一个时间点成为民事当事人。如果在预审中已有民事当事人,预审法官可以听取民事当事人的陈述。(5)预审法官还可以在预审中,运用搜查和扣押等各种侦查措施查明案件的事实真相。①

除了法国以外,荷兰、德国和意大利等国在预审中也是进行实体性审查。例如,在预审过程中,荷兰预审法官需要做到:(1)进行预审调查,通过全面收集证据,包括有罪的证据和无罪的证据,查明案件的真相。(2)审查涉及人身自由权和财产权的强制措施。(3)对起诉的合法性进行审查。只有在预审法官确认起诉正当的前提下,检察官才能对

---

① 参见[法]卡斯东·斯特法尼等:《法国刑事诉讼法精义》(下册),罗结珍译,中国政法大学出版社 1999 年版,第 555～575 页。

经过预审法官调查的案件提起公诉。因此,在预审中,预审法官主要是通过拘传、拘留和羁押等强制措施以及通过电子侦听、电话监听、秘密拍照、录音录像等技术侦查手段全面收集证据对案件进行调查,以查明案件事实和确定起诉的合法性。[①]

3. 预审的审查方式

从预审的审查方式来看,言辞预审(verbal preliminary hearing)、书面预审(written preliminary hearing)和混合式预审(hybrid preliminary hearing)是刑事预审最主要的三种审查方式。从大陆法系各国的刑事预审审查方式来看,三种审查方式均有采用。其主要体现在:

(1)言辞预审。言辞预审是指预审权力主体根据控辩双方提供的言辞证据和质证辩论,决定是否将案件移送审判程序的预审审查方式。[②] 根据1996年颁布实施的《澳门刑事诉讼法典》第三篇的规定,预审辩论的目的旨在通过口头辩论的方式使得预审法官全面了解案件的事实及法律资料是否足以支持对被追诉人的控诉,以决定是否应将被追诉人交付审判程序。因此,该篇第三章具体规定了预审辩论的程序,包括预审辩论日期的指定、辩论的押后、辩论的纪律以及辩论的过程等。[③]

(2)书面预审。书面预审主要是指控诉方以书面形式向预审法官提交起诉状和证据等材料,预审法官无须经过控辩双方的口头辩论,仅以书面形式审查材料就可以决定是否将案件移送至审判程序。根据《法国新刑事诉讼法典》的规定,法国第一级预审采用书面预审的方式。

---

① 参见汪建成、黄伟明:《欧盟成员国刑事诉讼概论》,中国人民大学出版社2000年版,第369~378页。

② 参见卢永红主编:《国外刑事诉讼法通论》,中国人民公安大学出版社2004年版,第186~187页。

③ 参见邱庭彪:《澳门刑事诉讼法分论》,社会科学文献出版社2012年版,第197~199页。

当预审法官收到共和国检察官的控诉并启动第一级预审程序后，检察官应将公诉书和案卷材料移送至预审法官处，预审法官应根据该法第80条的规定以书面审查的形式对共和国检察官的公诉书进行审查。如果预审法官需要进一步调查，应根据第81条的规定形成书面记录以供审查。[①] 根据《德国新刑事诉讼法典》的规定，中间程序法官受到指派后，应当采用书面审理的方式对刑事案件进行预审。中间程序法官在预审过程中既无须开庭，也无须听取控辩双方的质证意见。对于存疑的事实和证据，中间程序法官可以自行调查，也可以委托检察官补充侦查。[②]

(3)混合式预审。混合式预审是指预审法官不仅可以在预审中采用书面审查的形式，也可以采用言辞审查的形式，而且还可以将两者结合使用。例如，根据《法国新刑事诉讼法典》第191~223条的规定，在法国上诉法院刑事审查庭的第二级预审中，刑事审查庭必须首先对检察官移送的案卷材料进行书面审查。而后，刑事审查庭可以召集控辩双方出庭就案件的事实进行公开口头辩论。最后，根据书面审查和口头辩论的结果，刑事审查庭应作出是否移送至审判程序的裁定。[③]

4. 预审的审查形式

刑事预审的审查形式主要有独任制和合议制两种形式。其中，所谓“独任制”是指在刑事预审的审查过程中，仅由预审法官一人负责对控诉方的指控和证据材料的审查，并由预审法官单独决定是否将案件交付审判程序。而合议制则需数名预审法官共同组成合议庭，凡是进

---

① 参见《法国刑事诉讼法典》，余叔通、谢朝华译，中国政法大学出版社1997年版，第42页。

② 参见汪建成、黄伟明：《欧盟成员国刑事诉讼概论》，中国人民大学出版社2000年版，第212页。

③ 参见[法]卡斯东·斯特法尼等：《法国刑事诉讼法精义》(上册)，罗结珍译，中国政法大学出版社1999年版，第394页。

入预审的案件必须经预审法官集体合议后才能交付审判。在大陆法系国家中,法国预审法官在预审时一般采用独任制;但在审查某些特殊类型的刑事案件时,则可以组成预审合议庭。根据法国《加强刑事程序衡平法》(Renforcement De La Procédure Pénale Droit De L'équité)的规定,预审合议庭必须由 3 名预审法官组成,并且必须得到院长的指定。预审合议庭在预审中可以行使法国法律赋予预审法官的全部职权,包括对犯罪嫌疑人的审查、宣布释放被追诉人以及裁定不予起诉等职权。[①]在德国中间程序中,中间程序法官在结束预审后,应当请求首席法官召开案件评议会。此时,首席法官应召集所有中间程序法官对案件进行评议。在评议结束后,所有中间程序法官都应进行投票。而后,根据投票的结果决定是否将案件移送审判程序。因此,德国预审的审查形式应当是合议制。[②]

(五)预审终结的方式较为丰富

所谓"刑事预审的终结"通常是指预审权力主体已经完成对某一刑事案件所有的预审工作,使案件进入一个新的转折点。通常情况下,大陆法系各国的刑事预审主要有裁定准予起诉、裁定不予追诉、裁定进入更高级的预审程序三种终结方式。具体而言:

1. 裁定准予起诉

经过预审,预审法官认为控诉方控诉的理由成立、证据确实充分,应裁定准予起诉,并将案件移送至有管辖权的法院审判。根据《法国新刑事诉讼法典》的规定,在完成预审审查后,如果预审法官认为被追诉

① 参见洪浩、罗晖:《法国刑事预审制度的改革及其启示》,载《法商研究》2014 年第 6 期。

② 参见汪建成、黄伟明:《欧盟成员国刑事诉讼概论》,中国人民大学出版社 2000 年版,第 212 页。

人的犯罪行为已经构成轻罪，那么应当裁定将案件移送至轻罪法院审理；如果预审法官认为构成违警罪，那么应当裁定将案件移送至违警罪法院审理。在作出上述两项裁定后，预审法官必须按照规定移交案卷和裁定。[①] 在德国，如果绝大多数中间程序法官在案件评议会上投票同意案件进入审判程序，那么，负责审查案件的中间程序法官应当裁定准予起诉。根据《德国新刑事诉讼法典》第 207 条的规定，当案件中涉及多个犯罪行为，如果其中个别犯罪行为无须开启审判程序，必须载明；但在可能构成一罪或数罪的情况下，可以对这数个违法情形中的部分违法情形不予以追诉。

2. 裁定不予追诉

经审查，如果预审法官认为案件事实不清，证据不足，案件没有达到法定起诉条件，应裁定驳回起诉，同时释放被追诉人。根据《德国刑法典》（Deutsches Strafgesetzbuch）第 12 条的规定，重罪为最低刑为一年或一年以上的违法行为，而轻罪则为最低刑为较自由刑或罚金的违法行为。因此，根据《德国新刑事诉讼法典》的规定，当被追诉人的犯罪行为构成轻罪时，检察院在经过有管辖权的法院同意后，可以不予追诉。[②] 法国、荷兰等其他大陆法系国家也有类似的规定。比如，在荷兰的刑事预审程序终结后，如果检察官认为案件中的犯罪事实情节显著轻微、危害不大，检察官可以根据法律的规定撤销案件或作出其他结论。[③]

3. 裁定进入更高级的预审程序

在大陆法系各国中，只有法国实行“两级预审制”。其中，第一级预审程序的审查范围包括违警罪、轻罪和重罪等所有类型的案件。在预

---

① 参见《法国刑事诉讼法典》，罗结珍译，中国法制出版社 2006 年版，第 177 ~ 180 页。

② 参见曹文安：《预审制度研究》，中国检察出版社 2006 年版，第 101 页。

③ 参见汪建成、黄伟明：《欧盟成员国刑事诉讼概论》，中国人民大学出版社 2000 年版，第 378 ~ 379 页。

审审查完毕后，如果预审法官认为被追诉人已经构成重罪并需要进一步审查的，应当根据《法国新刑事诉讼法典》第 181 条的规定裁定进入第二级预审程序，由上诉法院刑事审查庭审查决定应否进入审判程序。预审法官的移送裁定应当包括对被追诉人的犯罪事实和涉嫌的罪名的介绍，并指明其身份。此时，如果被追诉人被确认无罪，那么应当宣告立即释放。

（六）预审的救济方式相对充足

虽然预审权力主体在刑事预审中对案件的裁决并非终局裁决，但是，预审权力主体的裁决能够决定是否将案件交付审判。因此，预审的裁决结果与预审各方参与人的利益息息相关。在大陆法系各国中，为了维护和保障刑事预审中各方参与人的合法权益，普遍建立了多渠道的预审救济机制。这主要体现在：

1. 公诉机关的救济机制

在刑事预审程序中，公诉机关主要通过对预审法官的裁定提起上诉、请求预审法官重新预审、请求大陪审团起诉、再次提出指控等方式进行救济。例如，如果法国的检察官对预审法官的裁定不服，不仅可以向上诉法院刑事审查庭提起上诉，还有权对新控告重新请求预审。[①] 根据《德国新刑事诉讼法典》第 211 条第 1 款的规定，在中间程序终结后，被告人对于中间程序法官启动审判程序的裁定不能提出异议。但是，检察机关可以根据该条第 2 款的规定对中间程序法官作出的拒绝启动审判程序的裁定并以抗告的形式进行救济。同时，如果中间程序法官作出的裁定与检察院的申请内容不一致，或者将原属于较高级别法院

① 参见洪浩、罗晖：《论我国刑事预审制度的重构——以立案登记制的改革为视角》，载《学术论坛》2015 年第 4 期。

管辖的案件交由较低级别的法院管辖时,检察机关也有权进行抗告。如果法院在收到检察机关的抗告后,准予抗告,那么收到抗告的法院可以指定根据第 211 条第 2 款的规定作出裁定的法院的另一审判庭或者相邻州的另一同级法院审理。如果该裁定属于州高等法院的第一审裁定,那么,联邦最高法院可以指定该高等法院的另一审判庭负责审理。

2. 被追诉人的救济机制

在刑事预审程序中,大陆法系各国的被追诉人普遍享有救济权,可以对预审法官在预审中的诉讼行为申请救济。比如,根据《荷兰刑事诉讼法典》的规定,被追诉人在被警察逮捕后 3 日内必须移交至预审法官处,严禁超期羁押。[①] 荷兰的刑事法律法规不仅规定了被追诉人在刑事诉讼中享有免受酷刑和侮辱权、免遭歧视权获得律师帮助权、获得公平审判权等权利,而且还对利用职权贪赃枉法、毁灭或伪造证据以及利用特殊侦查措施侵犯被追诉人隐私权的行为进行了法律上的规制。[②] 在荷兰的刑事预审中,被追诉人享有的诉讼权利主要体现在:(1)沉默权,即被追诉人在接受警察讯问或预审法官的调查时,拥有拒不回答问题并保持沉默的权利。(2)无罪推定权,即预审法官在预审过程中不能先入为主地认定被追诉人有罪,也不能发表对被追诉人带有偏见的言论,而是要依法保障被追诉人以辩护权为核心的各项诉讼权利。(3)知情权,即被追诉人在预审过程中享有知悉被指控的具体罪名和所拥有的权利、义务情况的权利。(4)纠正超期羁押权。所谓"超期羁押"就是在刑事诉讼中,有关部门对被追诉人作出超过法律规定的时间和期限的不合理的限制。如果被追诉人在预审过程中受到超期羁押,其有权获

① 参见宋远升、闵银龙编著:《最新国外刑事司法制度研究》,东南大学出版社 2007 年版,第 73 页。

② 参见[荷]帕尔特·海因·凡·科姆普恩:《荷兰刑事诉讼程序权利保障及其新发展》,倪铁、陈波译,载《犯罪研究》2013 年第 1 期。

得纠正。因此,如果在刑事预审的过程中,被追诉人的权利受到侵犯,其享有充分的救济渠道和方式。

3. 被害人的救济机制

在某些大陆法系国家中,被害人也享有救济权。比如,《法国无罪推定法律》(Loi Sur La Présomption D'innocence)规定被害人和被追诉人均可申请预审法官对所有与案件有关的证据进行调查,无论该证据对证明被追诉人的指控是否有利。

第二节 英美法系刑事预审制度

根据日本著名法学教授穗积陈重先生关于“五大法系”的分类,所谓“英美法系”,一般又称为“普通法法系”,其是以英国普通法为基础发展起来的法律制度和规范的总称。英美法系的刑事司法制度源起于英国,并随着英国资产阶级的扩张而走向世界。由于美国曾经是英国的殖民地,因此,在某种意义上,美国的司法制度就是英国司法制度的复制品。[①] 美国的刑事预审制度也是如此。与大陆法系各国相比,英美法系各国的刑事预审制度更加尊重被追诉人的参与权与选择权,并且更为注重对各方参与人权利的保障。

一、英美法系刑事预审制度的历史变迁

由于英国是英美法系刑事预审制度的发源地,美国则是英美法系刑事预审制度发扬光大的代表,因此,本书将主要以英美两国的刑事预审制度为例,阐述英美法系国家的刑事预审制度。

---

① 参见何勤华主编:《美国法律发达史》,上海人民出版社1998年版,第2页。

（一）英国刑事预审制度的历史变迁

1. 英国刑事预审制度的形成

根据史料记载，英国法最早起源于盎格鲁—撒克逊时期。[①] 在公元3世纪，欧洲大陆的盎格鲁—撒克逊人趁着罗马帝国的衰落，在罗马军队从英国撤离后从欧洲大陆向英国殖民并定居。在827年，盎格鲁—撒克逊人统一了英国。统一后，盎格鲁—撒克逊人相继颁布了《埃塞尔伯特法典》（Esselbert Code）、《阿尔弗雷德法典》（Alfred Code）和《伊尼法典》（Ethne Code）等法典，并逐步形成了英国封建法律体系。[②] 在英国刑事预审制度形成的过程中，验尸官程序（english coroner's inquest）、治安法官制度（magistrate system）和大陪审团制度（grand jury system）均发挥了重要作用。

（1）验尸官程序

在1215年和1275年，英国相继颁布实施了《大宪章》（Great charter）和《西敏寺第一法律》（Statutes of Westminster Ⅰ）两部重要的法律规范，并首次规定了验尸官程序。在验尸官程序中，验尸官在其管辖的范围接到有关居民非正常死亡的报告后，必须询问案件发生地附近的居民了解被害人的死因。如果验尸官认为有可能存在谋杀或者故意伤害致人死亡等重罪行为，那么验尸官可以持续地对案件进行调查直到犯罪嫌疑人被抓获为止。[③] 验尸程序通常也被认为是英国刑事预审程序的起源。

---

① See W. F Walsh, *Outlines of the History of English & American Law*, Miami, Fred B. Rothman & Co. Publishing, 1995, p. 5.

② 参见何勤华等：《英国法律发达史》，台北，韦伯文化国际出版有限公司2004年版，第7页。

③ 参见潘金贵：《刑事预审程序研究》，法律出版社2008年版，第19页。

(2)治安法官制度

作为辖区内的警务官和验尸官的领导,英国郡一级的最高司法官员是治安法官。英国的治安法官制度是在英国国王爱德华二世(Edward Ⅱ,1284~1327)和三世(Edward Ⅲ,1312~1377)时期逐级形成的。最初,治安法官被称为"治安维持官",由各郡的郡长负责任命,仅负责起草起诉书等工作。而后,英国通过《菲利普法》(The Statutes of Philip)和《玛丽法》(The Statutes of Mary)等法律法规进一步扩大了治安法官的权力,使治安法官在事实上享有了对被追诉人进行预审的权力。当然,此时英国的刑事预审完全是纠问式和秘密式的。在治安法官调查过程中,被追诉人不仅不能获得律师的帮助,而且还经常受到刑讯逼供。①

(3)大陪审团制度

在《西敏寺第一法律》后,英国又颁布实施了《韦斯特明斯特诏令》(Westminster Imperial Edict)。该法令规定,英国所有的刑事案件由陪审团起诉,这是英国现代刑事预审制度的起源。1352年,英国国王亨利二世(Henry Ⅱ Curmantle, 1133~1189)在《克拉灵顿诏令》(Karlington Imperial Edict)中将陪审团划分为起诉陪审团和审判陪审团两种形式。起诉陪审团一般由12~23名陪审员构成,而审判陪审团则固定由12名陪审员担任。这就是大陪审团和小陪审团的由来。其中,起诉陪审团对于案件是否应予起诉具有决定权,事实上成为了预审权力主体。② 16世纪,治安法官也开始具备了大陪审团的功能,可以对犯罪嫌疑人进行

---

① See Charles A. Pulaski, *Criminal Pretrial and Trial Procedure: Cases and Materials*, Charlottesville, Michie Company, 1982, pp. 97 - 98.

② 参见何家弘编著:《外国犯罪侦查制度》,中国人民大学出版社1995年版,第46页。

指控。①

2. 英国刑事预审制度的发展

由于大陪审团刑事预审制度严格限定了担任陪审员的资格，使绝大多数女性、有色人种和下层人士没有资格担任陪审员，这种不合理的条件限制也严重影响了案件的公正审理。因此，在经历了几个世纪的繁荣后，19 世纪中期至 20 世纪初，英国相继通过《普通法程序法》(Procedure Law of the Common Law)、《司法机构法》(Law of the Judiciary)和《审判组织法》(Law of Judicial Organization)对大陪审团预审制进行了若干限制。这也使大陪审团预审制逐渐走向衰落。"二战"结束后，大陪审团刑事预审制度被 1948 年颁布实施的《刑事审判法》(Criminal Trial Law)正式废止，治安法官成为英国目前唯一的刑事预审权力主体。②

从 20 世纪 50 年代起，英国刑事预审制度得到了进一步发展和完善。英国于 1959 年设立了刑事法律改革委员会。该委员会在对英国刑事法律制度深入调查后形成了改革报告，并认为应当对英国的刑事诉讼程序和刑事预审制度进行改革。1967 年，英国还规定了预审法官和当事人可以对预审的审查方式进行选择，在某些情况下可以任意选择言辞审或者书面审。

3. 英国刑事预审制度的改革和完善

1981 年，英国刑事程序皇家委员会(The Royal Commission on Crimial Procedure)在司法改革报告中强调，必须"加强警察权力和嫌疑

---

① 参见[英]S. F. C. 密尔松：《普通法的历史基础》，李显冬等译，中国大百科全书出版社 1999 年版，第 467 页。

② 参见何勤华主编：《英国法律发达史》，法律出版社 1999 年版，第 486 页。

人的权利，不可偏废”。[①] 1985 年，英国颁布实施了《犯罪起诉法》(Criminal Prosecation Law)，该法对刑事预审程序的时限作出了详细的规定。1987 年颁布的《新刑事审判法》(New Criminal Trial Law)还设立了“移交告知制度”，明确规定控诉方可以将重大复杂的欺诈案件直接提交至刑事法院进行审理，无须预审。

20 世纪 90 年代初，英国皇家刑事司法委员会向英国政府和议会提交了一份关于英国刑事司法制度的研究报告。[②] 根据报告，英国将移交告知制度适用范围扩展至对儿童造成严重伤害或者对儿童进行性侵犯的案件。而后，言辞预审的方式被英国法律所禁止。[③]

进入 21 世纪后，英国三位司法首长于 2002 年共同提交了名为《所有人的正义》(Justice for All)的司法改革报告。在这份改革报告中，三位首长建议，进一步扩大预审程序的适用范围和治安法官的审判权能，延长治安法官的审判时限(从以往的 6 个月延至 12 个月)。[④]

从前述可以得知，近年来英国刑事预审程序的发展和改革主要是以规范预审程序的运行、提升预审程序运行的效率以及保障当事人人权为主轴进行的。21 世纪以来，英国社会各界有识之士仍然不断地推进刑事预审程序的改革。由此可见，有英国特色的刑事预审程序在英国仍然发挥着不可替代的作用，也将会继续的发展和完善。

---

① 陈光中、郑旭：《追求刑事诉讼价值的平衡——英俄近年刑事司法改革述评》，载《中国刑事法杂志》2013 年第 1 期。

② 参见陈瑞华：《在公正与效率之间——英国刑事诉讼制度的最新发展》，载《中外法学》1998 年第 6 期。

③ 参见[英]迈克·麦康维尔：《英国刑事诉讼法》(选编)，中国政法大学刑事法律研究中心组织编译，中国政法大学出版社 2001 年版，第 645 ~ 649 页。

④ 参见最高人民检察院法律政策研究室组织编译：《所有人的正义——英国司法改革报告》，中国检察出版社 2003 年版，第 67 页。

（二）美国刑事预审制度的历史变迁

1. 美国刑事预审制度的形成

北美洲大陆的原住民主要是印第安人（American Indian）。1492年，探险家哥伦布（Christopher Columbus）在西班牙王室的资助下，在前往印度的探险过程中，无意间发现了美洲大陆。而后，西班牙、瑞典、英国和法国等欧洲国家纷纷入侵美洲大陆，并在北美洲建立了新西班牙、新法兰西等殖民地（Colonies）。[①]

1607年，英国也入侵美洲大陆并逐渐取得了在北美洲的主导地位。1619年，居住在詹姆士城（Jamestown）的英国殖民者为了维护殖民地的统治和社会秩序，仿照英国本土的法院建立了英国在美洲殖民地的第一个法院，审理各种刑事和民事案件。其中，法官由殖民地的官员兼任或者由殖民地居民推选。审判采用控告式诉讼模式，即法院奉行不告不理原则，法官只有在原告起诉后，才能根据原告对被告的控诉审查案件事实和证据并作出裁决。在1635年和1641年，在马萨诸塞和弗吉尼亚两地分别建立了大陪审团，负责对刑事案件进行审查起诉。

当然，此时大陪审团的组成人数并没有统一的规范，而是根据各个殖民地的具体情况而定，一般为23人左右。[②] 由于当事人在刑事诉讼中不仅侵犯了被害人的利益，而且严重损害了社会公共利益，因此，在陪审团设立初期，其常常被视为社会公共利益在刑事诉讼中的载体，是一种保障司法公正、防止国家滥用权力的力量。[③] 但是，英国

① 参见胡兴建：《美洲发现对现代立法者的启示——〈政府论〉中自然法思想的可能性初探》，载《现代法学》2008年第2期。

② 参见王兆鹏：《美国刑事诉讼法》，北京大学出版社2005年版，第10页。

③ 参见齐树洁主编：《美国司法制度》（第2版），厦门大学出版社2010年版，第96页。

国王为了维持对殖民地的长久统治,长期以来对北美洲的各个殖民地使用各种高压政策,导致了殖民地居民的种种不满。这使大陪审团除了承担刑事审查起诉的职责以外,还变成了殖民地人民反抗英国统治的工具。

2. 美国刑事预审制度的发展

1776 ~ 1783 年,在美国第一任总统乔治·华盛顿(George Washington,1732 ~ 1799)的领导下,殖民地的人民在反抗英国的斗争中获得胜利,建立了美利坚合众国。① 在合众国成立伊始,华盛顿总统意识到,为了维系国家的独立,保持良好的社会秩序,打击刑事犯罪,需要建立起具有自身特色的司法制度。因此,美国于 1789 年颁布了《司法组织法》(Judiciary Act)。该法明确设立联邦地区检察官,负责在各自的司法管辖区内对违法犯罪行为的审查起诉。《司法组织法》的颁布实施限制了大陪审团在刑事诉讼中的预审功能,使大陪审团只能对社会影响重大的刑事案件进行起诉审查。

随着检察官职权的不断扩大,大陪审团的预审功能也不断弱化,并逐渐地转化为对检察官的公诉权进行制约的机构。1859 年,密歇根州第一个废除大陪审团制度。而后,各州也随即开始废除大陪审团制度。到 1930 年,美国已经有 24 个州废除了大陪审团制度。大陪审团也逐渐转化为对检察官的公诉权进行制约的机构。②

与此同时,美国的治安法官开始作为刑事预审的权力主体,并在预审过程中崭露头角。1859 年,密歇根州为了简化刑事案件审查起诉程序,提高预审的效率,允许治安法官对刑事案件进行预审。随后,其他各州也纷纷响应,允许治安法官对刑事案件进行预审。1913 年,在一起

① 参见何勤华主编:《外国法制史》(第 4 版),法律出版社 2006 年版,第 192 页。
② 参见齐树洁主编:《美国司法制度》(第 2 版),厦门大学出版社 2010 年版,第 446 页。

刑事案件中,美国联邦最高法院的法官认为在起诉审查功能方面,治安法官与大陪审团并没有明显的不同。这在事实上承认了美国治安法官作为预审权力主体的地位。

3. 美国刑事预审制度的完善

“二战”后,美国也对本国的刑事预审制度进行了完善。1968 年,美国颁布实施了《联邦治安法官法》(Federal Magistrates Act),并明确规定重罪案件必须经过强制预审,除非被告人放弃此项权利。而后,在经过长期酝酿后,美国于 1975 年 8 月 15 日颁布实施了《联邦刑事诉讼规则》(Federal Rules of Criminal Procedure)。该规则的第 5 条、第 5.1 条和第 7 条常常被视为奠定了现代美国刑事预审制度的基础,即治安法官预审程序和大陪审团审查起诉程序两者兼容并包,互为补充。其中,第 5 条和第 5.1 条明确规定了治安法官在刑事预审中的地位和作用;第 7 条则规定,除非被告人自愿放弃,否则,大陪审团也必须对符合预审条件的案件进行起诉审查。但是,由于美国是一个联邦制的国家。因此,各州对于上述两部法律规范的适用略有差别。其中,一些州采用的是大陪审团预审模式,另一些州则采用治安法官预审的模式。现今,在美国社会各界的大力推动下,美国的刑事预审制度仍然在不断地发展和完善,必将在美国的刑事诉讼中发挥更大的作用。

二、英美法系刑事预审制度的特点

(一)预审权力主体是大陪审团和治安法官

在英美法系各国,刑事预审的权力主体主要是陪审团和治安法官。其中,治安法官是英美法系各国中最主要和最重要的预审权力主体。

1. 大陪审团

作为最早的刑事预审权力主体,大陪审团最初设立的目的是制约警察的权力，防止警察在逮捕和起诉过程中的独断专行。[①] 大陪审团制度起源于德国的加洛林皇室，并随着诺曼底人的入侵而传入英国。英国在1166年《克拉灵顿诏令》中正式规定了大陪审团制度。1275年颁布实施的《威斯敏斯特法》（Statute of Westminster）更进一步明确了大陪审团的名称。此后，大陪审团逐渐成为刑事预审的权力主体。直到20世纪30年代以前，英国的大陪审团仍然担负着预审的职能。[②] 大陪审团也是美国刑事预审的权力主体。从美国联邦宪法及修正案的规定来看，大陪审团在当今的美国刑事预审制度中仍然享有极大的权力。

（1）大陪审团的构成

从人数上来看，在大陪审团制度建立之初，英国的大陪审团由12名来自社会各界的代表组成。美国刚开始引入大陪审团制度时，也是采用了12人的模式。但在进入20世纪后，根据《美国联邦刑事诉讼规则》第6条的规定，法院应当在公共利益需要时成立一个或多个大陪审团，大陪审团不得少于16人，也不得多于23人。从美国各州对小陪审团的要求来看，大陪审团的人数为6～12名。例如，印第安纳州的大陪审团人数为6名，俄亥俄州的大陪审团人数为9名。[③]

从任职资格来看，虽然在理论上大陪审团成员应具有一定的“广泛性”和“代表性”，但在英美法系各国的司法实践中，大陪审团的任职资格也存在一定的限制。这主要体现在：首先，大陪审团成员必须是当地享有选举权的公民，并且为非法律专业；其次，大陪审团成员任职的年龄有一定的限制；再次，大陪审团成员必须身心健全，没有犯罪前科；最

① 参见［英］麦高伟、切斯特·米尔斯基：《陪审制度与辩诉交易：一部真实的历史》，陈碧等译，中国检察出版社2006年版，第40页。

② 参见潘金贵：《英国刑事预审程序及其借鉴意义》，载《学术交流》2008年第5期。

③ 参见宋远升、闵银龙编著：《最新国外刑事司法制度研究》，东南大学出版社2007年版，第250页。

后,大陪审团成员必须适合大陪审团的工作。因此,各州在挑选大陪审团的成员时一般通过"评选"或"抽签"的方式来确定。如果检察官和被追诉人的律师认为大陪审团成员的选定没有依照法定的程序,那么可以在陪审员宣誓前向法院提出对名单的异议,并由法院决定异议是否成立。在预审期间,法院应当从大陪审团成员中指定一位首席陪审员和一位助理陪审员。在首席陪审员因故缺席时,由助理陪审员替代首席陪审员履行陪审的职责。联邦法院大陪审团的任期一般不能超过 18 个月,在特殊情况下也不能超过 24 个月。而在美国各州,大陪审团的任期从 1 个月到 4 年不等,并且还可以临时组成专案陪审团。①

(2)大陪审团的职能

从职能上看,英美法系国家的大陪审团主要有以下两项职能:

一是调查职能。虽然在刑事预审的过程中,大陪审团往往仅在一些特殊类型的案件中行使调查权,比如政府犯罪、有组织的犯罪以及某些难以侦查的犯罪。但在司法实践中,大陪审团往往成为了检察官获取被追诉人证据的重要工具:一方面,由于法律规定大陪审团在调查过程中应当听取公诉方的意见,而非辩护方的意见。因此,检察官可以很好地利用这一机会向大陪审团说明指控的原因和对于案件处理的意见,从而说服大陪审团接受检察官对于案件的指控。另一方面,大陪审团在调查中享有秘密调查权,可以秘密传讯证人并强制证人向大陪审团陈述证言和提供证据,这就使检察官可以通过大陪审团的帮助获取与犯罪有关的证据,并在公诉机关与被追诉人的博弈中占据优势地位。②

---

① 参见甄贞、王丽:《美国大陪审团与人民监督员制度比较》,载《人民检察》2007 年第 9 期。

② 参见王禄生:《论美国大陪审团制度的历史发展与现实意义——由弗格森枪击案谈起》,载《东南法学》2013 年辑刊。

二是预审职能。大陪审团在预审中的主要任务是对检察官提供的证据进行审查,从而确定对被追诉人的指控是否合法有据。但是,与治安法官的预审不同,大陪审团的预审属于非对席审,而且是在完全秘密的条件下进行的。在预审过程中,大陪审团仅仅对检察官提交的证据进行审查。被追诉方无权向大陪审团提交并展示其获取的证据并对公诉方的证据进行质证。检察机关在大陪审团完成审查后应将建议起诉书交给大陪审团,用以取代先前提交的控告书。在审查结束后,大陪审团按照少数服从多数的原则投票表决。如果大陪审团绝大多数成员认为检察机关提出的证据符合“表面上成立”(prima facie)的要件并投票赞成起诉,那么大陪审团应作出裁决决定起诉,并向受理法院提交正式的起诉书;如果经审查,大陪审团大多数成员认为检察官提交的证据没有达到必需的要件并投票不予起诉,那么大陪团应作出不予起诉的裁定。①

2. 治安法官

治安法官是一种源于14世纪的盎格鲁—撒克逊的官职,也常被称为“太平绅士”(Justice of the Peace)。早在12世纪末,英国就出现了治安官,负责维护地区治安。其在1361年被正式更名为治安法官。② 20世纪30年代以后,治安法官取代大陪审团成为了英国唯一的刑事预审权力主体。虽然美国的司法制度深受英国的影响,但是美国的治安法官制度与英国并不完全一致。这主要是因为美国是一个地大物博的国家。为适应幅员辽阔的国土,美国的司法系统被划分为联邦司法系统和州司法系统。在司法实践中,联邦司法系统和州司法系统的运行机

① 参见孙长永:《探索正当程序——比较刑事诉讼法专论》,中国法制出版社2005年版,第289页。

② 参见顾荣新:《12世纪~19世纪英国治安法官的起源与流变》,载曾宪义主编:《法律文化研究》(第3辑),中国人民大学出版社2007年版,第340页。

制并不完全一致。

(1)治安法官的任职资格

根据英国现行的法律规定,所谓“治安法官”是指在治安法院从事审判工作的法官。治安法官又包括领薪治安法官(salaried magistrate)和无薪治安法官(unremunerated magistrate)。所谓领薪治安法官是指由国家给予报酬的专职治安法官。根据英国《治安法官法》(Magistrates Act)的规定,领薪治安法官的任职条件非常严格。但是,在英国司法体系中,领薪治安法官的人数并不多,而无薪治安法官才是审判工作的主体。无薪治安法官通常由具有一定社会地位和名望的人士组成。他们不领取国家给予的薪水和报酬,只能获取一些交通补助。在英国1997年颁布实施的《治安法官法》中,治安法官的任职资格有以下限制:一是居住限制。根据该法第1条和第2条的规定,治安法官必须居住在他工作所在的郡内或15英里之内,除非上议院另有要求。[①] 二是年龄与职业限制。根据规定,治安法官的任职年龄在21~65周岁。在职业限制方面,警察和军人一般不会获得任命。三是道德和品行要求。要成为治安法官,必须具有良好的性格和品德,诚实守信并具有强烈的正义感和社会责任感。四是必须经过治安委员会的专门培训。自1966年以来,新任命的治安法官都必须经过一年的特别培训,以便熟悉工作环境和行使审判权。正因为英国对治安法官的任职条件进行了严格限制。因此,治安法官对英国公民来说不仅是一种职务,而且也代表着国家对其个人人品和道德的肯定。[②] 也正因为如此,治安法官常常被称为“太

① 参见[英]约翰·斯普莱克:《英国刑事诉讼程序》,徐美君、杨立涛译,中国人民大学出版社2006年版,第115页。

② 参见赵朝等:《英国刑事诉讼制度的新发展——赴英考察报告》,载陈光中、江伟主编:《诉讼法论丛》(第2卷),法律出版社1998年版,第341~343页。

平绅士”。①

从美国治安法官任职的资格来看，最初任命的治安法官通常无须具备太高的条件。比如，纽约的治安法官的任期为 10 年，年收入约为 86,000 美元。获任纽约的治安法官必须受过法律教育，具有法律教育的背景。但是，在俄勒冈州(Oregon State)和北卡罗来纳州(North Carolina)的治安法官却很少有人具备法律专业教育的背景和相关学位。据统计，1966 年俄勒冈州共计 70 名治安法官中只有 9 名获得法律专业学位；而同一时期在北卡罗来纳州任职的治安法官均无法律专业学位，甚至其中 75% 没有接受过法学本科教育。② 为了提高美国治安法官群体的专业化水平，美国国会于 1968 年通过了《联邦治安法官法》(Federal Magistrates Act)。该法规定，除了必须具有州级最高法院承认的律师资格以外，联邦治安法官必须与该联邦地区的其他法官没有血缘或婚姻关系。联邦治安法官每届任期 8 年。如果该名治安法官在任期内被认为不称职，在任期届满之前联邦可以免除该法官的职务。1979 年新的《联邦治安法官法》则进一步规定，只有具有至少 5 年法律工作经验的律师才有资格获任联邦治安法官。

(2)治安法官的职能

从现行的法律法规来看，英美两国治安法官在刑事预审中的职能主要有：

一是介入和指挥侦查活动。根据《美国联邦刑事诉讼规则》第 3 ~ 5 条的规定，对于犯罪的控告应当包含构成被指控犯罪必要事实的书面陈述，并且应当在宣誓后向治安法官提出。治安法官收到控告后，如果

---

① 参见姚秀兰：《香港太平绅士："源"与"流"》，载《华中科技大学学报》(社会科学版) 2009 年第 1 期。

② 参见苏力：《送法下乡——中国基层司法制度研究》，北京大学出版社 2011 年版，第 284 页。

认为该控告有合理的依据证明有犯罪事实发生并且该行为是犯罪嫌疑人所为,那么治安法官应签发令状要求侦查机关迅速逮捕犯罪嫌疑人。在收到令状后,侦查机关必须将犯罪嫌疑人押解到治安法官处接受初次聆讯。如果犯罪嫌疑人触犯的罪行属于轻罪或轻微罪,那么治安法官应直接审理并判决。如果犯罪嫌疑人触犯的是重罪,则应进入预审程序。

二是签发司法令状。根据1980年英国颁布实施的《治安法院法》(Magistrates Court Act)的规定,英国的治安法官在预审中,有权自行决定是否签发搜查令和逮捕令,并有权决定羁押或保释。

三是负责对符合条件的案件预审。根据《美国联邦刑事诉讼规则》第5.1条的规定,如果犯罪已经发生并且有证据表明被追诉人实施了犯罪,联邦治安法官必须立即要求被追诉人到地区法院进行预审。在预审过程中,被追诉人可以自行提供证据,也可以对对方证人进行交叉询问。在预审结束后,联邦治安法官根据案件的事实和证据作出不同的裁定。经审查后,如果有证据表明犯罪是由被追诉人所为,预审法官应作出裁定将被追诉人交付联邦地区法院审判;否则,应撤销指控。根据英国刑事法律法规的规定,英国的犯罪类型可分为简易罪、可诉罪和混合罪。其中,只有可诉罪可以进入刑事预审程序。在这种情况下,英国的治安法官只能对涉嫌可诉罪的刑事案件进行预审。

四是审判轻罪或其他轻微犯罪。根据英国的法律规定,英国的治安法官可以直接对简易罪进行审判。而在美国法中,如果被追诉人被指控的罪行属于《美国联邦刑法典》(Federal Penal Code)第十八编第3401条规定的轻罪或其他轻微罪,那么联邦治安法官应按照《联邦刑事诉讼规则》第58条的规定对此类犯罪直接进行审判。①

① 参见《美国联邦刑事诉讼规则和证据规则》,卞建林译,中国政法大学出版社1996年版,第36~38页。

（二）预审的适用范围为可诉罪

以英美两国为例，一般只有严重的犯罪案件或者可诉罪才适用刑事预审程序，其他类型的案件可选择适用。但在刑事预审的具体适用范围上，英美两国仍然存在一些差别，具体体现在：

1. 英国刑事预审的适用范围

英国刑事法律的渊源既有制定法，又有普通法。《叛逆罪法》（Treason Act）是英国最早的制定法。而后，英国于1494年和1721年分别颁布了《夜间偷盗罪法》（Burglary Act）和《海盗罪法》（Piracy Act）。在近现代比较著名的刑事法“规则”是1861年颁布实施的《侵犯人身罪法》（Offences Against the Person Act）、1967年颁布实施的《刑事审判法》（Criminal Trial Law）和1984年颁布实施的《警察和刑事证据法》（Police and Criminal Evidence Act）。根据英国现行的刑事法律法规，英国对于犯罪的分类主要有两种：一种是普通法上的分类；另一种是审判方式上的分类。一方面，从普通法的分类来看，犯罪分为重罪与轻罪。其中，重罪主要包括放火罪、强奸罪、杀人罪和抢夺罪等；轻罪则主要是诈欺罪、共谋罪和诽谤罪等。另一方面，从审判方式的分类来看，犯罪又可分为简易罪、可诉罪和混合罪。其中，简易罪比可诉罪轻微，应由治安法院按照简易程序进行审理。而可诉罪相对比较严重，必须由治安法院进行预审之后，才能移交至王座法院进行第一审的审理。①

2. 美国刑事预审的适用范围

由于美国在历史上与英国的渊源关系，美国刑法上的犯罪分类也源自英国，但并未完全照搬英国的分类。根据《美国联邦刑法典》和各州的

① 参见何勤华等：《英国法律发达史》，台北，韦伯文化国际出版有限公司2004年版，第390～391页。

刑事法律规定,美国的犯罪可以分为轻微罪、轻罪、重罪和少年罪。其中,重罪案件必须经过预审。轻罪或其他轻微犯罪,则应由联邦治安法官根据《联邦刑事诉讼规则》第58条的规定直接审判,无须预审。[①]

(三)预审的启动方式多样

从英美法系国家的情况来看,英美法系各国刑事预审的启动主要有公诉机关启动模式、大陪审团启动模式和当事人启动模式三种方式。具体而言:

1. 公诉机关启动模式

根据英国的法律规定,英国检察官在收到警察移送的刑事案件后,在向治安法院申请预审之前必须根据《皇家检察官守则》(The Code for Crown Prosecutors)从证据的充分性和公共利益两个方面对案件进行审查,即该案的起诉证据是否充分并且对该案的起诉是否符合最大限度的公共利益。一般而言,当被追诉人所犯之罪涉及种族、宗教或政治歧视等问题,或者因杀人、暴力伤害有可能获得重判,或者有类似的犯罪前科并有再犯的可能性,违反法院禁制令以及涉嫌集团犯罪等,检察机关均应当考虑提起公诉,并向治安法院申请预审。反之,如果出现下列情况,检察机关则应考虑不予追诉。例如,被追诉人年龄过高(一般在80岁以上),被追诉人可能受到的刑罚过低或者犯罪所造成的伤害过于轻微等。在证据不充分的情况下,检察机关可以要求侦查机关补充侦查。如果侦查机关不同意进行补充侦查,检察机关应当终止起诉。[②]

---

① 参见潘金贵:《美国刑事预审程序考察与评价》,载《西南民族大学学报》(人文社科版)2007年第12期。

② 参见张明伟:《英国刑事司法制度》,载台湾地区军法专刊编辑委员会主编:《台湾地区军法专刊》(第55卷)第6期,台湾地区军法专刊出版社2009年版,第107页。

2. 大陪审团启动模式

根据美国法律的规定，对于可能判处死刑的案件，检察官在提起公诉时必须首先将起诉书和证据材料提交大陪审团。大陪审团在接到检察官提交的材料后应进行审查。如果大陪审团在审查中认为检察官所提出的证据材料不能认定被追诉人有罪，那么应驳回检察官的起诉；反之，大陪审团应签发起诉状。检察官只有在取得大陪审团签发的起诉状后，才能向法院提起公诉。①

3. 当事人启动模式

在《美国联邦刑事诉讼规则》第 5 条的规定中，如果被追诉人被控诉的罪行不属于可以由联邦治安法官直接审判的轻罪和轻微罪，那么被追诉人有权要求治安法官对其涉嫌的犯罪进行预审，除非被追诉人主动放弃此项权力。治安法官接到被追诉人的请求后，应当在一定的时间内安排预审。

（四）预审的内容侧重于程序性审查

1. 预审的审查标准

从英国和美国刑事预审的审查标准来看，英美法系国家在预审中主要是对案件进行程序性审查，证明标准较大陆法系国家略低。例如，根据《美国联邦证据规则》第 5.1 条的规定，如果有证据表明存在合理的根据相信犯罪已经发生并且由被追诉人所施行，那么联邦治安法官应当立即要求被追诉人到地区法院接受询问。从 1895 年美国首例运用无罪推定原则（presumption of innocence）解决的刑事案件科芬诉合众国案（coffin v. United States）至今，无罪推定原则已经在美国得到了普遍的应用。根据该原则的要求，任何受到刑事追诉的人未经审判都

① 参见陈卫东主编：《刑事审前程序研究》，中国人民大学出版社 2004 年版，第 228 页。

是无罪的。如果控诉方认为有罪，那么其应当承担证明责任，被追诉人则没有承担证明自己有罪的义务。根据证据理论，美国的证明标准可分为：(1)绝对确定(absolute certainty)；(2)排除合理怀疑(beyond the reasonable doubt)；(3)清楚和有说服力的证据(clear and convincing evidence)；(4)优势证明(superiority proof)；(5)合理根据(reasonable basis)；(6)有理由的相信(having reason to believe)；(7)有理由的怀疑(having reason to doubt)；(8)怀疑(doubt)；(9)无线索(no trace)。[①] 其中，由于人类认识能力的限制，“绝对确定”在司法实践中是无法达到的，所以美国的任何法律条文中均未规定证明需要达到这一标准。“排除合理怀疑”是美国诉讼证明方面的最高标准。与“排除合理怀疑”的证明标准相比，“合理根据”仅位于第五等，其对证明的要求也远远低于“排除合理怀疑”。在美国的刑事预审程序中，“合理根据”的证明标准主要体现为对案件当事人情况、事实与理由，证据的形式等基本内容进行审查，以确定案件是否达到了法定的起诉标准。

从英国《皇家检察官守则》来看，英国刑事预审的证明标准是“现实的定罪预期”(realistic prospect of conviction)。在实践中，“现实的定罪预期”通常也可以被理解为“在表面上成立”的犯罪，即在预审过程中，如果大陪审团或治安法官认为该案根据现有的法律法规，法官在庭审中判决有罪的可能性远远大于判决无罪的可能性，那么大陪审团或治安法官应作出准予起诉的裁定，并将案件移送至刑事法院。[②]

2. 预审的审查内容和形式

在英美两国，大陪审团预审和治安法官预审在审查的内容上有所

① 参见宋远升、闵银龙编著：《最新国外刑事司法制度研究》，东南大学出版社2007年版，第265页。

② 参见潘金贵：《刑事预审程序研究》，法律出版社2008年版，第215页。

不同：

(1)大陪审团在预审中主要对案件证据的充分性、合法性和真实性等进行审查。在审查结束后，一般根据少数服从多数的原则，采用投票的方式决定是否将案件交付审判。在美国，大陪审团参与的刑事预审是秘密进行的。只有检察官及其证人可以参与预审，被追诉人及其律师均不能参加预审。检察官向大陪审团提交起诉书和证据材料后，检察官应传唤证人入场接受大陪审团成员的询问。在询问结束后，大陪审团将进行秘密评议，并根据案件的事实和证据按照少数服从多数的原则投票表决，从而作出是否准予起诉的裁定。

(2)治安法官在预审中也应对案件证据的充分性、合法性和真实性等方面进行审查。在一般情况下，治安法官在审查完成后可独立作出裁决；而对于重罪案件，治安法官则应根据合议庭的评议结果作出裁定。根据英国1980年实施的《治安法院法》和1996年实施的《刑事诉讼与侦查法》(Code of the Criminal Procedure and Investigation)等法律规定，英国的治安法官在预审时应主要审查：控方提交的指控意见，被追诉人的答辩意见，证人的证人证言，与案件有关的物证以及电子证据等。① 在美国，根据《美国联邦刑事诉讼规则》的有关规定，美国的治安法官接到受到重罪指控的被追诉人的请求后，应当在一定的时间内安排预审，除非被追诉人主动放弃预审的权利。在预审的过程中，治安法官主持预审，检察官和被追诉人均应到庭。治安法官在预审中应重点围绕以下三个方面进行审查：检察官所指控的犯罪事实是否真实，是否有充分的证据证明被追诉人涉嫌犯罪并应当承担刑事责任，以及法院是否有权对案件进行管辖。在预审中，检察官有义务证明其对被追诉

① 参见[英]麦高伟、杰弗里·威尔逊主编：《英国刑事司法程序》，刘立霞等译，法律出版社2003年版，第294页。

人的指控，被追诉人也有权要求律师出庭并提出反驳的证据。而后，治安法官根据控辩双方对于犯罪事实的意见和提供的证据作出准予起诉或驳回起诉的裁定。

3. 预审的审查方式

从预审的审查方式来看，言辞预审和书面预审是英美法系各国刑事预审两种最主要的审查方式。在英国，两种审查方式均有采用；而美国的预审则是典型的言辞预审。具体而言：

(1) 书面预审

根据《英国刑事审判法》的规定，所谓“书面预审”是指治安法官在预审中只需根据当事人提交的书面材料进行审查，无须听取当事人的口头辩论意见。英国书面预审的主要程序如下：首先，控诉方在起诉时应告知治安法官该案的全部证据均应通过书面方式提出，并且将证据的副本交给治安法官。其次，在治安法官向被追诉人宣读控诉方的控告内容时，治安法官应询问被追诉人对于控诉方书面形式的控告是否存在异议。如果被追诉人没有异议，那么治安法官将接受控诉方的书面控告。最后，如果在被追诉人要求传唤证人或者提交新证据，那么治安法官应将书面预审改为言辞预审。

(2) 言辞预审

在英国和美国，所谓“言辞预审”就是指治安法官在当事人口头辩论的基础上，根据双方的质证情况来决定是否将案件移送至刑事法院进行审判的预审形式。根据《英国治安法院法》的规定，言辞预审主要程序如下：首先，控诉方应向治安法院提交证据，治安法官应询问双方当事人对于证据的意见。其次，治安法官应询问被追诉人是否愿意做“罪名不成立”的抗辩。再次，治安法官应向被追诉人宣读控诉方的控告书，并对控告的性质等问题进行解释。治安法官还需询问被追诉人是否需要答辩，同时提醒被追诉人法庭会将其陈述或答辩制成笔录并作为证据使用。并且,如果被追诉人愿意自行作证或者提供证人,治安法官应允许其提供证人并对该证人进行询问。最后,治安法官应根据控诉方、被追诉人的陈述和双方提供的证据决定将案件移送至刑事法院审理。但在英国1996年《刑事诉讼与侦查法》颁布后,英国刑事预审的审查方式已经改为书面预审。美国的刑事预审则是典型的言辞预审。但是,大陪审团的言辞预审与治安法官的言辞预审不完全相同。在治安法官主持的预审中,控辩双方均需到庭并质证。而在大陪审团主持的预审中,通常只有检察官和控方证人出庭陈述,因而被认为是一种不完全的言辞预审。①

(五)预审的终结方式较为单一

裁定准予起诉和裁定不予追诉是英美法系各国刑事预审终结仅有的两种方式。以英国为例,英国刑事预审的终结主要有两种方式:一种是裁定准予起诉。经过预审,如果治安法官认为控诉方控诉的理由成立、证据充分确凿,那么其应作出准予起诉的裁定并将案件移交至刑事法院审理。另一种是裁定不予追诉。当治安法官在预审中发现该案件事实不清,证据不足时,应作出驳回起诉的裁定。美国刑事预审的终结也是两种方式:一是裁定准予起诉。如果控诉方提交的证据有合理的依据证明犯罪已经发生并且被追诉人实施了犯罪,联邦治安法官应作出准予起诉的裁定并将案件交付联邦地区法院审判。而在大陪审团参与的刑事预审中,如果大陪审团的多数成员认为控诉方的指控成立,则应在起诉状的背面签字同意起诉。二是裁定驳回起诉。在缺乏充分的证据证明犯罪已经发生并为被追诉人所为的情况下,无论是治安法官

① 参见潘金贵:《美国刑事预审程序的考察与评价》,载《西南民族大学学报》(人文社科版)2007年第12期。

还是大陪审团,均应驳回控诉方的指控并裁定不予追诉。但是,如果案件是因为证据不充分而被驳回,公诉方在发现新的证据后仍然可以重新提出指控。①

(六)预审救济的方式相对较少

1. 控诉机关的救济机制

从美国现行的法律规定来看,如果检察官提出的指控被治安法官或者大陪审团驳回,检察官可以提出抗告、请求大陪审团起诉或者重新提出指控。特别值得注意的是,根据《美国联邦宪法第五修正案》(The Fifth Amendment to the United States Constitution)的规定,"任何人不能因为同一犯罪行为而两次遭受伤害"。由于第五修正案的目的在于防止控诉方随意的启动审判程序,因此,这在事实上确立了"禁止双重危险原则"(the rule against double jeopardy)。但是,由于治安法官或大陪审团对案件作出的裁定并非案件最终的裁判结果,因而允许检察官对被追诉人的犯罪行为再次提出指控并未违反这一原则。② 在英国,如果检控方对于治安法官驳回起诉的裁定有异议,可以在取得高等法院法官同意后提交自行起诉书,要求刑事法院受理该案。③

2. 被追诉人的救济机制

从美国的情况来看,对于被追诉人应当如何对驳回起诉的裁定进行救济,《美国联邦刑事诉讼规则》并未作出明确的规定。但是,被追诉人可以在正式审判之前申请"人身保护令"(writ of habeas corpus)。如

---

① See Marvine Zalman and Larry Siegel, *Criminal Procedure Constitution and Society* 1991, Minnesota, West Publishing Company, p. 620.

② See Charles H. Whitebread and Christopher Slobogin, *Criminal Procedure*, Mineola, Foundation Press, 1993, p. 539.

③ 参见龙宗智:《刑事庭审制度研究》,中国政法大学出版社 2001 年版,第 154 页。

果具结审判是因检察官指控而引发,被追诉人应当在案件进入审判阶段前提出动议,要求宣布指控无效或者直接驳回起诉。如果案件已经进入审判阶段,那么无论被追诉人以何种理由向法院提出异议,大多数州的法院均不予受理。[①]

在英国,警察在对被追诉人进行预审调查时必须遵循"自愿原则"(principle of voluntariness),即被追诉人的证言不是因为受到外界的压力而作出的,而是在其心甘情愿的基础上获得的。在被追诉人接受讯问时,有权获得律师的帮助。而且,根据英国 1984 年颁布实施的《治安法院法》和《警察和刑事证据法》的规定,如果需要对在预审中已被羁押的被追诉人继续羁押,羁押长官必须将案卷移送到治安法官处听证,并由治安法官决定是否继续羁押。如果被追诉人在预审期间被治安法官羁押超过 48 小时,被追诉人的供述就可能被认为不是自愿的,而是用"压力"手段获得的。[②]

第三节 传统两大法系刑事预审制度的评析

从前述可以得知,英美法德四国同属于西方发达资本主义国家,而且也是传统两大法系的典型代表,有着共同的价值观。但是,由于各国的政治体制、法治环境和司法制度的差别,使它们各自的刑事预审制度也存在一定的差异。从大陆法系来看,法德两国在预审中更注重于对犯罪的追究和打击。而以英国和美国为代表的英美法系国家则拥有

---

① 参见潘金贵:《美国刑事预审程序考察与评价》,载《西南民族大学学报》(人文社科版)2007 年版。

② 参见[荷]J. A. W. 伦森:《预审调查中被告人权利的比较研究》,周叶谦译,载《环球法律评论》1987 年第 2 期。

非常强烈的当事人主义色彩,更注重于提供控辩双方对抗的舞台和保护当事人的合法权益。具体而言,传统两大法系国家刑事预审制度的不同点如下。

一、预审权力主体的地位不同

从传统两大法系的总体情况来看,预审法官、上诉法院刑事审查庭、司法委员会、大陪审团和治安法官等是两大法系各国最主要的刑事预审权力主体。其中,预审法官、上诉法院刑事审查庭和司法委员会是法国、德国和荷兰等大陆法系国家主要的预审权力主体,治安法官和大陪审团则是英美法系国家主要的预审权力主体。

预审法官是大陆法系各国最重要的预审权力主体。为了维护资产阶级的统治秩序和国家的权威,预审法官往往承担着揭露和证实犯罪的重要职能。在预审中,预审法官不仅可以对控诉机关的指控进行审查,而且在某些情况下还可以行使侦查权直接对犯罪行为和证据进行调查。从预审法官的任职条件来看,大陆法系国家预审法官一般均从普通法官中择优任命,在任职条件上比普通法官更为严格。除了预审法官以外,上诉法院刑事审查庭和司法委员会也都是大陆法系国家非常重要的预审权力主体。其中,上诉法院刑事审查庭是法国特有的刑事预审权力主体,不仅可以对刑事案件进行第二级预审,还可以对预审法官在第一级预审中的诉讼行为进行监督。在荷兰、比利时和希腊等一些大陆法系国家,司法委员会也是一个非常特别的司法组织。司法委员会不仅可以作为法院和政府的“中间人”对部分司法活动进行日常的行政管理,而且还是刑事预审的权力主体,可以行使预审法官的职能,对某些重大的刑事案件进行审查起诉。但是,大陆法系各国过于强调对犯罪的追究和打击,使一些国家的预审法官在预审中既有侦查权又有裁判权,权力过于集中,几乎变成了“超级警察”。这也使预审法官在预审中易于先入为主,难以保持中立和公正的地位。[①] 为了制约预审法官的权力并加强对当事人人权的保障,大陆法系各国也不断地加强对刑事预审制度的改革。例如,法国于1958年年底颁布实施的《法国新刑事诉讼法》严格细化了预审法官与公诉法官的职责,划定了预审法官权力行使的边界,防止两者在行使职权过程中的相互干预。联邦德国则于1975年通过了《德国新刑事诉讼法典》,将侦查职权转由检察官行使,废止了原先带有法国特点的刑事预审制度。[②] 相比之下,意大利于1988年颁布实施的新的《意大利刑事诉讼法典》(Nuovo Codice Di Procedura Penale Italiano)完全废除了预审法官的侦查职能,仅保留了审查起诉职能。可见,意大利的改革更为彻底,甚至被誉为传统两大法系交融的典范。[③]

英美法系国家的刑事预审权力主体主要是治安法官和大陪审团。在现代英国和美国,基于治安法官在维护社会治安和公序良俗方面的重要作用,治安法官通常又被称为“太平绅士”。虽然治安法官在英美两国的刑事预审制度中发挥着无可替代的作用,但从两国各自的治安法官制度来看,治安法官在任职条件、权力范围和功能等方面并不完全一致。其中,领薪治安法官数量很少,并且任职条件极为严格。与英国相比,美国是一个幅员辽阔的大陆国家,过高的标准和条件不利于在联邦和州两级司法系统中选拔足够的治安法官。因此,美国治安法官的任职条件比英国略低。从预审的职权来看,英国治安法官主要承担对案件进行预审的职责。相比之下,美国治安法官的权力范围更为广泛,

---

① 参见谢佑平、邓立军:《预审法官制度比较研究》,载《中国人民公安大学学报》2004年第5期。

② 参见曹文安:《论德国和意大利刑事司法语境中的预审》,载《福建警察学院学报》2010年第4期。

③ 参见王以真主编:《外国刑事诉讼法学参考资料》,北京大学出版社1995年版,第165~167页。

不仅可以对重罪案件进行预审,而且还可以指挥侦查活动,甚至对轻罪或其他轻微犯罪直接进行审判。除治安法官外,大陪审团也具有重要的功能。大陪审团是英国最早的刑事预审权力主体。而美国的大陪审团则由6~23名陪审员组成。从诉讼职能来看,大陪审团在英美两国普遍具有调查职能和预审职能,可以对刑事案件进行侦查和审查起诉。在预审过程中,英美法系的陪审团具有独立性。虽然英美法系各国在对大陪审团成员遴选的过程中均努力做到公平和公正。但是,在司法实践中,大陪审团的裁决常常受到陪审员性别、人种、政治理念、经济地位和主观态度的影响,在一些涉及种族犯罪和弱势群体犯罪的案件中易于受到外部的影响从而损害司法公正。① 这使其职能逐渐被治安法官所替代。目前,除了某些特殊类型的案件以外,大陪审团制度在美国两级司法系统中已经很少使用,而英国更是从20世纪30年代起就废除了大陪审团制度。

总而言之,大陆法系国家对预审权力主体类型和职权的划分体现了大陆法系职权主义诉讼模式特点,即强调国家的权威性和法制的统一性。而在英美法系国家中,当事人则是整个诉讼程序的主导。因此,英美法系国家的治安法官和大陪审团是预审程序中的当然配角,主要在形式上发挥着居中裁判的作用。

二、预审的适用范围存在差异

从各国的立法和司法实践的情况来看,传统两大法系各国对于刑事预审制度的适用主要有以下规定:

第一,所有类型的刑事案件均必须经过预审程序。例如,根据《法国新刑事诉讼法典》的规定,包括违警罪、轻罪和重罪在内的法国所有

---

① 参见夏欣:《美国陪审团制度及其特点》,载《法制与社会》2013年第33期。

类型的刑事犯罪,都必须经过预审法官主持的第一级预审。而根据《荷兰刑事诉讼法典》的规定,无论是重罪案件还是轻罪案件,只要检察官认为有必要对案件进行预审调查,也都必须进入预审程序。

第二,主要适用于危害严重的刑事案件,其他类型的案件可选择性地适用预审。在传统两大法系中,由于法国实行的是特殊的"二级预审"制度,因而重罪案件必须经过第一级和第二级预审。[①] 其他的轻罪和违警罪案件只有在必要的情况下,才能进入第二级预审。

第三,只适用重罪案件,其他案件均不适用预审程序。例如,英国的刑事犯罪可以根据审判方式的不同分为简易罪和可诉罪。其中,治安法院对于简易罪可以直接按照简易程序审理,无须经过预审。[②] 除英国外,大陆法系国家也有类似的规定。比如,根据《德国新刑事诉讼法典》规定,只有危害严重的刑事案件才必须适用中间程序,而案情简单或者证据充分并适合立即审理的刑事案件则可以不适用中间程序。

从上述规定可以得知,刑事预审的适用范围与各国的具体国情和司法制度密切相关,而与该国属于哪个法系关系不大。笔者认为,仅对某一类刑事案件适用预审程序在一定程度上可以提升诉讼效率,降低诉讼成本并防止司法资源的无端浪费。但是,在条件允许的情况下,适度的扩大刑事预审的范围更有利于打击刑事犯罪,而且也更能保障刑事案件中被追诉人的合法权益。

---

① 参见叶青、张少林:《法国预审制度的评析和启示——兼论强化我国逮捕程序的公开、公正性》,载《华东政法学院学报》2000 年第 4 期。

② 参见何勤华等:《英国法律发达史》,台北,韦伯文化国际出版有限公司 2004 年版,第 390 ~ 391 页。

三、预审的启动方式多样化

传统两大法系各国刑事预审的启动模式主要包括公诉机关启动模式、法官启动模式、大陪审团启动模式、当事人启动模式和混合式启动模式五种。其中，大陆法系国家一般采用公诉机关启动模式、法官启动模式和混合式启动模式三种；英美法系国家则主要采用公诉机关启动模式、大陪审团启动模式和当事人启动模式三种。

从启动模式来看，大陆法系国家刑事预审程序的启动更多的具有主动性与强制性的特点。这也就是说，大陆法系各国更倾向于发挥公诉机关或审判机关在追诉和打击犯罪方面的主动作用。但是，预审的强制启动却有可能造成被追诉人或被害人被动地参与刑事预审程序，而不能通过个人意愿进行选择，在一定程度上牺牲了当事人的程序选择权。在英美法系国家中，无论是治安法官还是大陪审团，在通常情况下只有在重大案件或者某些特殊情况下才能依职权启动预审，而在其他情况下则不能任意的启动预审程序。而被追诉人则被赋予更多的选择权，可以在某些案件中根据自己的意志选择是否进入预审程序。因此，与大陆法系国家相比，英美法系各国刑事预审的启动具有更大的被动性与任意性。

四、预审的内容有所区别

从刑事预审的审查标准来看，大陆法系各国主要是实质性审查，证明标准相对较高。而英美法系国家则主要是进行程序性审查，证明标准较大陆法系国家略低。前文已述，在预审中，大陆法系国家的预审权力主体通常采用“内心确信”的证明标准，必须对案件证据的真实性、合法性、关联性和充分性等方面进行审查和核实。为了探求案件的事实真相，大陆法系各国普遍赋予了预审权力主体强大的调查权，使预审法官可以通过亲自验证事实、听取证人证言和讯问被追诉人等多种方式依法查明案件的事实，并尽可能多地获取相关证据。而英美法系国家在预审中一般采用“合理根据”或“现实的定罪预期”的证明标准，在证明要求上比大陆法系“内心确信”的证明标准略低。在具体案件中，英美法系各国的预审权力主体一般仅审查当事人的基本情况、案件的事实、控诉的理由和证据是否具备法定形式等基本要素。只要案件符合法定起诉的最低标准，大陪审团或治安法官即可裁定准予案件交付审判。

从预审的审查方式来看，言辞预审、书面预审和混合式预审是传统两大法系各国刑事预审中最主要的三种审查方式。从各国的有关规定来看，言辞预审的优势不仅在于允许控辩双方针对案件的事实和证据情况充分地发表质证意见，而且也有利于预审法官通过控辩双方的质证更深入地了解具体案情。但是，言辞预审的缺点在于所需时间较多，无形中影响了预审的效率。相比之下，书面预审则有利于预审法官快速地审查控方的指控和相关证据材料，从而节约预审的时间成本。但书面预审最大的问题在于缺乏来自控辩双方的参与和制约，这就有可能造成预审流于形式，不能充分地实现预审的目的和功能。由于言辞预审和书面预审各有利弊，因而一些国家在司法实践中结合言辞预审和书面预审的优点，采用了混合式预审的审查方式，并取得了较好的效果。

五、预审的终结方式各异

从传统两大法系各主要国家刑事预审程序的终结方式来看，预审程序主要有以下四种终结方式：一是裁定准予起诉。经过预审，预审法官认为控诉方控诉的理由成立、证据确实充分，应裁定准予起诉。在《美国联邦刑事诉讼规则》中，如果控诉方提交的证据当中有合理的依据表明犯罪已经发生并且被追诉人实施了犯罪,美国联邦治安法官应作出准予起诉的裁定。英国、法国、德国和荷兰等传统两大法系主要国家也有类似的规定。二是裁定不予追诉。经审查,预审法官认为案件事实不清,证据不足,案件没有达到法定起诉条件,应裁定驳回起诉,并同时释放被追诉人。例如,《德国新刑事诉讼法典》规定,当被追诉人的犯罪行为构成轻罪时,在责任轻微的情况下,检察院经法院同意后,可以不予追诉。法国、荷兰、英国和美国等国也有类似的规定。三是裁定进入更高级的预审程序。这主要适用于法国的刑事预审制度。四是直接审理并判决。根据《美国联邦刑事诉讼规则》的规定,对于有充分的证据证明被追诉人被指控的犯罪属于轻罪或者是轻微犯罪,美国治安法官可以直接审理并判决。在以上四种预审程序终结方式中,裁定准予起诉和裁定不予追诉两种终结方式是传统两大法系各国普遍采用的预审程序终结方式。而裁定移送至更高级的预审程序和直接审判的方式则是个别国家采用的特殊方式,并不具有普遍性。

六、预审的救济机制多元化

无论是大陆法系国家还是英美法系国家都非常重视维护预审各方参与人的合法权益,普遍建立了与各国国情相适应的多种救济机制,给予了公诉机关、被追诉人和被害人充分的救济手段。具体体现在:

一方面,从公诉机关的救济机制来看,如果法国的检察官对预审法官的裁定不服,可以提起上诉。同时,当有新的控告出现时,还可以请求重新预审。[①] 而美国的检察官除了提出抗告以外,还可以通过请求大

① 参见洪浩、罗晖:《论我国刑事预审制度的重构——以立案登记制的改革为视角》,载《学术论坛》2015 年第 4 期。

陪审团起诉的方式进行救济。[①] 德国、意大利和英国等国也有类似的规定。

另一方面,从被追诉人和被害人的救济机制来看,被追诉人在预审中普遍享有救济权,可以对预审法官的诉讼行为要求救济。例如,根据《荷兰刑事诉讼法典》的规定,被追诉人在被警察逮捕后3日内必须移交至预审法官处。如果被追诉人被延长拘留,其有权要求预审法官纠正。[②] 而在美国,被追诉人则可以通过申请"人身保护令"的形式对治安法官的裁定提出异议。除了被追诉人以外,被害人在传统两大法系中的某些国家也享有救济权。比如,根据《法国无罪推定法律》的规定,被害人和被追诉人均可以申请预审法官对所有与案件有关的证据进行调查,无论该证据对证明被追诉人的指控是否有利。

从传统两大法系各国的法律规定来看,与被追诉人和被害人的救济机制相比,公诉机关的救济机制显然更为完善。这也恰恰说明:世界各国对于刑事诉讼价值位阶的选择高度一致,即将追究和惩罚犯罪作为各国面对犯罪的第一选择。因此,国家的稳定和社会的安定始终优于对被追诉人和被害人人权的保障。

---

① See Charles H. Whitebread and Christopfer Slobogin, *Criminal Procedure*, Mineola, Foundation Press, 1993, p. 539.

② 参见宋远升、闵银龙编著:《最新国外刑事司法制度研究》,东南大学出版社2007年版,第73页。

第四章　我国刑事预审制度的历史和现状

第一节　我国刑事预审制度的发展历程

据史书记载，在战国时期，我国就有了《法经》。《法经》不仅是我国第一部系统的封建成文法，而且也是中华法系形成的标志。公元前221年，我国成立了统一的封建制国家。随着社会经济的不断发展，在漫长的封建社会中，中华法系从《法经》开始，历经《秦律》、《汉律》、《魏律》、《晋律》、《梁律》、《陈律》（南朝），北朝直接承接《汉律》、《魏律》、《晋律》、《北魏律》、《东魏律》、《北齐律》、《开皇律》、《唐律》、《宋刑统》、《大元通制》、《明律》和《清律》，逐渐形成了清晰的脉络和严谨的体系。[①] 虽然在漫长的奴隶社会和封建社会，为了维护君王的统治和社会的秩序，各个王朝相继建立了大司寇、小司寇、廷尉、御史大夫、尚书台、大理寺和刑部等司法机构，并设立了杂治、三司推事、热审、朝审和大审等刑事案件的审理制度和诉讼制度，但均未建立起真正意义上符合现代标准的刑事预审制度。直到晚清时期，在部分开明官员和有识之士的大力推动下，现代意义上的刑事预审制度才得以在我国逐渐确立和发展起来。

---

① 参见陈晓枫主编：《中国法制史新编》，武汉大学出版社2011年版，第11页。

一、晚清时期的刑事预审制度

由于帝国主义列强对中国的入侵,我国在鸦片战争后变成了半封建半殖民地社会。帝国主义列强也因此获得了领事裁判权,严重损害了我国的司法主权。为了救亡图存,部分开明的清朝官员和有识之士意识到:改革清朝旧有的法律制度,引入西方发达国家的先进法律体系或许是一条国家自强的捷径。在内忧外患下,晚清政府于1903年成立了“修订法律馆”,开启了自上而下的法律改革,并任命沈家本、伍廷芳二人承担修律的重任。

清政府于1906年颁布了《法院编制法》和《大理院审判编制法》。其中,规定了“派充预审推事”、“设预审庭”和“办理刑事案件事务”等内容。沈家本于1911年初完成了《大清刑事诉讼律》(草案)(以下简称《草案》)的起草工作,并将其奏呈清政府。该草案起草得到了日本法学家冈田朝太郎的帮助。《草案》以日本1890年《刑事诉讼法》为蓝本,共分为总则、第一审、上诉、再审、特别诉讼程序和裁判之执行共6编15章,共计515条。[①]《草案》第二篇第一章的第四节,在我国历史上首次建立了现代意义上的刑事预审制度。[②] 根据规定,刑事预审适用于大理院管辖的刑事案件。当然,地方审判厅也可以适用。在具体的程序设计上,预审程序与侦查程序基本相同。两者唯一的区别在于,预审程序可以使用《草案》规定的一切强制方法,如传唤、句摄、检证以及讯问证人;而侦查程序却只能使用其中的某些强制方法。

---

① 参见张晋藩:《中国近代社会与法制文明》,中国政法大学出版社2003年版,第381页。

② 参见白俊华:《试论我国预审制度的历史沿革和完善》,载《中国人民公安大学学报》2004年第3期。

二、北洋政府时期的刑事预审制度

1911 年,辛亥革命的爆发推翻了晚清政府统治,也意味着中华民族开始走入了新时代。但是,以袁世凯为代表的北洋军阀却窃取了辛亥革命的胜利果实,建立了北洋政府。为了统治的需要,北洋政府仍然"暂行"沿用了晚清政府制定的一些法律法规。

一方面,北洋政府将清朝《各级审判厅试办章程》进行了更名,并在第 5 节"预审"的内容里增加了几项重要内容:"一、预审时毋庸检察官莅厅,但终结后决定前,预审推事应咨询检察官意见并附送诉讼记录;二、检察官接受咨询书后,应于二日内提出意见书并还付诉讼记录;三、预审推事接受意见书后,再行调查者终结时,仍应为咨询程序;四、预审推事于决定后三日内应以正本送交检察厅;五、当事人不服预审决定时,应向预审推事所属之审判衙门声明不服意旨,依抗告程序行之。"①

另一方面,在《大清刑事诉讼律》(草案)的基础上,北洋政府修订成了《刑事诉讼条例》(以下简称《条例》)。《条例》共有 13 条,并于 1923 年 1 月 1 日起实施。该《条例》明确规定,预审的目的为"以断定案件之应否起诉为限"。② 在预审终结后,预审推事应根据案件的事实和证据情况作出起诉或不起诉的决定。《条例》还区分了强制性预审和任意性预审。所谓"强制性预审"主要是指内乱罪、外患罪和《大清现行刑律》第 118 ~ 122 条及第 126 条的妨害国交罪等重大的政治性刑事案件,检察官必须声请预审;而任意性预审则是当检察官认为有必要对地方审

---

① 于树斌:《对清末至民国刑事诉讼中预审制度的建立与废止的考证》,载《公安大学学报》1995 年第 5 期。

② 参见徐茂:《刍议预审机构独立》,载《犯罪研究》2008 年第 6 期。

判厅管辖的最轻本刑在三等有期徒刑以下的第一审刑事案件提起预审时,可以向预审推事声请预审。①

从清末和北洋政府时期我国刑事预审制度的发展来看,虽然清政府修法的目的是继续维护清朝的封建统治,不可能从根本上改变我国当时半封建半殖民地性质的法律体系。但是,清政府的法律改革仍然对我国刑事预审制度的建立发挥了积极的作用。辛亥革命爆发后,从某种意义上而言,北洋政府也力所能及地推动了我国刑事预审制度的发展。但是,在北洋政府后期,各派军阀连年混战,客观上阻碍了我国刑事预审制度的进步,成为了历史上的遗憾。

三、中华苏维埃时期的刑事预审制度

(一)源起于"省港大罢工"

1925 年年初,为了反对上海的日资纱厂无故削减工人工资和开除工人,近四万名在纱厂工作的中国工人发起了大罢工,并派出了以共产党员顾正红为首的工人代表与日本资本家谈判,要求增加工资和福利待遇,却被日本资本家残忍地杀害。日本资本家的暴行激起了上海人民的愤怒,并引发了上海各界群众大规模的示威活动。同年 5 月 30 日,上海工人和学生在公共租界进行宣讲和游行时,遭到英国巡捕野蛮枪杀,史称"五卅惨案"。② "五卅惨案"发生后,以共产党员邓中夏和苏兆征为首的香港工会号召全港工人举行大罢工支援上海人民,而后广东省的工人也参与进来,并组成了省港罢工委员会。同年 6 月 19 日,以广

① 参见白俊华:《试论我国预审制度的历史沿革和完善》,载《中国人民公安大学学报》2004 年第 3 期。

② 参见张丽:《有关五卅惨案的中外交涉——以外方为中心的考察》,载《近代史研究》2013 年第 5 期。

东省和香港工人为主体的两地人民开始了为期一年零四个月的“省港大罢工”，极大地震撼了西方列强，沉重地打击了帝国主义。[①]

在“省港大罢工”中，为了规范工人纠察队的活动，省港大罢工委员会在罢工期间设立了法制局和革命法庭，并颁布实施了一系列革命法规，主要包括《罢工委员会组织法》、《省港罢工委员会纠察队应守纪律》、《省港工人大罢工工人武装纠察队组织条例》、《会审处组织法》、《会审处办案条例》和《纠察队军法处组织法》等与惩治工贼和贪污受贿相关的法规和条例。其中，《省港工人大罢工工人武装纠察队组织条例》中明确规定，工人纠察队拥有对罢工行为预审的权力。[②] 从今天的视角来看，虽然上述革命法规缺乏规范化和制度化，但却开创了中国无产阶级制定革命法规的先河。这也使其中有关预审的规定被视为“中华苏维埃刑事预审制度的萌芽”。

（二）形成于革命根据地

1926 年夏天，广州国民政府领导的国民革命军开始北伐。省港大罢工委员会也宣布停止罢工，全力配合北伐。然而，以蒋介石为核心的中国国民党反动派窃取了北伐战争的胜利果实。1927 年，南京国民政府成立。1928 年，南京国民政府制定了《中华民国刑事诉讼法》。为避免程序上的重复，该法废止了北洋政府《刑事诉讼条例》所规定的刑事预审制度，并明确规定了检察官拥有预审推事的权限。[③] 此后，南京国民政府和现今的台湾地区均未恢复使用刑事预审制度。

1927 年 4 月 12 日，国民党反动派发动了“四·一二事变”，杀害了

① 参见钱月乡：《省港大罢工的历史作用》，载《教学与研究》1980 年第 6 期。

② 参见利丹：《省港大罢工的法制建设》，载《华南师范大学学报》（社会科学版）1993 年第 2 期。

③ 参见刁荣华：《刑事诉讼法释论》（影印本），台北，汉苑出版社 1977 年版，第 58 页。

无数革命群众。在事变爆发后,为了反抗国民党反动派的残暴统治,中国共产党领导工农群众开始了土地革命,并于1931年在根据地建立了“中华苏维埃共和国”。为了保卫这个新生的红色政权,中华苏维埃共和国仿照当时苏联的模式建立了独特的苏维埃司法制度。从司法主体来看,中华苏维埃共和国设立了司法人民委员部、审判机关、检察机构和国家政治保卫局四大司法机构。在这四大机构中,司法人民委员会负责司法行政的管理工作和培训工作,审判机关包括最高法院和各级裁判部。除了最高法院设在中央以外,地方各级裁判部均设立在各级地方苏维埃政府内部,主要负责苏区的审判工作;政治保卫局包括国家政治保卫局和国家政治保卫局地方分局。其中,国家政治保卫局设立在中央人民委员会内,在各省、市和县的人民委员会内则设立国家政治保卫局地方分局。

1931年,中华苏维埃共和国制定了《处理反革命案件和建立司法机关的暂行程序》。根据规定,对于反革命案件的预审由政治保卫局负责。只有在政治保卫局预审后,反革命案件才能交付至苏区的各级审判机关审判。在反革命案件公诉的过程中,应由国家政治保卫局作为国家原告人。① 该暂行程序的颁布施行也意味着中华苏维埃刑事预审制度正式形成。

(三)在“反围剿”中发展和完善

从1930年开始,国民党反动派开始了对革命根据地的全面“围剿”。在“反围剿”斗争中,中央执行委员会于1932年制定的《国家政治保卫局组织纲要》明确规定设立执行部和侦察部。两者没有隶属关系。

① 参见江西省法学会苏区革命法制调查组:《中华苏维埃革命法制简介》,载《法学杂志》1982年第3期。

其中,执行部中内设预审科。同年6月,《裁判部暂行组织及裁判条例》实施。该条例规定在地方各级裁判部中设立检察员,对一般刑事案件进行预审。但是,这项规定并不影响国家政治保卫局行使对反革命案件的预审权。

在这一时期,国家政治保卫局还编写了相关书籍和教材。例如,教材《预审术》中指出刑事案件的侦查和审查起诉应由侦查、检察和预审三部门共同完成,并明确了刑事预审工作的原则和程序。1937年,西北政治保卫局还根据各革命根据地的刑事司法实践将《预审术》修订为《预审工作须知》,对促进革命根据地预审工作的开展和完善具有积极的作用。[①]

(四)具有鲜明的时代特点

从上述中华苏维埃时期有关刑事预审制度的法规和教材来看,笔者认为,这一时期的刑事预审制度主要有以下特点:

首先,从刑事预审的任务和目的来看,由于中华苏维埃共和国是在革命战争中建立的红色政权,政权的首要任务是保卫胜利果实。[②] 因此,中华苏维埃共和国时期所制定和颁布的一系列革命法规和设立的司法制度都是围绕这一中心任务进行的。这一时期的刑事预审制度也不例外。

其次,从预审的对象来看,除部分简单的刑事案件外,所有的刑事案件均必须经过预审程序。只有经过预审的刑事案件才能交付革命审判机关审判。但是,普通刑事案件应由检察员负责预审,而反革命刑事

---

① 参见王怀旭主编:《预审学》,中国人民公安大学出版社2006年版,第17~18页。

② 参见中共中央文献研究室、中国人民解放军军事科学院编:《毛泽东军事文集》(第1卷),军事科学出版社、中央文献出版社1993年版,第337页。

案件则由国家政治保卫局负责预审。

最后，从预审机关的权力范围来看，国家政治保卫局和各地分局，以及检察员均有权在预审中调查取证和逮捕犯罪嫌疑人。因此，国家政治保卫局和检察员在预审中具有侦查权和逮捕权。

从当时的情况来看，中华苏维埃共和国时期的刑事预审制度是中国共产党在艰苦卓绝的革命斗争中，广泛地吸收和借鉴当时苏联的经验而形成的"红色刑事预审制度"，为保卫新生的红色政权发挥了不可替代的作用。虽然刑事预审制度在 1934 年停止施行，但是，这一制度的建立对此后我国刑事预审制度的构建和完善提供了宝贵的经验和教训，具有非常重要的意义。

四、抗日战争时期的刑事预审制度

1931 年，日本关东军发动了"九·一八事变"，入侵东北。由于以蒋介石为首的国民党反动派坚持错误的"不抵抗"政策，使日本关东军在迅速占领我国东北地区后，长驱直入华北地区，并于 1937 年挑起了"卢沟桥事变"，最终导致了抗日战争的全面爆发。[①]

此时，在"反围剿"失败后，中国共产党领导的红军经过长征转战陕北，并以延安为中心建立了陕甘宁革命根据地。在抗日战争全面爆发后，面对敌我斗争的严峻形势，根据地政府建立了公安局。根据当时的《公安局组织纲要》规定，各级公安机关应设立社会、司法和教育等工作部门。其中，社会部门主要负责刑事案件的侦查工作，而司法部门则负责刑事案件的预审和起诉工作。

为了进一步规范预审工作，陕甘宁革命根据地保安处和中共中央

① 参见刘庭华：《黑云压城——九一八事变与东北沦陷》，载《党史博采（纪实）》2015 年第 1 期。

社会部还相继颁布实施了《预审工作条例(草案)》和《审讯工作基本条例》。上述两个条例进一步明确了革命根据地刑事预审的权力主体、职责和任务,并指出预审工作的任务主要是验证侦查材料及犯罪证据,收集重要与有意义的敌情材料,确定罪行及提出处理意见等。同时,上述两个条例还提出了预审的工作原则,要求预审工作人员严谨审讯、依靠证据、耐心感化,并明确的反对刑讯逼供。在1942年,根据地还出版了谭政文编著的《审讯学》等教材,为我国刑事预审理论的发展奠定了基础。①

五、解放战争时期的刑事预审制度

抗日战争胜利后,由于以蒋介石为首的国民党反动派继续顽固坚持反共,因此,从1945年8月到1950年6月,中国共产党领导全国军民进行了解放战争,并最终获得了革命的胜利。

为了争取解放战争的早日胜利,在中共中央的直接领导和指挥下,东北三省在抗战结束后迅速建立了东北解放区。东北解放区也是解放战争时期最大的解放区。在东北解放区建立后,为了保障革命的胜利果实和应对战争需要,中共中央东北局于1946年7月作出了《东北的形势和任务》的决议,要求发动群众清剿土匪并打击贪污腐败行为,以切实巩固东北解放区。因此,从1947年起,东北解放区陆续实施了《为禁止非法拘捕审讯及侵犯他人人权等行为》的布告等刑事法规,并取得了良好的成效。在1948年,为了适应解放战争期间各解放区刑事预审工作的需要,中共中央社会部在抗日战争时期制定的《审讯工作基本条例》的基础上又颁布实施了《审讯守则》,进一步完善了解放区的刑事预审制度。

---

① 参见王怀旭主编:《预审学》,中国人民公安大学出版社2006年版,第19页。

从内容上看,解放战争时期我国的刑事预审制度主要有以下特点:首先,各解放区在预审机构的设置上主要有两种模式——侦审分立模式和侦审合一模式。在侦审分立模式下,公安机关的侦查部门和预审部门各有分工,互不隶属。侦查部门无权过问预审部门所负责的刑事案件。而在侦审合一模式下,侦查部门和预审部门合为一体,即在一个部门内部包含侦查、预审、看守和起诉等业务科室,既可以进行侦查,又可以进行预审。其次,从预审的对象来看,各解放区在预审中普遍对普通刑事案件和反革命案件有所区分,延续了中华苏维埃共和国时期的"政刑分开"模式,即普通刑事案件由检察员负责预审,而反革命刑事案件则由国家政治保卫局负责预审。

客观而言,抗日战争时期和解放战争时期的刑事预审制度进一步充实了我国刑事预审制度的内容,与中华苏维埃共和国时期的刑事预审制度相比有一定的进步。但是,此时的刑事预审制度也并不完善,仍需要进一步规范化和体系化。

六、中华人民共和国成立后的刑事预审制度

1949 年,中华人民共和国成立。从中华人民共和国成立后到 1978 年改革开放以前,中国共产党的主要任务是医治战争的创伤,恢复国民经济,巩固革命政权,并初步地建立了中华人民共和国的政治制度和法律体系;1978 年至今,我国的主要任务则是改革开放,发展社会主义市场经济并健全和完善与市场经济相关的法律体系。因此,中华人民共和国成立以后,刑事预审制度的发展和完善也分为改革开放前和改革开放后两个主要阶段。

(一)中华人民共和国成立后到改革开放前的刑事预审制度

中华人民共和国成立初期,肃清国民党反动派的余孽和巩固新生的革命政权是中国共产党面临的主要任务。从 1950 年开始,全国各级公安机关

先后成立了预审处、警法科、预审股和预审小组等预审机构，承担对反革命案件和其他刑事案件的逮捕、关押和审查起诉等工作。因此，在刑事预审工作的要求和方法上，各级公安机关广泛借鉴新民主主义时期革命根据地制定和实施的相关工作政策、规章和程序。[①]

1954 年，随着革命政权的力量巩固，公安部主办了第六届全国公安会议。会议确定在全国公安机关中单独设立预审机构。[②] 为了落实会议精神，公安部印发了《关于逮捕及预审工作的暂行条例（草案）》。在预审机构的设置方面，公安部于 1954 年 12 月率先将原政治保卫局内的执行处改组成立了预审处。1955 年，预审处升格为预审局。而后，各级公安机关也单独设立了预审处、科、股等机构，专门负责刑事案件的预审工作。1957 年，《人民公安机关预审工作守则》对 26 种预审文书格式进行了详细规定，并要求全国各级公安机关统一适用。至此，中华人民共和国的刑事预审制度得以初步建立。

但是，在 1957 年"反右扩大化"斗争和 1958 年"大跃进"运动的错误影响下，公安机关错误的推行"一长带三长"，即由一个领导代替公安局长、检察长和法院院长等公检法的主要首长；"一员代三员"，即一人承担侦查员、检察员和审判员的职能和工作。这种办案方式，不仅使公、检、法三者之间缺乏监督和制约机制，而且也使中华人民共和国刚刚建立起来的刑事预审制度受到了严重的冲击和破坏。直到 1962 年《预审工作细则（试行草案）》实施后，各地的刑事预审工作才改变了从 1957 年开始的"侦审合并"的办案机制，有了统一的标准。[③] 1966 年 5 月，中共中

---

① 参见云山城：《建国六十年预审工作论纲》，载《湖南公安高等专科学校学报》2010 年第 2 期。

② 参见云山城、曹晓宝：《侦审合一后的预审工作研究》，载《湖北警官学院学报》2009 年第 5 期。

③ 参见王怀旭主编：《预审学》（第 2 版），中国人民公安大学出版社 2006 年版，第 22 ~ 23 页。

央政治局误读了当时国际国内的形式,并由此引发了“文化大革命”。1967 年 8 月 7 日,谢富治在公安部批斗罗瑞卿大会上提出砸烂公检法,完全否定了中华人民共和国成立以来公检法机关的工作,使刑事预审工作也受到了严重的冲击。在林彪、“四人帮”及其党羽的干扰和破坏下,北京卫戍区于 1967 年 9 月对公安部预审局进行了接管。在 1969 年,公安部预审局被撤销。而后,全国各地公安机关的对应预审部门被取消。这使刚从“反右斗争”和“大跃进”恢复不久的刑事预审制度“名存实亡”。

(二)改革开放以后的刑事预审制度

“四人帮”被粉碎后,中国共产党确立了改革开放的历史路线。1979 年,我国颁布实施了《刑法》(1997 年 3 月 14 日第八届全国人民代表大会第五次会议修正)、《刑事诉讼法》和《预审工作规则》等刑事法律法规。这些法律法规的制定和颁布标志着我国的刑事预审制度的正式形成。

根据我国 1979 年《刑事诉讼法》第 3 条的规定,我国的预审权力主体是公安机关,其他任何机关都无权行使此项权力。为了更好地在司法实践中开展预审工作,第三次全国预审工作会议在 1979 年召开。而后,公安部重新制定和增补了预审文书的格式,扩大至 48 种。与此同时,有关预审学的教材和案例选也大量涌现。比如,西南政法大学公安教研室于 1982 年编写了我国第一部《预审学》教材。

1996 年 3 月,经第一次修正后的《刑事诉讼法》颁布实施,从而进一步强化了预审的作用。1997 年,公安部在全国刑事侦查工作会议中提出了“侦审合一”的改革方向,要求实现侦查和预审一体化,并且在各级公安机关内部不再单独另设预审机构。事实上,该次修正在保留公安机关刑事案件预审权的基础上,确立了“侦审一体”的侦查制度。1997 年 8 月,公安部要求将预审工作任务移交其他部门。同时,“预审局”更名为“监所工作管理局”。而后,全国各级公安机关也对其所属的预审机构作出了调整和改革。[①] 2012 年,我国 1979 年《刑事诉讼法》进行了第二次修正。第二次修正后的《刑事诉讼法》继续确认了公安机关预审职权,但并未对预审的工作机制进行调整。2018 年,我国对 1979 年《刑事诉讼法》进行了第三次修正。在第三次修正后的《刑事诉讼法》中,公安机关仍然继续承担着刑事预审的职能,掌握着刑事预审的主导权,并继续采用“侦审一体”的侦查制度。

第二节　我国刑事预审制度的现状

与世界上绝大多数国家一样,我国刑事预审制度的发展不仅与刑事诉讼理论的发展紧密相连,而且还与我国的政治制度、司法体制和经济文化密切相关。1997 年党的十五大报告中提出了依法治国的基本方略。而后,最高人民法院在 1999 年、2005 年、2009 年和 2014 年分别颁布了四个《五年改革纲要》,要求进一步改革诉讼制度,提高司法效率,完善人民法院内外监督机制,加强对审判权、执行权和管理权等方面的监督。[②] 2014 年 10 月,党的十八届四中全会明确提出要改革现有的立案受理制度,变立案审查制为立案登记制。[③] 因此,随着市场经济和司法体制改革的不断推进,刑事预审制度也应当进行必要的改革和完善。但是,笔者认为,在改革我国的刑事预审制度之前,我们也必须全面地

① 参见云山城:《建国六十年预审工作论纲》,载《湖南公安高等专科学校学报》2010 年第 2 期。

② 参见谭世贵主编:《中国司法制度》(第 2 版),法律出版社 2008 年版,第 26~27 页。

③ 参见《中共中央关于全面推进依法治国若干重大问题的决定》,载 http://news.xinhuanet.com/2014-10/28/c_1113015330.htm,最后访问日期:2015 年 3 月 15 日。

了解当前我国刑事预审制度的现状，为改革的成功做好充分的准备，打下坚实的基础。

一、预审的性质是具有公诉审查功能的特殊侦查活动

根据我国现行《宪法》、《刑事诉讼法》和《预审工作规则》等法律法规的规定，我国的刑事预审在性质应当属于"侦查意义上的预审"，是一种具有审查起诉功能的特殊侦查活动。具体理由如下：

一方面，我国的预审与侦查是紧密相连，但在功能上有所区分的两个阶段。我国1954年《宪法》和我国1979年《刑事诉讼法》明确规定，公检法三机关分别行使侦查权、检察权和审判权。在刑事诉讼中，三者必须相互配合，相互制约，共同打击犯罪。其中，我国1979年《刑事诉讼法》规定了公安机关的预审职权。此后，虽然我国1979年《刑事诉讼法》在1996年和2012年分别进行了两次修正，但均未改变公安机关预审权力主体的地位。1979年颁布的《预审工作规则》不仅再次强调预审工作是公安机关的专门业务，而且还要求公安机关负责预审的工作人员在预审中应注意核实侦查所获取的罪证材料，弥补和纠正侦查工作的疏忽和错误。从上述规定来看，预审开始的时间应当是在侦查之后，作为侦查活动的延续。由于侦查的目的在于发现犯罪嫌疑人的犯罪线索，获取相关证据材料，查清犯罪嫌疑人重大犯罪嫌疑或者主要罪行。而预审的目的在于检验和核实前期侦查中所获得证据的真实性、关联性和合法性，并对前期侦查中的疏忽或错误进行弥补，以达到审查起诉的要求。因此，侦查和预审两者的关系可以被概括为：前者是后者的前提和基础，后者是前者的继续和发展。①

另一方面，我国的预审是具有审查起诉功能的特殊侦查活动。根

---

① 参见王怀旭主编：《预审学》（第2版），中国人民公安大学出版社2006年版，第1页。

据我国《刑事诉讼法》第 3 条和第 169 条的规定，在公检法三机关中，人民检察院是唯一具有公诉权能的司法机关。我国《刑事诉讼法》的第 171 条还对人民检察院审查起诉的要求进行了明确规定，即必须查明犯罪事实、情节和证据，正确认定犯罪嫌疑人的犯罪性质和罪名。从《预审工作规则》的有关规定来看，虽然公安机关的预审并不等同于检察机关的审查起诉活动。但是，从审查的内容来看，公安机关的预审与检察机关审查起诉的内容是基本相同的，与检察机关的审查起诉有异曲同工之妙。并且，从审查的标准来看，公安机关的预审标准也比其侦查的标准要高。因此，公安机关的预审是具有公诉审查功能的特殊侦查活动。

从刑事预审的任务来看，根据《预审工作规则》第 2 条的规定，我国刑事预审主要的任务是准确查明犯罪嫌疑人涉嫌的全部犯罪事实，判明犯罪的性质，追查其他应当追究刑事责任的人以及保障无罪的人不受刑事追究。

二、预审的权力主体是公安机关

我国现行《刑事诉讼法》第 3 条再次强调了公安机关作为预审权力主体的地位。笔者认为，此处的“公安机关”应当是指广义的侦查机关，包括公安机关、检察机关的自侦部门以及军队保卫部门等。但是，从法条的原意来看，我国当前最主要的刑事预审权力主体应当是公安机关。

（一）我国公安机关的发展历程

从我国刑事预审制度的发展历程来看，公安机关并非从始至终就是刑事预审的权力主体。我国近现代公安机关的发展最早可以追溯至“戊戌变法”时期。在变法维新的过程中，湖南按察使黄遵宪借鉴了西方国家的警察制度创设了湖南保卫局。这也是我国近代公安机关的雏形。戊戌变法失败后,该机构被清朝政府设立的“善后协巡营”所替代。该协巡营直接隶属于皇帝,工巡事务大臣负责日常管理和运作,是市政、司法和警察职能三者合一的机关。辛亥革命以后,南京国民政府废除了工巡总局,并于1927年设立了“内政部警政司”。同时,南京国民政府还把全国各省市县的警察机构统一更名为“公安局”。但在1946年,“公安局”又被更名为“警察局”,并在我国台湾地区沿用至今。[①]

在南昌起义的当天,中国共产党起义部队建立了南昌公安局。这也是我党建立的第一个公安局。[②] 但是,此时的公安机关并不是刑事预审的主体。中华苏维埃共和国在1931年制定的《处理反革命案件和建立司法机关的暂行程序》明确规定了对反革命案件的侦查、逮捕和预审均由国家政治保卫局负责。[③] 1933年,国家政治保卫局制定的《预审术》对刑事预审工作的原则、程序和任务等作出了明确规定,并指出应由侦查、检察和预审三部门共同完成对反革命刑事案件的侦查和审查起诉。而对于普通刑事案件,应由检察员负责预审。在抗日战争和解放战争时期,中共中央社会部还通过颁布实施《公安局组织纲要》、《审讯工作基本条例》和《审讯守则》等文件,进一步推动了根据地刑事预审制度的发展。

中华人民共和国成立后,从1950年开始,全国各级公安机关先后成立了预审处、警法科、预审股和预审小组等预审机构。此时公安机关正式成为我国刑事预审的权力主体。1954年,公安部将原政治保卫局内的执行处改组为“预审处”,后升格为预审局。而后,全国各级公安局也进行了

---

① 参见刘海年:《中国警察制度发展史略》,载《公安大学学报》1985年第4期。

② 参见刘振华:《南昌起义与我党初建的警政》,载《人民公安》2001年第16期。

③ 参见中华苏维埃共和国中央执行委员会:《处理反革命案件和建立司法机关的暂行程序》,载韩延龙、常兆儒编:《中国新民主主义革命时期根据地法制文献选编》(第3卷),中国社会科学出版社1981年版,第286页。

改组。但在1957年以后,受到“反右扩大化斗争”和“大跃进”的影响,公安机关内部开始了“侦审合并”,撤销了预审部门,直到“文化大革命”结束后才得以恢复。[①]

改革开放以后,公安机关又开始面临着“侦审合一”和“侦审分立”的问题。所谓“侦审合一”是指刑事案件侦查职能与预审职能合并,由刑事侦查部门统一行使并承担责任的刑事侦查工作体制。而“侦审分立”则将整个侦查过程分为侦查、预审两个阶段,由侦查、预审两个部门衔接进行。[②] 1997年,公安部决定合并侦查部门和预审部门,开展“侦审一体化”改革。同年,“公安部预审局”更名为“监所工作管理局”,原先的职责也被移交到不同的部门。随后,全国各级公安机关所属的预审机构也作出了相应的调整和改革。对于这项改革的利弊得失,主要有两种观点:一种观点认为,“大刑侦”是公安机关的改革趋势。预审属于侦查的范围,仅仅是侦查的一种延续。实行侦审合一,既可以避免重复侦查,又可以缩短交接案件的时间,还可以保障侦查工作的连续性,减少司法资源的浪费。[③] 另一种观点则认为,“侦审一体化”改革不利于侦查工作的有序开展,容易造成案件多头移送的现象,降低移送质量。而且,侦审合并导致侦查工作缺乏内部制约,使部分案件的质量有所下降。因此,应当恢复侦审分立的制度,加强对案件侦查阶段的监督,提高侦查质量。[④] 但是,从当前公安机关内部的管理机制和职能分工来看,“侦审一体化”的改革趋势目前尚未改变。

---

① 参见于树斌:《试论我国预审与侦查的关系——兼论预审在公安机关办理刑事案件中的地位和作用》,载《湖北警官学院学报》2005年第6期。

② 参见王册、许昆、宋家宁:《“侦审一体化”理论与实践》,载《公安大学学报》2000年第6期。

③ 参见陈闻高:《大刑侦——中国预审改革之趋势》,载《公安理论与实践》1997年第5期。

④ 参见苏宏根:《对公安内部撤销预审机构弊端之浅析》,载《检察实践》2000年第3期。

（二）公安机关在预审中的职能

根据现行法律法规的规定，我国公安机关在预审中主要有以下职能：

首先，收集、审查和核实证据。根据法律规定，公安机关在预审中应当审查和核实所收集和调取证据的真实性、合法性以及证明力。《预审工作规则》的第31～42条还进一步规定了公安机关在预审中收集调取证据、询问证人、鉴定证据材料的具体工作程序和方法。

其次，审讯犯罪嫌疑人，查明案件事实真相。根据《预审工作规则》第22～30条的规定，公安机关在预审中应指定专门的预审工作人员负责预审，并且不能少于2人。这主要是通过预审工作人员之间的相互监督，最大限度地防止和避免诱供或逼供等非法审讯行为。同时，也有利于预防犯罪嫌疑人对审讯人员的诬告和陷害，保障审讯的顺利进行。

再次，案件分流和公诉准备。根据《预审工作规则》第44～49条的规定，公安机关在预审结束后应当对案件进行分类处理。如果犯罪嫌疑人需受到刑事处罚，那么公安机关应制作《起诉意见书》，并将案卷材料和证据移送到有管辖权的检察机关；反之，公安机关应制作《免予起诉意见书》，并释放犯罪嫌疑人。对检察机关退回补充侦查的案件，公安机关还应当及时补充侦查。在补充侦查后，公安机关发现犯罪嫌疑人的主要犯罪事实有改变的，应当重新制作《起诉意见书》并向检察机关提交。

复次，监督侦查职能。刑事预审部门对侦查部门的侦查行为具有监督和制约的职能。其监督和制约行为主要体现在三个方面：一是通过对侦查部门所获取的犯罪事实和收集的证据材料进行审查和核实，厘清犯罪事实和梳理相关证据，最大限度地减少和避免冤假错案的发生；二是审核侦查部门对犯罪嫌疑人采取的强制措施和查封、扣押、冻结的强制性措施是否适当，各项手续是否符合侦查制度和诉讼规则之要求；三是通过补充侦查的方式对侦查活动查缺补漏，以发现可能遗漏的犯罪嫌疑人或进一步调查和补充案件的证据，使案件达到移送人民检察院审查起诉的要求①。

最后，保障犯罪嫌疑人合法权利的职能。根据法律法规的规定，犯罪嫌疑人在预审过程中享有充分的诉讼权利，包括提出控告权、申请回避权、获得法律帮助权以及使用本民族语言文字进行诉讼等。这些诉讼权利对犯罪嫌疑人依法参与刑事预审提供了有效保障，因此，公安机关在预审过程中也必须对犯罪嫌疑人的合法权益给予充分的尊重和保护。

三、预审适用于经过公安机关侦查的所有刑事案件

我国预审的适用范围主要是指公安机关预审部门受理刑事案件的范围以及预审部门内部的职责分工。明确刑事预审的适用范围不仅便于公安机关预审部门依法对侦查部门移送的刑事案件及时预审，而且有利于防止和避免部门之间的推诿，提高预审的效率。从现行法律法规来看，我国刑事预审的适用范围主要体现在以下两个方面：

（一）公安机关预审部门受理刑事案件的范围

我国当前刑事预审的适用范围实际上就是公安机关受理刑事案件的范围。根据我国现行《刑事诉讼法》的规定，公安机关受理刑事案件的范围是除了“法律另有规定”以外的所有刑事案件。根据相关规定，“法律另有规定”以外的案件主要包括两类：一是检察机关直接立案侦

① 参见洪浩：《从“侦查权”到“审查权”——我国刑事预审制度改革的一种进路》，载《法律科学》2018 年第 1 期。

查的案件。根据我国现行《刑事诉讼法》和《人民检察院刑事诉讼规则(试行)》[2012 年 10 月 16 日最高人民检察院第十一届检察委员会第八十次会议第二次修订,以下简称《刑事诉讼规则(试行)》]的有关规定,贪污贿赂犯罪、国家工作人员的渎职犯罪等犯罪案件,由检察机关负责立案侦查。二是由法院直接受理的刑事自诉案件。但是,上述刑事案件必须经过公安机关的侦查,才能进入预审部门预审。

(二)各级公安机关预审部门受理刑事案件的权限

根据刑事案件性质、犯罪金额和社会危害性等方面的不同,不同级别的公安机关可以受理的预审案件类型也有所区别。根据我国现行法律法规的规定,本辖区内发生的刑事案件和上级公安机关指定县级公安机关预审部门管辖的刑事案件由县级公安机关预审部门负责预审;本辖区内的重大涉外犯罪(犯罪嫌疑人是外国人或者犯罪嫌疑人所侵害的对象是外国人的重大刑事案件)、重大经济犯罪(犯罪嫌疑人涉嫌的犯罪行为涉及经济领域,并且犯罪金额巨大,犯罪后果严重)、重大团伙犯罪(涉嫌走私团伙犯罪、涉嫌毒品团伙犯罪和涉嫌黑社会性质组织犯罪等)以及上级公安机关指定地(市)级公安机关预审部门管辖的刑事案件,则由地(市)级公安机关预审部门负责预审;省级公安机关预审部门负责预审本辖区内发生的重大刑事犯罪案件以及上级公安机关指定省级公安机关预审部门管辖的刑事案件。[1]

四、预审的启动有赖于公安机关侦查工作的完成

我国刑事预审的启动主体是公安机关。从启动条件来看,我国刑事预审的启动条件主要有以下两项:

---

① 参见王怀旭主编:《预审学》(第 2 版),中国人民公安大学出版社 2006 年版,第 67 页。

（一）经过公安机关的侦查

依据我国现行《刑事诉讼法》第108条的规定，“侦查”是指公安机关和检察机关在办理刑事案件的过程中，依法开展的专门调查工作和采取的有关强制性措施。值得注意的是，“侦查”有广义和狭义之分。所谓“广义上的侦查”通常包括侦查的开启、侦查的实施和侦查的终结等整个侦查活动；而“狭义上的侦查”仅指侦查的实施。[①] 在我国的刑事预审中，公安机关的侦查应属于“狭义上的侦查”。因此，“经过公安机关的侦查”是指公安机关依法对刑事案件进行调查和采取的相关强制性措施。其中，“专门调查工作”通常是指为了完成侦查任务，应采取的具体调查行为和措施，调查包括询问、讯问、勘验、检查、搜查、扣押和鉴定等；而“相关强制性措施”则是指《刑事诉讼法》规定的拘传、拘留、逮捕、取保候审和监视居住五种强制措施。

值得注意的是，我国的公安机关具有“双重属性”。作为一个政府部门，公安机关可以依法行使行政管理、行政处罚和行政强制等行政权。不仅如此，公安机关还肩负着打击犯罪的重罪职责，可以对刑事案件进行立案侦查，依法代表国家行使司法权。因此，在司法实践中，我们也必须注意区分“公安机关的侦查行为”和“公安机关的具体行政行为”。所谓“公安机关的具体行政行为”，主要是指公安机关根据行政法的规定，对行政相对人有关的具体事项具体实施行政管理、行政处罚和行政执法等行政行为。在实践中，公安机关与刑事侦查行为类似的具体行政行为主要包括传唤、罚款、行政拘留、扣押、查封和冻结等。

虽然“公安机关的侦查行为”和“公安机关的具体行政行为”均属于

① 参见[日]田口守一：《刑事诉讼法》（第5版），张凌、于秀峰译，中国政法大学出版社2010年版，第29页。

职务行为,但是两者在本质上却不尽相同,因为:(1)行使职权的法律依据不同。前者的依据是我国现行的刑事法律法规,而后者的依据则是我国现行的行政法律法规。(2)适用对象和目的不同。前者适用的对象是涉嫌违反刑事法律的犯罪嫌疑人,目的是依法侦破案件,查明犯罪事实,惩治犯罪分子;而后者则适用于违反行政法律法规的公民、法人或其他组织,侧重于社会管理秩序的维护。(3)实施的结果不同。前者实施的结果是使需要承担刑事责任的犯罪嫌疑人依法受到追究,后者则是使行政管理相对人依法承担相应的行政法律责任。(4)适用的法律程序和法律文书不同。前者适用的是刑事法律程序,在侦查过程中使用的是传唤证、搜查证、提讯提解证等各种刑事侦查专用文书;而后者适用的是行政法律程序,适用的是传唤证、检查证和没收保证金决定书等公安机关行政法律文书。由于公安机关在执法过程中身兼两项不同性质的权力,因而对公安机关的执法行为必须严格进行审查和辨析。①

(二)有证据证明犯罪嫌疑人有犯罪事实

《最高人民检察院、公安部关于印发〈关于依法适用逮捕措施有关问题的规定〉的通知》的第1条对我国1996年《刑事诉讼法》中"有证据证明有犯罪事实"的三种情形作出了详细解释,即一是有证据证明发生了犯罪事实;二是有证据证明该犯罪事实是犯罪嫌疑人实施的;三是证明犯罪嫌疑人实施犯罪行为的证据已有查证属实的。其中,"有证据证明有犯罪事实"并不是指全部犯罪事实均要查清,而是指只要查清单一犯罪行为的事实,或者是数个犯罪行为中任何一个犯罪行为的事实,就

① 参见李思国:《公安机关行政行为与刑事侦查行为的审查和辨析》,载《法治论丛》2002年第6期。

属于“有证据证明有犯罪事实”。因此,从法律规定可以得知,我国刑事预审程序的启动与传统两大法系各国均有很大差别。我国刑事预审程序的启动是公安机关的专属职权,包括犯罪嫌疑人、被告人、检察机关和法院等在内的其他刑事诉讼主体均无启动预审的权力。同时,我国刑事预审的启动还具有强制性和主动性的特点。预审一旦启动,包括犯罪嫌疑人在内的其他刑事诉讼主体均只能被动地参与预审,没有放弃的权力,这在一定程度上限制了犯罪嫌疑人的选择权。

五、预审的审查内容是犯罪事实和证据

(一)我国刑事预审的审查标准

从预审的审查标准来看,传统两大法系各国主要采用程序性审查和实体性审查两种标准。其中,程序性审查主要审查案件的被告、事实与理由是否明确,是否属于法院的管辖范围,以及证据是否具备法定的形式等程序性要件。而实体性审查则要求预审法官在预审过程中必须对案件的事实和证据,以及对被追诉人的指控进行审查和证实,从而保障案件在实质上符合起诉的条件。

由于我国刑事预审的工作任务是核实被告人是否有罪、犯罪事实、犯罪性质、犯罪情节等罪证材料以及追查其他应当追究刑事责任的人,从而弥补和纠正侦查工作的疏忽和错误。而且,《预审工作规则》的第22条和第30条还进一步明确了对犯罪嫌疑人的审讯要求,要求预审工作人员在预审中要详细追查犯罪嫌疑人的犯罪事实、犯罪动机、犯罪目的、犯罪方式方法以及与犯罪有关的人员,并深入调查研究与案件有关的一切线索,收集能够证实有罪或者无罪的一切证据。因此,从有关规定来看,我国刑事预审的审查标准应当是实体性审查。

（二）我国刑事预审的审查方式

从预审的审查方式来看，我国的刑事预审既采用了言辞审查的审查方式，也采用了书面审查的审查方式。具体体现在：

一方面，对犯罪嫌疑人的审查。根据《预审工作规则》第22～30条的规定，预审部门和预审工作人员对犯罪嫌疑人进行预审时必须指定专人负责，并且在审讯和调查时不少于2人。在审讯中，预审工作人员必须查清犯罪嫌疑人的犯罪事实、犯罪动机、犯罪目的以及与犯罪有关的人员等能够证明犯罪的相关情况。同时，预审工作人员还必须认真核查犯罪嫌疑人的申诉和反证，防止和避免冤假错案的发生。在审查中，除了书面审查以外，预审工作人员还应在24小时内对被拘留或逮捕的犯罪嫌疑人进行审问，通过口头讯问的方式了解犯罪嫌疑人是否犯罪。如果犯罪嫌疑人回答有犯罪行为，那么预审工作人员应让其陈述犯罪的情况。反之，应允许犯罪嫌疑人做无罪的辩解。

另一方面，对相关证据的审查。根据《预审工作规则》第31～42条的规定，公安机关预审工作人员应当对包括有罪证据和无罪证据在内的与案件有关的一切线索进行深入的调查、核实和甄别。在审查中，预审工作人员应当仔细登记和妥善保管相关的物证材料。在向证人调查材料时，预审工作人员可以通过询问的方式向证人了解案情经过、证人同案件和犯人的关系，以及证人对案件的看法。在遇到某些专门性问题时，预审工作人员应当指派或聘任鉴定人对相关材料等进行鉴定，并由鉴定人答复公安机关的相关问题。

六、移送审查起诉是最主要的终结方式

根据《预审工作规则》第44～48条的规定，我国的刑事预审程序主要有以下三种终结方式：第一，准予起诉。倘若预审工作人员认为案件

的犯罪情况清楚，证据确凿充分，犯罪的性质认定和法律程序正确，那么预审工作人员应当制作《起诉意见书》，并将有关材料和证据移送至检察机关审查起诉。第二，免予起诉。如果预审工作人员经过审查，认为案件事实不清，证据不足，案件没有达到法定的起诉条件，此时预审工作人员应作出《免予起诉意见书》。但是，预审工作人员必须将所有的案卷材料和证据移送至检察机关，由检察机关审查决定。在决定免予起诉后，已拘留和逮捕的犯罪嫌疑人应即刻释放。第三，退回补充侦查。对于已经移送至检察机关但被退回补充侦查的刑事案件，公安机关应当在一个月内补充侦查完毕，并根据实际情况重新拟制《起诉意见书》或者将补充或变更的材料书面通知人民检察院。

七、预审的救济方式多而不精

所谓“预审救济”，笔者认为，就是指预审参与人因合法权益在预审过程中受到损害时，要求有权机关纠正或处理的事后性补救措施。1979年，公安部提出了我国刑事预审工作的方针，即“实事求是、重证据、重调查研究、严禁逼供信”。[①] 该工作方针的提出不仅对公安机关预审工作人员提出了明确的办案要求，而且也表明了公安部对预审过程中犯罪嫌疑人权利保障的高度重视。目前，我国已经建立了多渠道的预审救济机制。但是，其中绝大多数救济方式并非针对刑事预审的特点而建立的专有救济方式，反而在一定程度上影响了预审救济的效果。具体而言：

（一）公诉机关的救济机制

检察机关是我国的法律监督机关，检察机关依法享有对公安机关

① 云山城：《建国六十年预审工作论纲》，载《湖南公安高等专科学校学报》2010年第2期。

的法律监督权，可以对公安机关在侦查过程中发生的违法行为进行救济。根据我国现行《刑事诉讼法》的规定，检察机关依法对刑事诉讼具有法律监督权。从该法第49条、第57条和第117条的规定来看，侦查机关及其工作人员非法阻碍刑事诉讼的当事人依法行使诉讼权利的，或是侦查机关有应当退还取保候审保证金不退还的，应当解除查封、扣押、冻结不解除的，违反规定使用查封、扣押、冻结的财物等行为的，当事人有权依法向检察机关申诉或者控告。检察机关收到投诉后，应当及时审查，并通知有关机关予以纠正。其中，第57条还进一步明确规定，检察机关接到报案、控告、举报或者发现侦查人员以非法方法收集证据的，应当调查核实。根据《刑事诉讼规则（试行）》第70条的规定，检察机关可以通过讯问犯罪嫌疑人、询问办案人员、询问在场人员及证人、听取辩护律师意见以及调取讯问笔录、录音、录像等方式对非法取证行为调查核实。检察机关在调查中发现公安机关违法收集证据的，必须及时纠正并依法追究刑事责任。根据我国现行法律的规定，我国的刑事预审程序是广义侦查程序中的一个阶段。因此，我国现行《刑事诉讼法》第8条、第49条、第57条和第117条的规定完全适用于我国的刑事预审程序，可以作为刑事预审的救济手段。

（二）犯罪嫌疑人的救济机制

中华人民共和国成立以来，我国已参加并缔结了包括《联合国禁止酷刑公约》（United Nations Convention Against Torture）、《联合国经济、社会和文化权利国际公约》（International Covenant on Economic, Social & Cultural Rights）等公约和议定书。我国现行《刑事诉讼法》第2条还明确强调了我国刑事诉讼法的任务是惩罚犯罪和保障人权。因此，根据我国现行《刑事诉讼法》的规定，犯罪嫌疑人在我国的刑事诉讼中享有广泛的诉讼权利，可以通过多种方式和途径对刑事预审中侦查机关的违法行为进行救济。具体而言：

首先，根据该法第 14 条规定，在刑事诉讼中，犯罪嫌疑人、被告人以及其他诉讼参与人合法的诉讼权利必须得到保障。犯罪嫌疑人在受到侦查机关或侦查人员不法侵害后，有权提出控告。

其次，根据该法第 97 条规定，犯罪嫌疑人及其近亲属和辩护人均有变更强制措施申请权。收到申请后，有关机关必须尽快作出决定（在 3 日内）。如不同意变更，有关机关必须理由充分并告知申请人。

再次，根据该法第 148 条规定，对于将用作证据的鉴定意见，侦查机关应当告知犯罪嫌疑人。侦查机关收到犯罪嫌疑人申请后，可以补充鉴定。在有必要时，侦查机关可以重新作出鉴定。

最后，除了以上救济途径外，该法还规定，犯罪嫌疑人在预审中还享有自我辩护权（第 14 条）、委托辩护人提供法律帮助权（第 33 ~ 38 条）、拒绝回答与本案无关问题权（第 120 条）、申请侦查人员回避权（第 29 ~ 32 条）以及讯问笔录核对权（第 122 条）等多项诉讼权利。

（三）被害人的救济机制

在刑事预审中，被害人可以通过下列渠道进行救济：

第一，作为诉讼程序的参与者，如果在预审过程中权利被侵犯或者遭到人身侮辱，被害人有权根据法律规定提出控告。

第二，当被害人对侦查机关用作证据的鉴定意见产生质疑时，还可以根据《刑事诉讼法》第 148 条规定向侦查机关提出申请，由侦查机关补充或重新鉴定。

第三，根据《刑事诉讼法》第 180 条的规定，对于有被害人并且经过公安机关预审的刑事案件，如果检察机关经过审查起诉后仍然决定不起诉的，那么应当通知被害人。假如被害人不服，可以申诉至上一级检察机关或直接提起自诉。

第四,除了以上救济途径以外,根据《律师法》的规定,被害人可以委托律师担任代理人在刑事诉讼的全过程中为其提供法律帮助。同时,根据《刑事诉讼法》的规定,被害人在预审中还享有申请侦查人员回避权(第29~33条)、拒绝向侦查机关提供证据权(第43条)以及申请保护措施权(第64条)等多项诉讼权利。并且,侦查机关在预审过程中严禁通过刑讯逼供的方式向被害人收集证据,否则证据将被依法排除(第56条)。

第三节　我国现行刑事预审制度评析

一、缺乏严密系统的刑事预审理论

从中国刑事预审制度的发展历程来看,我国的刑事预审制度是在清朝末期部分开明官员和有识之士的大力推动下才得以逐渐确立和发展的。同时,我国刑事预审制度的建立也得到了以日本法学家冈田朝太郎为代表的外国专家的协助,并充分吸收和借鉴了大陆法系国家的刑事预审理论。在革命根据地时期,当时的中华苏维埃共和国也颁布了一些有关刑事预审程序方面的条例并制定了《预审术》之类的教材,规定了刑事预审工作的原则、程序和任务等。但遗憾的是,受到历史条件的影响和社会条件的限制,当时的中国缺乏足够的条件对教材中的理论进行充分验证。由于缺乏来自实践的检验和反馈,导致了中华人民共和国成立前我国的刑事预审理论研究裹足不前。

中华人民共和国成立后,随着国家政权的不断巩固,刑事预审的理论研究工作得以全面恢复。在《关于逮捕及预审工作的暂行条例(草案)》中,公安部明确规定了刑事预审的原则、任务和具体程序等。但是,从1958年开始的"大跃进"运动和随后而来的"文化大革命"再一次中断了刑事预审的理论研究工作，影响了预审理论的构建和深入。直到我国1979年《刑事诉讼法》颁布实施后，我国的刑事预审理论研究工作才重新开始稳步发展并走向繁荣。1985年5月10日至15日，公安部和人民大学在北京联合举办了中华人民共和国成立以来第一次全国预审学术讨论会。这次会议共有来自全国24个省、市和自治区的82位学者和实务界专家出席，收到会议论文266篇。与会学者和专家们对预审的概念、预审的工作方针、预审和侦查的关系以及预审中被告人的心理规律等理论问题进行了深入的探讨和研究，并取得了丰硕的成果。[①] 但是，囿于当时的社会背景和历史条件，当时的预审学术讨论会对于预审的理论研究具有极大的局限性。从今天的视角来看，当时参会的绝大部分学者都是从预审作为公安机关的一项专门性业务的视角进行研究和讨论的，并未从宏观的视角出发看待刑事预审制度的本质和定位问题，客观上引发了"侦审合一"和"侦审分立"之争。

公安部于1997年提出"侦审合一"的改革方向后，"侦审合一"和"侦审分立"之争愈演愈烈。原公安部预审局承担的预审职能被移交至其他部门。同时，全国各级公安机关内设的预审部门也根据公安部的要求进行了调整和改革。因此，赞成"侦审合一"的一方认为，侦审一体化既有利于办案责任制的落实，防止侦查和预审部门因分工不同而相互推诿，也有利于形成合力及时侦破一些重大、复杂和疑难的案件，减少重复劳动，提高办案效率。但是，反对者认为"侦审合一"最大的问题是有违立法宗旨。由于我国1996年《刑事诉讼法》第3条和第90条明确规定了预审是与侦查、拘留和执行逮捕相并列的重要环节，因而"侦审合一"在事实上剥夺了预审部门的职权，造成了案件

① 参见公安大学预审教研室：《第一次全国预审学术讨论会探讨的几个理论问题》，载《公安大学学报》1985年第3期。

质量的下降。①

“侦审合一”和“侦审分立”之争虽然与我国现行法律法规中关于刑事预审的规定过于简单和模糊有很大的关系，但也恰恰说明了我国刑事预审理论的相关研究仍不完善，尤其是理论界和实务界对于预审的性质、预审在刑事诉讼中是否拥有独立的法律地位，以及预审权与侦查权、检察权和审判权三者的关系等方面的理论研究仍有待深化和提高。笔者认为，只有进一步夯实预审的理论基础，才能更有力地推进我国刑事预审制度的改革和完善。

二、刑事预审的法律地位尚待明确

所谓“预审的法律地位”，通常是指预审在我国刑事诉讼中所处的位置。一般而言，决定预审的法律地位主要来自两个方面：一是由谁负责行使预审权，二是预审在刑事案件处理过程中的地位和作用。② 从我国现行《刑事诉讼法》的相关规定来看，我国的刑事诉讼程序主要有五个阶段，即立案、侦查、审查起诉、审判以及执行五个主要阶段。并且，这五个主要阶段像流水一样只能向前依次推进，不能任意中断或超越，因此，也常被称为“流水作业式”诉讼程序。③

预审权是我国公安机关的专有职权。但是，我国现行《刑事诉讼法》的规定仅仅解决了“由谁负责行使预审权”的问题，却未能解决预审在刑事案件全过程中到底处于何种地位和发挥何种作用的问题。遗憾的是，我国现行《刑事诉讼法》对预审仅有第 3 条和第 116 条笼统的法

---

① 参见周忠伟：《1997～2007：我国预审制度的变革及反思》，载《江西公安专科学校学报》2007 年第 6 期。

② 参见周金福：《刑诉法的修改与预审的法律地位》，载《河南公安学刊》1997 年第 1 期。

③ 参见陈瑞华：《从“流水作业”走向“以裁判为中心”——对中国刑事司法改革的一种思考》，载《法学》2000 年第 3 期。

律规定,既没有规定预审程序是否应为独立的诉讼程序,也没有详细说明预审权与侦查权之间、预审权与检察权之间以及预审权与审判权之间的关系,以及在这些关系发生冲突时应当如何处理。而从公安部颁行的《公安部预审规则》来看,虽然该规则对公安机关预审与检察机关审查起诉之间应当如何衔接,并且对经过预审并移送至检察机关的案件应当符合哪些条件以及如何处理作出了若干规定。但是,该规则既未从整体上厘清预审权与检察权的关系,也没有任何与审判权相关的内容。遗憾的是,2013 年颁布实施的《公安机关办理刑事案件程序规定》(以下简称《刑事案件程序规定》)对此也未明确。

由于有关刑事预审的法律地位并不明确,因而预审在司法实践中通常被视为对公安机关侦查活动的一种补充,并非独立的法律程序,更没有独立的法律地位。这也导致了预审部门在公安机关内部各职能部门中的重要性不断下降。在"侦审一体化"改革后,公安机关的预审部门在事实上被剥夺了预审权。

三、已有的法律法规不能满足刑事预审的需要

从我国现行的法律法规来看,有关刑事预审的法律规定并不完善,不能满足刑事预审的需要。具体而言:

(一)与预审直接相关的法律条文数量少

中华人民共和国成立后,公安部制定了《关于逮捕及预审工作的暂行条例(草案)》,规定了我国刑事预审的性质、任务和原则等内容。而后,公安部在 1957 年根据"反右斗争"的需要对草案进行了修改,并更名为《预审工作守则(草案)》。在"大跃进运动"中,该草案再次被修改并定名为《预审工作细则(草案)》。但是,随后开始的"文化大革命"运动使刑事预审制度与其他司法制度一样受到了以"阶级斗争为纲"的错误影

响,受到了错误批判并被废止。

在党的十一届三中全会后,我国在1979年召开了全国预审工作会议(第三届),并制定了我国1979年《刑事诉讼法》和《预审工作规则》。[①] 此后,我国于1996年、2012年和2018年三次对我国1979年《刑事诉讼法》进行了修正并形成了1996年《刑事诉讼法》、2012年《刑事诉讼法》和现行《刑事诉讼法》。但从我国现行《刑事诉讼法》来看,直接与预审有关的法律规定却很少。其中,我国1979年《刑事诉讼法》全文共计164条,对"预审"作出直接规定的法律条文仅有1条,所占比例为0.6%;经过修订后,我国1996年《刑事诉讼法》和2012年《刑事诉讼法》法律条文总数分别增加至225条和290条,而对"预审"作出直接规定的法律条文分别仅有2条,所占比例分别为0.89%和0.69%。2018年最新修正的《刑事诉讼法》法律条文总数已达308条而对"预审"作出直接规定的法律条文仍然仅存2条,所占比例下降至0.65%。因此,无论是从绝对数还是从相对数看,我国现行的《刑事诉讼法》中有关"预审"的法律条文确实与传统两大法系典型国家相比有很大差距。例如,《法国新刑事诉讼法典》中就有151条与该国的刑事预审制度相关的法律条文。[②]

(二)与预审相关的法律规定缺乏系统性和严密性

前述已提及,由于《刑事诉讼法》中与预审有关的直接规定很少,并未形成完整的法律体系,因此,公安机关不得不按照1979年制定的《预审工作规则》的相关规定开展预审工作。虽然《预审工作规则》现行仍

---

① 参见王怀旭主编:《预审学》(第2版),中国人民公安大学出版社2006年版,第22~24页。

② 参见《法国刑事诉讼法典》,罗结珍译,中国法制出版社2006年版,第81页。

然有效，也较为详细地规定了预审的工作任务、工作范围、审查期限、审查的方式以及证据的调取等内容。但是，囿于当时的历史条件和社会环境，该工作规则不仅充斥着很多“文化大革命”时期的政治性语言和口号，而且对预审程序本身的规定也缺乏严密性，早已不能满足当今的时代要求和刑事司法环境的需要。例如，《公安部预审工作规则》的第7条要求“在办案工作中，各级公安机关的领导，要充分发扬民主，允许发表不同意见。绝不允许对发表不同意见，即使是发表错误意见的同志进行打击报复、‘戴帽子’、‘抓辫子’、‘打棍子’”。但“侦审一体化”改革后，公安机关预审部门原有的职能已经被其他部门所取代。从1997年公安部提出改革至今已有二十余年，但是《预审工作规则》仍然没有根据最新的司法实践情况作出修正，可以说已经远远落后于时代的发展。同时，在《公安部预审工作规则》中，还大量充斥着“逼供信”、“戴帽子”、“抓辫子”、“打棍子”和“说真话”、“不说假话”等政治性语言和口号。从21世纪的眼光来看，在一个刑事案件办案规则中充斥着如此多的政治性语言和口号既不专业又不合时宜，亟须进行更新和完善。

四、预审对侦查的制约作用难以发挥

笔者认为，我国立法者构建刑事预审制度的本意是通过公安机关预审部门对侦查部门侦查活动的监督，发现和堵塞侦查工作的漏洞，从而建立一个公正、公平和高效的“大侦查”工作机制。但是，由于行政上的隶属关系，公安机关预审工作部门和人员在司法实践中常常会受到来自公安机关内部的各种制约甚至不当干预，使预审对侦查的制约作用难以得到有效发挥。

我国原有侦查体制属于“侦审分立”模式。其中，侦查部门专职负责对刑事案件的侦查工作，而预审部门则专职负责对刑事案件的预审工作。在“侦审分立”的模式下，由于侦查部门和预审部门在公安机关

内部是平级的两个内设机构，因此，两部门之间常常出现互相推诿和部门保护主义的现象。特别是在具体案件的侦查中，侦查人员往往认为其工作职责就是抓获犯罪嫌疑人并搜集案件的证据。至于犯罪嫌疑人是否构成犯罪并符合起诉的要件，以及所搜集的证据是否符合法定的要件，侦查部门通常认为其属于预审部门的工作职责，应当由预审人员予以核实。这就导致了侦查部门在侦查过程中仅仅关心各项手续是否具备法律规定的形式要件，而放松了对案件事实和证据的要求，忽略了侦查的质量，使预审人员对侦查中所收集和获取的证据材料进行核实时困难重重。同时，“侦审分立”还在一定程度上造成了侦查工作人员和预审工作人员在专业上的局限性。由于侦查人员只负责对案件进行侦查，在工作中与检察机关公诉部门的直接接触并不多，因而侦查人员对案件是否达到起诉要件的把握往往并不准确，使侦查人员在侦查过程中放松了对证据收集的要求，以致影响了预审人员的预审工作。而预审人员在预审中的主要工作是对侦查部门前期侦查工作的成果进行检验和核实。但是，由于预审人员对侦查人员艰辛的破案过程和侦查工作的艰巨性缺乏切身体会，导致在预审工作中普遍存在吹毛求疵的现象，产生了与侦查人员的心理隔阂。

由于我国1996年《刑事诉讼法》取消了收容审查制度并放宽了逮捕条件，因此，为了应对刑事诉讼法的修改，公安部启动了“侦审一体化”改革。“侦审一体化”改革对于严格破案责任并提升部门之间的办案效率具有积极的意义。但是，“侦审一体化”改革自身也存在一些问题。其中，最主要的问题是预审难以对侦查形成有效的监督和制约。“侦审一体化”改革后，虽然侦查部门的领导可以对案件的处理进行最后把关，但由于同一部门内“人情世故”的影响，这种所谓的“把关”往往流于形式。同时，预审部门被取消后，公安机关内设的刑侦、经侦、禁毒、交通管理和治安管理等机构都有权对各自侦查的刑事案件进行预审,并移送检察机关。这就造成了公安机关内部的“多头”审查和“多头”移送现象。这种现象的出现不仅降低了案件的移送质量,而且也给检察机关造成了很多的困扰,降低了审查起诉的效率。①

总而言之,无论是“侦审分立”还是“侦审合一”,都仅仅是公安机关内部侦查管理机制的改革,并没有从根本上改变我国当前的刑事预审制度。因此,在缺乏外界监督的情况下,“侦审一体化”改革也无法从根本上解决对预审有效制约的问题。

五、预审的救济机制有待完善

从我国现行法律法规来看,我国根据自身国情和司法制度建立了多渠道的预审救济机制。但从现有的预审救济渠道来看,共性和事后性的救济方式比较多,事前的预防措施比较少。具体体现在:

一方面,从检察机关对预审的救济来看,由于我国现行《刑事诉讼法》对我国公检法三机关在刑事诉讼中各自的职权范围进行了明确规定,因此,我国检察机关对预审的监督更多地体现为一种事后性监督,是一种消极、被动并相对滞后的监督权。具体而言,在公安机关的侦查阶段,检察机关难以从一开始就直接介入并规制公安机关的预审活动,而只有在审查起诉阶段或者在法律有特别授权的情况下才能对公安机关的不当行为进行审查和纠正。例如,根据我国现行《刑事诉讼法》第49条、第57条、第117条的规定,当公安机关非法阻碍当事人依法行使诉讼权利,或应当退还取保候审保证金但不退还的,应当解除查封、扣押、冻结而不解除的,违反规定使用查封、扣押、冻结的财物等行为的,检察机关在收到当事人的申诉后应当及时对公安机关的行为进行审查

---

① 参见云山城、曹晓宝:《侦审合一后的预审工作研究》,载《湖北警官学院学报》2009年第5期。

和纠正。

另一方面,从犯罪嫌疑人和被害人的救济来看,我国现行《刑事诉讼法》在客观上加强了对犯罪嫌疑人和被害人在刑事诉讼中的权利保障。根据该法规定,犯罪嫌疑人在整个刑事侦查过程中享有多种救济权利。与犯罪嫌疑人一样,被害人也享有多种救济权利。但是,从整体来看,《刑事诉讼法》中有关犯罪嫌疑人和被害人的权利救济的规定更像是一种"共性规定",不仅适用于刑事预审程序,而且适用于其他程序。当然,这并不是说共性的规定就不能够保障犯罪嫌疑人和被害人在刑事预审中的合法权利。但是,针对刑事预审进行救济的专门性规定对犯罪嫌疑人和被害人的权利救济显然更为有效。遗憾的是,这样的规定却在我国法律法规中缺失,直接影响了救济的效果。

综上所述,我国现行刑事预审制度的形成有其深刻的历史背景和原因,是由我国政治体制和司法制度共同决定的。客观而言,作为预审的权力主体,公安机关在中华人民共和国成立后相当长的一个历史时期内发挥了积极的作用。但是,随着时代的发展和进步,这种由公安机关所主导的刑事预审制度的缺点逐渐暴露。其中最大的缺点就在于缺乏来自外界有效监督。从传统两大法系各国的经验来看,真正意义上的刑事预审制度应当具备司法审查功能。然而,当前我国"侦审合一"的改革方向仅仅是在内部管理机制上对侦查部门和预审部门的工作范围和工作职责进行了优化,并未彻底地改革和重构我国现行的刑事预审制度。总而言之,笔者认为,当前我国刑事预审制度存在的种种问题是因为改革的不彻底和不完全所致,亟须进行彻底的改革和重构。

第五章　我国刑事预审制度的重构

第一节　重构我国刑事预审制度的必要性

一、有利于规范刑事预审，防止侦查机关滥用职权

前述已经提及，我国现行的刑事预审制度与传统两大法系各国当前所适用的刑事预审制度并非同一概念。因而，当前我国的刑事预审在广义上属于侦查的一部分。根据我国现行《刑事诉讼法》和《预审工作规则》的规定，公安机关在侦查的过程中可以通过讯问犯罪嫌疑人、询问证人以及侦查实验等多种方式调查案件事实和获取证据。而且，公安机关还可使用秘密侦查、电子监控和邮件检验等隐蔽性极强的特殊侦查手段。虽然通过加强公安机关内部管理来预防和避免其滥用侦查权和预审权不失为一种合适的选择，但在司法实践中，受"侦审一体化"改革的影响，我国公安机关对预审部门的监督往往流于形式，易于出现暗箱操作的现象。并且，从现有的情况来看，来自检察机关和法院等其他部门和社会各界的外部监督很难对刑事预审的全过程进行有效制约。因此，重构我国的刑事预审制度，由预审法官作为刑事预审的权力主体，有利于进一步规范我国的刑事预审程序，并对公安机关在侦查中滥用职权的行为进行规制，更有利于对被追诉人合法权益的保障。

二、有利于制约公诉权,提高公诉质量

公诉权通常是指特定的机关代表国家依法对被告人涉嫌的犯罪事实进行审查,并请求法院审判的权力。根据我国现行《刑事诉讼法》的规定,我国的检察机关是唯一具有公诉职能并代表国家行使公诉权的国家机关。公诉权并不是一个单独的权力,而是由起诉权、不起诉权和公诉变更权等具体权力所构成的集合体。在司法实践中,公诉权不仅是检察权的重要组成部分,而且代表着国家利益,在具体运行中无时无刻体现出国家的意志和强制力。因此,必须通过有效途径,依法对检察机关的公诉权进行合理限制和约束,才能保障公诉权的正确行使。

当前,来自执政党、人民代表大会、检察机关、法院和人民监督员的监督是制约我国公诉权的五种主要方式。但是,这五种方式均不完美,可以说是监督维度单一,自上而下的监督较强,平行制约和自下而上的监督较弱。[①] 具体而言:一方面,中国共产党是我国的执政党。我国的检察机关必须坚持党的领导,才能更好地履行监督职责。但是,党的领导在司法实践中主要侧重于从大众方针、基本政策和路线等宏观层面的领导。虽然党的各级部门在司法实践中可以通过个案监督的方式对检察机关的公诉权进行监督,但是,这种监督主要是一种事后性的监督,缺乏及时性、专业性和普遍性。这也使得监督的效果并不明显,不能带来普适性的效应。和执政党的监督一样,人民代表大会和人民监督员的监督也存在同样的不足。另一方面,检察机关自身的监督。根据我国法律规定,检察机关既是公诉机关又是法律监督机关。加强检察机关自我制约机制的建设始终是我国检察改革的重要内容。进入 21

① 参见王传利:《给腐败号脉——新中国腐败频度与控制强度相关性研究》,群众出版社 2004 年版,第 375 页。

世纪后,最高人民检察院也制定了《人民检察院监察工作条例》等一系列内部监管法规,并引入了人民监督员制度,取得了一定的成效。可是,检察机关拥有审查起诉的最终决定权,包括法院在内的其他机关均不能干涉。这也就是说,即便检察机关在审查起诉过程中存在违法的行为,当事人也难以获得有效的司法救济。

从传统两大法系典型国家的经验来看,建立具有司法审查功能的刑事预审制度可以充分有效地制约检察机关的公诉权。这是因为预审法官和检察官都是司法官员,都接受过长期的法学教育并通过一系列的专业考试。因此,来自预审法官的监督不仅更为专业,也更有保障。

三、有利于与国际接轨,加强对当事人的人权保障

刑事诉讼中的人权保障主要是指刑事诉讼各诉讼参与人均能享有要求公正审判的权利以及依法享有的其他诉讼权利,并且这些权利能获得相关部门或他人的尊重。具体而言,刑事诉讼中的人权保障主要有以下特点:(1)保障的主体范围大。刑事诉讼的各方参与人均为人权保障的主体。(2)保障的客体涵盖实体和程序。其中,实体诉讼权利主要包括健康权、生命权和财产权等,而程序性诉讼权利则主要包括控告权、上诉权、申诉权和辩论权等。(3)保障的目的是将国家对犯罪的追诉和惩罚纳入法治化轨道。这就要求公检法三机关必须在法律规定的原则、程序和范围内打击犯罪,而不能以打击犯罪为名侵害其他诉讼参与人的合法权利。

在公检法三机关追诉和惩罚犯罪的过程中,包括证人和鉴定人在内的其他诉讼参与人通常居于辅助地位,受到非法侵害的可能性并不大。犯罪嫌疑人和被告人才是重点的保障对象。在现代刑事诉讼中,根据无罪推定的原则,任何人在经过法院的审判之前,应当被假定是无罪的。由于每一个公民都有可能成为刑事诉讼中的犯罪嫌疑人或被告

人。因此,只有在观念上将犯罪嫌疑人或被告人当成一个普通的正常公民,才能最大限度地避免滥用诉权,也才能更好地保障每一个公民的合法权益。

自“二战”以来,在联合国的主导下,人权已经具有普世价值。在刑事诉讼中,被追诉人应享有无罪推定、免受酷刑和律师帮助等最低限度的人权保障。但在我国刑事诉讼中,对犯罪嫌疑人或被告人非法拘禁、超期羁押和刑讯逼供现象仍时有发生。虽然律师有权为犯罪嫌疑人提供法律帮助,但是,律师却没有强制调查权。这在一定程度上限制了律师作用的发挥。因此,笔者认为,在充分吸收借鉴传统两大法系各国刑事预审制度的基础上,建立具有程序性司法审查功能的刑事预审制度,不仅有利于及时发现和纠正预审中侵犯人权的不法行为,而且有利于保护犯罪嫌疑人和被告人的人权。

四、有利于优化刑事诉讼结构,实现公正与效率的有机统一

我国当前的刑事诉讼结构是仿照苏联的模式构建的,具有典型的职权主义特征,其主要体现在:(1)我国刑事诉讼是一种“流水作业”式程序。在刑事案件中,立案、侦查、审查起诉、审判和执行五个主要阶段依次进行,顺序推进,不可逆转。(2)在侦查阶段,侦查机关具有广泛的调查权,可以运用多种方式和手段对案件进行调查。在侦查过程中,律师没有强制调查权,当事人也没有沉默权。(3)在起诉阶段,由公诉机关代表国家对犯罪进行追诉是起诉的主要方式。我国的公诉机关为检察机关。对于被告人的审查起诉均由检察机关负责。(4)法院是审判阶段的主导者。法院可以依职权主动调查案件事实,讯问被告人和询问证人、鉴定人。虽然在某些案件中人民陪审员可以参加庭审,但法律并不允许陪审团参与案件的审判。

近年来,虽然我国的刑事诉讼结构广泛借鉴了西方国家当事人主

义诉讼结构的特点，对侦查机关和公诉机关的权力进行了更多的限制，并加强了庭审中控辩双方的对抗性、辩论性和透明度。但是，这些措施并未从根本上改变我国刑事诉讼传统的“流水作业”式线性结构，也未能在实质上限制公安机关在侦查中的权力。因此，在这种情况下，引入具有司法审查功能的刑事预审制度就成了一种“两全其美”的选择。这是因为：一方面，通过预审法官对刑事公诉案件的个案审查，可以充分发挥审判权对公安机关侦查权的制约作用。另一方面，增设刑事预审程序并未取消检察机关的公诉权和法律监督权。如果检察机关认为预审法官的预审存在着滥用职权或刑讯逼供等枉法裁判行为，那么检察机关可以通过法律监督的方式对预审法官的预审职权进行监督，真正实现程序公正和诉讼效率之间的有机统一。

第二节　重构我国刑事预审制度的可行性

一、预审理论研究的繁荣夯实了改革的基础

从我国刑事预审制度的发展历程来看，无论是“刑事预审”、“刑事预审程序”还是“刑事预审制度”都是舶来品。刑事预审制度的产生是人类刑事司法领域的一大进步。由于政治体制、司法制度和法律文化的不同，传统两大法系各国的刑事预审理论的发展路径也有所不同。我国对西方刑事预审理论的研究和借鉴始于晚清时期，并得到了以日本法学家冈田朝太郎为代表的西方学者们的帮助。但是，当时特殊的历史条件限制了我国刑事预审理论研究的发展和进步，客观上造成了我国刑事预审理论研究与世界差距的拉大。

中华人民共和国成立后，我国刑事预审理论研究得到了恢复和发展。从 1954 年起，公安部先后主持编撰了多部教材阐述了社会主义预审与资

本主义预审的区别，以及预审的工作任务、工作方针、基本原则和工作程序等内容。但随后接踵而来的“反右扩大化”、“大跃进运动”和“文化大革命”等错误的政治运动使得中华人民共和国刚刚恢复的预审理论研究工作备受打击，陷入停顿。直到“文化大革命”以后，随着1977年高考的恢复和我国1979年《刑事诉讼法》的颁布实施，我国的刑事预审理论研究才真正进入了发展和繁荣的新阶段。此时，为了适应教学和培训的需要，中国人民公安大学率先恢复了预审专业，而后在公安部的统一组织下，全国预审专家先后编写出版了《预审业务教材》、《预审学》和《预审学教程》等教材，组织召开了第一届和第二届全国预审学术研讨会，并出版了一系列反映我国刑事预审工作的学术成果。①

进入21世纪以来，我国理论界对刑事预审理论的探索和研究更加深入，观点也更加多元。例如，学界赫赫有名的徐静村先生、韩德明教授、云山城教授和曹文安教授均提出了刑事预审制度改革的设想，形成了著名的“徐式预审模式”、“韩式预审模式”、“云式预审模式”和“曹式预审模式”。② 应该说，这些模式中不乏适合我国国情的宝贵经验，为重构我国的刑事预审制度夯实了理论基础。

二、司法体制改革的不断推进指明了改革方向

在1999年，最高人民法院颁布了第一个人民法院五年改革方案，形成了44项改革措施。此后，最高人民法院于2005年和2009年分别通过两个关于人民法院的司法改革方案，继续推动司法改革。2015年，最高人民法院发布了《人民法院第四个五年改革纲要(2014～2018)》(以下简称《四五改革纲要》)，确立了全面深化人民法院改革的总体思

① 参见王怀旭主编：《预审学》，中国人民公安大学出版社2006年版，第22～24页。
② 参见曹文安：《预审制度研究》，中国检察出版社2006年版，第346～373页。

路,并提出了深化改革的五项基本原则和七个方面共计65项具体改革措施,具体包括:(1)探索建立与行政区划适当分离的司法管辖制度,合理确定法院的管辖范围;(2)建立以审判为中心的诉讼制度,促使侦查、审查起诉活动始终围绕审判程序进行,依法保障诉讼过程中当事人和其他诉讼参与人的各项诉讼权利;(3)优化人民法院内部职权,改革案件受理制度,健全立案、审判、执行、审判监督各环节之间的相互制约和相互衔接机制;(4)健全审判权力运行机制,落实司法责任制;(5)构建开放、动态、透明、便民的阳光司法体制,完善各项诉讼服务,促进审判流程公开;(6)推进法院人员的正规化、专业化、职业化建设,建立法官员额制度,完善法院人员分类管理;(7)确保人民法院依法独立公正行使审判权,防止对司法的不当干预等。

从《四五改革纲要》来看,我国当前司法改革的目标和方向是建立以审判权为中心的诉讼制度,确保法院依法独立公正地行使审判权,让人民群众在每一个案件中感受到公平和正义。从世界各国设立刑事预审制度的目的来看,也是为了"将诉讼上之权力分立,以权力约束权力,籍以达到防范滥权,保障民权的目的"。[①] 因此,建立具有司法审查功能的刑事预审制度,与我国正在全面推进和深化的司法改革在目的上是一致的。

三、部分地区的改革措施提供了行之有效的经验

进入21世纪后,我国的部分地区已经开始了对刑事预审制度改革的探索。其中,比较典型是"海南模式"和"山东模式"。其中,"海南模式"是2001年7月1日海南省高级人民法院在《海南省法院庭前准备

① 林钰雄:《谈检察官之监督与制衡——兼论检察一体之目的》,载《政法大学评论》1998年第59期。

程序规程(试行)》中所确定的预审制度改革模式。从“海南模式”来看,其主要特点是:在庭前准备程序中,当事人有权申请预审法官回避、调查取证以及阐明有关诉讼权利义务等法律问题。预审法官由庭长指定,必须是助理审判员以上级别的法官才能担任。在庭前准备程序中,预审法官有权与当事人协商并确定当事人之间无争议的案件事实。在庭前准备程序结束后,预审法官经庭长批准后可以组成预审合议庭对案件进行评议,进而决定案件能否进入审判程序。

而“山东模式”又称为“高密模式”。它是联合国开发署(The United Nations Development Programme)和最高人民法院共同合作,在山东省高密法院开展的对民事诉讼庭前程序的试点改革,目的是借鉴域外刑事预审制度的经验,完善我国民事诉讼庭前准备制度。根据2005年10月24日《法制日报》的报道,高密法院改革的方式是将民事诉讼程序的庭前程序和庭审程序严格分离,分别由预审法官和庭审法官负责。其中,预审法官的主要任务是送达法律文书、调查取证、财产和证据保全、指导诉讼和举证、证据交换等程序性工作,以及案件分流和排期开庭等事务性工作。预审法官在庭前准备程序中的作用主要是:一方面,积极做好庭前准备,方便当事人及时有效地行使诉权;另一方面,要分担审判法官的程序和事务性工作,并保证审判程序的顺利进行。从记者的报道来看,高密法院共配备了34名预审法官。通过预审法官的积极工作,大大提升了民事案件的调解率和庭审开庭率,特别是2005年1月1日~2015年10月24日,高密法院审结民事案件达到10517件,调解率突破72%,一次开庭成功率高达90%以上,极大提升了诉讼效率,取得了良好的效果。[①] 在2006年的10月26日和11月6

① 张志华、袁成本:《山东法院实施新制度——推广预审法官》,载 http://news.sina.com.cn/0/2015-10-24/080472441853.shtml,最后访问日期:2015年10月24日。

日,《齐鲁日报》和《法制日报》分别以"一个案子两法官经手,山东推广预审法官制度"和"山东省将推行'预审法官'制"为题对"山东模式"进行了两次深入报道。

从"海南模式"和"山东模式"来看,两者建立"预审制度"的动因都是为了减轻庭审法官的压力,提升庭审效率,更好地保障当事人的诉权。我们也必须承认,两种模式设立的初衷都是为了完善民事诉讼庭前准备制度,而非刑事预审制度。与民事诉讼庭前准备制度相比,刑事诉讼中的刑事预审制度更为规范和严格。但是,两者对于我国改革和重构刑事预审制度仍然具有重要的参考价值和意义,是一笔无可替代的财富。

四、公民法律意识的增强开创了良好的改革环境

所谓"法律意识",通常是指人们对于法和法律现象的观点、思想、知识和心理态度的总称。它不仅包括人们对其权利义务的认识,也包括对法律和法律制度的理解、态度和掌握程度以及对自己行为的评价。放眼世界,一个国家的法治环境和其公民的法律意识之间是相辅相成,不可分割的。这是因为:一方面,在一个具有良好法治环境的国家,其绝大多数公民都具有良好的法律意识,能自觉的遵守法律,并用法律规范自己的行为;另一方面,如果在一个国家中人人都视法律为无物,不按照法律的规则办事,那么这个国家一定是个法治环境堪忧的国家。①

近代以来,由于晚清政府的黑暗腐朽和帝国主义列强的入侵,我国绝大多数老百姓长期以来一直处于无知和愚昧的状态。在中日"甲午战争"爆发时,日本的国民义务教育水平已达到了九年制的初中水平。此时,中国的平均识字率不到20%,其中女性识字率约为5%。可想而

① 参见秦强:《转型中国的法律意识变迁》,载《黑龙江社会科学》2014年第6期。

知,在这种普遍性愚昧的状态下,绝大多数老百姓连字都不认识,更谈不上具有法律意识。中华人民共和国成立后,党和国家高度重视科教文卫,不断提升大众的科学文化水平和法律素养。但是,由于"反右扩大化"和"文化大革命"等政治运动的影响,我国在建设法治国家的进程中也曾走过一段弯路。直到改革开放后,我国才进入了新的发展阶段。进入21世纪以来,随着依法治国进程的加快,人民的法律意识也在增强。

因此,随着公民法律意识的增强,社会各界也迫切地希望我国的刑事诉讼制度能进一步改革和完善,变得更加公开、公平和公正。这也为我国刑事预审制度的改革和重构提供了良好的舆论基础和社会环境。

第三节 我国刑事预审制度改革的四种方案

我国理论界对于我国刑事预审制度的改革和重构进行了积极探索,并形成了以下四种主要方案。具体而言:

一、徐氏方案

"徐氏方案"是徐静村先生提出的刑事预审制度改革方案。"徐氏方案"的核心是公诉案件的刑事预审制度。在其著作中,徐静村教授分三章对我国未来的刑事预审制度进行了构建。"徐氏方案"的主要内容是:(1)预审法官是预审的权力主体。(2)预审的范围是除了适用简易程序以外的所有公诉案件。(3)预审的期限为法院收到检察机关的公诉书后15日内。(4)预审的审查方式为开庭审查,但是不向社会公开。在具体案件的审查中,在预审法官的主持下,先由检察机关指控并提交证据,而后由被告人及其辩护人就检察机关的指控发表意见,并进行证据开示活动。(5)预审终结后,预审法官应当将符合审判条件的案件移送至审判业务庭审理。对于不符合审判条件的案件，预审法官应当作出不予交付审判的裁定，并送达相关当事人。此外，“徐氏方案”还规定了对检察机关不起诉决定的预审，允许刑事案件的被害人在一定条件下申请法院对案件进行预审。①

二、韩氏方案

“韩氏方案”是韩德明教授提出的刑事预审制度改革方案。“韩氏方案”的核心是检察机关具有提起预审的动议权，可以向法院提出对刑事案件预审的建议。韩德明教授认为“预审并非是一种形式意义上的程序，而是案件是否符合提起公诉乃至移送审判的条件的本质需要”。因此，“韩氏方案”的内容主要有：(1)法院内部设立专门的预审机构，由专门的预审法官负责对刑事案件进行预审；(2)预审的范围是所有类型的刑事公诉案件；(3)检察机关向法院提起动议是启动预审的唯一方式；(4)预审终结后，预审法官应根据审查情况，作出准予交付审判或不予交付审判的裁定，并将裁判的结果发往检察机关，由检察机关决定是否向法院提起公诉。②

三、云氏方案

“云氏方案”是云山城教授提出的刑事预审制度改革方案。云山城教授的主要观点是改变目前仅由公安机关负责预审的做法，并分别在公安机关、检察机关、国家安全机关和军队保卫部门内部设立独立的刑事预审部门，并将预审的范围扩大至所有经过侦查机关侦查(包括检察

① 参见徐静村等撰稿：《中国刑事诉讼法(第二修正案)学者拟制稿及立法理由：条文、释义与论证》，法律出版社2005年版，第213～221页。

② 参见韩德明：《我国预审制度探析》，载《江苏公安专科学校学报》1997年第3期。

机关自侦)的刑事案件,使预审成为这些机关办理刑事案件的最后一道工序。"云氏方案"的内容主要有:(1)预审的主体是侦查机关内部设立的刑事预审部门,由专门的预审工作人员负责对刑事案件预审;(2)预审的范围是所有经过侦查机关侦查(包括检察机关自侦)的刑事案件,这也是"云氏方案"的创新之处;(3)预审的启动方式是由各个侦查机关自行启动;(4)预审的审查方式以预审工作人员书面审查为主,其他审查方式为辅。①

四、曹氏方案

"曹氏方案"是曹文安教授提出的刑事预审制度改革方案。"曹氏方案"的核心是根据不同的侦查主体实行不同类型的预审方案。其中,公安机关、国家安全机关和军队的保卫部门实行检察预审方案,而检察机关单独施行法官预审方案。一方面,在检察预审方案中,公安机关对刑事案件立案后,可以自行对案件采取侦查措施。但是,如果公安机关在侦查中认为需要对犯罪嫌疑人采取羁押、查封、扣押和冻结等措施的,必须经过同级检察机关中的预审检察官批准。在侦查终结后,公安机关必须将案件移送至同级检察机关的预审检察官处,并由预审检察官通过不公开听证的方式对案件进行审查。如果预审检察官认为案件达到公诉的条件,则由检察机关向法院提起正式公诉。另一方面,在法官预审方案中,检察机关对自侦的刑事案件立案后,可以自行对案件采取侦查措施。但是,如果检察机关在侦查中认为需要对犯罪嫌疑人采取羁押、查封、扣押和冻结等措施的,必须经过同级法院中的预审法官批准。在侦查终结后,检察机关必须将案件移送至同级法院的预审法

① 参见云山城:《重构我国预审制度的思考》,载《公安大学学报》1995 年第 5 期。

官处,并由预审法官通过不公开听证的方式对案件进行审查。[①]

五、四种改革方案评析

从上述四种改革方案来看,徐静村先生提出的“徐氏方案”将预审作为侦查和庭审之间的独立阶段并由预审法官负责预审,无疑最为接近现代西方国家的刑事预审方案。与徐静村先生一样,韩德明教授提出的“韩氏方案”也主张在法院内部设立专门的预审机构,并由预审法官专职负责预审。但是,“韩氏方案”与“徐氏方案”最大的不同是赋予了检察机关启动预审的选择权,即检察机关可以对刑事案件是否需要预审向法院提出动议。这也就是说,并非所有由检察机关提起公诉的刑事案件都必须强制性地进行预审。只有在检察机关认为必要的情况下,才会向法院提出预审建议。云山城教授所提出的“云氏方案”则将刑事预审的范围扩大至所有经过侦查机关侦查(包括检察机关自侦)的刑事案件,使预审成为这些机关办理刑事案件的最后一道工序。曹文安教授提出的“曹氏方案”是一个很有创造性的改革方案,其核心是根据不同的侦查主体实行不同类型的预审方案。公安机关、国家安全机关和军队的保卫部门实行检察预审方案,而检察机关单独施行法官预审方案。客观而言,上述四种方案各有千秋,对促进我国刑事预审制度的发展均起到一定的积极作用。

但是,上述四种方案也并不完善。具体而言:首先,“徐氏方案”将预审法官拟定为未来刑事预审制度中的唯一权力主体。这一方案排除了检察机关等其他机关成为刑事预审权力主体的可能性,同时将刑事预审的范围限制为公诉案件。因此,“徐氏方案”虽然吸收和借鉴了传统两大法系各国刑事预审制度构建的一些经验,但是仍然显得过于保

① 参见曹文安:《预审制度研究》,中国检察出版社 2006 年版,第 360 ~ 374 页。

守。其次,“韩氏方案”在预审权力主体的设置和预审的范围等方面与“徐式方案”并没有本质区别。因此,“韩式方案”也是一种保守的改革方案。再次,与“徐氏方案”和“韩氏方案”相比,云山城教授所提出的“云氏方案”仍然将公安机关作为刑事预审的权力主体,仅仅是将检察机关自侦的案件纳入了刑事预审的范围。所以,“云氏方案”的侧重点仍然在于规范和理顺公安机关内部侦查部门和预审部门两者的关系,并未从更宏观的视野构建我国刑事预审制度。最后,曹文安教授提出的“曹氏方案”开创性地提出了检察预审方案和法官预审方案。但是,这两个方案在具体的制度设计上却过于复杂,仍然需要根据我国国情进一步简化和改进。

第四节 我国刑事预审制度的重构原则

一、尊重与保障人权原则

作为一个广泛的社会概念,“人权”最初是欧美资产阶级在18世纪初期与古老、落后、保守的封建王朝作斗争提出的政治口号。早在1776年和1789年,美国和法国就分别在《美国独立宣言》(The Declaration of Independence)和《人权和公民权宣言》(Déclaration Des Droits De l'Homme Et Du Citoyen)中宣布了人人都应享有自由平等的权利。随着资产阶级革命的胜利,“人权”的具体内容也不断得到发展和充实,并随着资本主义在世界范围内的不断扩张而逐渐推广到整个世界。

从我国的情况来看,旧中国长期处于半封建半殖民地的状态,广大人民连最基本的生存都无法保障,更谈不上对人权的拥有。中华人民共和国成立后,中国共产党领导人民打破了封建制的枷锁,推翻了帝国主义、封建主义、官僚资本主义“三座大山”,开创了我国人权事业发展的新纪元。但是,在改革开放以前,我国长期受到“左”的错误思潮影响,认为“人权”代表着资产阶级,不承认当今世界“人权”已经具有普世价值。

改革开放后,我国开始承认人权的价值,并进一步加强了对人权的保障。进入21世纪以来,“尊重和保障人权”相继写入党的十五大、十六大报告,并于党的十七大正式写入《中国共产党党章》。2004年修正后的《宪法》明确规定:“中华人民共和国公民在法律面前一律平等。国家尊重和保障人权。”2012年,“尊重和保障人权”在《刑事诉讼法》修正后成为法律规范。这也是“尊重和保障人权”在我国首次成为刑事诉讼法律规范。

《刑事诉讼法》在维护和保障公民人身权和财产权等方面具有十分重要的作用,因此,在重构我国的刑事预审制度时,我们也必须深入落实和贯彻“尊重与保障人权”的原则,切实依法维护和保障预审各方参与人的合法权益,提升预审的质量和效率。

二、公检法权力平衡原则

解决我国公检法三大司法机关之间的权力平衡问题也是我国刑事预审制度改革的一大任务。在当前的司法实践中,公检法三机关所拥有的司法职权在权力运行过程中存在以下突出问题:

首先,公安机关拥有的侦查权过于强大。以公安机关为代表的侦查机关在刑事诉讼中享有广泛的侦查权,可以在侦查过程中对犯罪嫌疑人或被告人采取传唤、讯问、勘验和搜查等侦查方法和各种强制措施。客观地说,这些侦查方法和措施为公安机关打击刑事犯罪提供了多样化的路径选择。但在缺乏监督的情况下,强大的侦查权非常容易形成权力的垄断,有可能被公安机关内部的腐败分子所利用,使本应受到追究的刑事犯罪变成了简单的行政处罚,或者使无辜之人受到刑事责任的追究。虽然犯罪嫌疑人有权委托辩护人,但在司法实践中,当事人面对强大的侦查机关,很难获得能够证明非法诱供或刑讯逼供的相关证据,并在庭审中获得法院的支持。

其次,检察机关在三机关之中处于相对优越的地位。根据我国现行法律规定,我国的检察机关既是公诉机关,又是法律监督机关,可以对公安机关和法院的刑事诉讼活动进行监督。一方面,检察机关可以对公安机关的刑事侦查活动和实施的强制措施进行全面监督,并且这种监督是单向监督。另一方面,检察机关在与法院的关系上处于优势地位。由于审判权具有被动性的特点,因此,在司法实践中,审判权的启动有赖于检察机关公诉权的行使。而且,当检察机关认为法院作出的判决或裁定确有错误时,可以通过抗诉的形式行使法律监督权。因此,检察机关在与法院之间的双向关系中优势巨大。

最后,法院缺乏对侦查权制约的方式和手段。我国现行的刑事诉讼程序是一种"流水作业"式结构。在这种结构中,公安机关侦查终结后并不能直接将案件移交至法院,而必须通过检察机关提起公诉。因此,法院与公安机关在刑事诉讼中基本没有直接的联系,更谈不上对侦查行为的有效制约。可以说,上述问题的存在不仅使公检法相互监督和相互制约的机制流于形式,而且还在事实上打破了公检法三大司法机关在刑事诉讼活动中的权力平衡,导致了侦查机关和检察机关的权力膨胀。

因此,要从根本上解决这一问题,必须在建立具有司法审查功能的刑事预审制度的过程中,牢牢地把握公检法权力平衡的原则。在具体实践中,通过进一步加强和完善法院的权力,并对侦查机关的侦查权和检察机关的公诉权进行合理约束,进而理顺侦查权、检察权和审判权三者之间的关系,使公检法三大司法机关的权力重新实现平衡,从而确保刑事诉讼程序的稳定运行。

三、公正与效率兼顾原则

公正是“刑事司法的灵魂”，也是人类社会永恒的追求。要实现公平和正义，就必须要有毫无偏私的权衡。而法律恰恰能做到这样的权衡。[①] 刑事诉讼中的公正包括实体正义和程序正义。一方面，实体正义主要是指公检法三机关必须按照刑事实体法的规定对刑事案件进行公正处理，保障案件处理的结果公正；另一方面，程序正义主要是指公检法三机关必须在刑事诉讼的全过程中依照法律规定的程序处理刑事案件，保障各方参与人的程序参与权。

作为经济学概念，“效率”是指在单位时间内用最少的资源消耗取得同样多的效果，或者消耗同样多的资源取得最大的成果。在市场经济条件下，任何一个“经济人”或“理性人”在从事经济活动时，都必须考虑到投入和产出之间的关系，以最大限度地满足自己的需要。由于人们都是“自己满足度的理性最大化者”，因此，效率的提升有助于最大程度地利用各种资源，从而获取丰厚的回报。[②] 在刑事诉讼中，也同样需要考虑到具体法律行为在经济价值上的得失。“直接成本”(direct cost)和“错误成本”(error cost)是法经济学最常用的成本划分法。其中，“直接成本”又包括“物质性成本”和“非物质性成本”两个方面：其一，物质性成本主要包括公检法等司法机关各项设施的基本建设费用、公检法干警和其他工作人员的工资及福利费用、公检法三机关日常的办公费用，以及其他程序性的费用等；其二，“非物质性成本”则主要包括被害人的精神损失、人与人之间因诉讼造成的关系障碍以及因诉讼造成社会评价的降低等。“错误成本”则主要是因司法机关不当追诉或

---

① 参见[古希腊]亚里士多德：《政治学》，吴寿彭译，商务印书馆 1983 年版，第 169 页。

② 参见左卫民：《刑事诉讼的经济分析》，载《法学研究》2005 年第 4 期。

错误判决致使司法资源被无效消耗的费用。由于在单位时间不变的情况下,“直接成本”和“错误成本”相加之和越小,相对而言所获取的收益也越大。所以,在刑事诉讼中,如何有效地降低直接成本,减少错误成本,始终是刑事司法追求的目标。

从以上分析可以得知,作为社会主义市场经济国家,市场规律在我国也同样发生作用。因此,在改革和重构我国刑事预审制度的过程中,我们也必须认真考虑成本和收益的问题。只有公平和效率兼顾,才能使改革后的刑事预审制度能够平稳顺利地运行,发挥其应有的各项职能和作用。

第五节　我国刑事预审制度重构的整体方案

构建由法院主导的并具备程序性司法审查功能的刑事预审制度应当是我国刑事预审制度的改革目标和方向。当然,这样的改革必须与我国的具体国情和司法实践相结合,而不能完全照搬西方的理论和经验。笔者认为,重构我国刑事预审制度必须结合我国司法改革的方向,并结合当下立案登记制改革和法官员额制改革的大背景。改革的重点应当是在法院内部设立独立的预审机构,并构建具有程序性司法审查功能的刑事预审程序,从而提高预审的效率,切实保障各方参与人的利益。这一改革的具体方案如下:

一、预审法官是重构后唯一的预审权力主体

刑事预审权力主体的设置关系到刑事预审程序的有效运作,必须在充分吸收和借鉴世界各国特别是大陆法系和英美法系先进国家经验的基础上,并在综合考量我国的国情和现行司法制度的基础上进行恰

当的选择。

（一）重构后刑事预审权力主体的选择

笔者认为，重构后的刑事预审制度应由预审法官作为我国唯一的刑事预审权力主体。具体理由如下：

一方面，我国对法官的任职条件规定严格。根据《法官法》（2017年9月1日第十二届全国人民代表大会常务委员会第二十九次会议修订）第9条的规定，任职法官除了必须拥护我国《宪法》、具有我国国籍并且达到相应的年龄条件以外，还必须具备本科以上的学历条件、通过国家司法考试和必要的法律工作经历。由于预审法官本身也属于法官，也必须受到我国《法官法》的约束。与欧美先进国家相比，我国公民的法律文化水平和法学素养仍处于较低的水平。因此，由取得法官资格的预审法官作为预审权力主体对刑事案件进行预审不仅更为专业，而且有利于及时查明案情和核实证据，更好地履行预审的职责。

另一方面，公安机关、检察机关、政法委员会等机关或部门并不适合成为重构后我国的刑事预审权力主体。这主要是因为：第一，从刑事预审制度设立的目的来看，传统两大法系各国设立的刑事预审制度是一种“司法审查意义上的刑事预审制度”，目的在于对侦查机关的侦查权进行监督和制约。因此，在传统两大法系各国中，侦查机关都不是刑事预审的权力主体。由此可见，虽然公安机关是当前我国刑事预审的权力主体，但我国重构刑事预审制度的目的在于建立西方式的具有司法审查功能的刑事预审制度。有鉴于此，公安机关所具有的侦查权在重构后的刑事预审制度中属于被重点审查的对象，因此，我国的公安机关并不适合成为重构后我国的刑事预审权力主体。第二，检察机关是我国的法律监督机关。我国的检察机关在刑事诉讼中既可以行使公诉权，也可以行使法律监督权。而且，根据我国现行《刑事诉讼法》的规定，我国的检察机关在侦查阶段和起诉阶段还具有逮捕的决定权和批准权，可以依法决定或批准逮捕。不仅如此，我国检察官的任职条件与法官的任职条件基本相同，普遍具有较高的任职要求。但是，与检察机关相比，法院在刑事诉讼中的地位更为中立。因此，从节约司法资源和提升预审效率的角度考虑，由预审法官担任预审权力主体显然更为合适。不过，在刑事预审制度改革的过渡阶段，可以考虑建立"双预审权力主体"，即由预审法官和预审检察官共同担任刑事预审权力的主体，先行负责对刑事强制措施的预审。第三，政法委员会在我国是党委领导和管理政法工作的职能部门，其主要任务是宏观指导、协调、监督、检查人民检察院、法院、公安机关、司法行政、国家安全等部门开展工作，维护社会稳定。政法委员会在中央、省、地、县四级均有设置，在基层乡镇一般不予设置。但是，在刑事诉讼中，根据我国现行《刑事诉讼法》第 3 条的规定，政法委员会并非刑事诉讼的主体。在司法实践中，政法委员会主要是从宏观方面对公检法三机关进行监督，而非对具体案件进行裁判。因此，由政法委员会担任重构后我国的刑事预审权力主体也不适合我国的具体国情。

（二）刑事预审权力主体所在机构的设置

在重构我国刑事预审制度的过程中，我国部分学者主张应当对法院内部组织机构进行彻底的改革，取消立案庭并设立预审庭。由预审庭负责所有案件的预审工作，包括刑事案件的预审。① 但是，笔者认为，从我国国情和司法现状来看，特别是 2015 年立案登记制全面实施以来，立案庭具有不可替代的作用和功能，应当予以保留。同时，可以在高级法院、中级法院和基层法院内设立单独的刑事预审庭，并由该庭专

① 参见潘金贵：《刑事预审程序研究》，法律出版社 2008 年版，第 277 页。

职负责刑事案件的预审工作。

在法院内设机构的具体层级上，刑事预审庭应当属于业务庭，与刑事审判庭、民事审判庭和立案庭等业务庭室平级。在行政管理上，刑事预审庭的日常行政管理应由该庭室的庭长和副庭长负责，并受到该法院分管刑事案件副院长的直接领导。同时，刑事预审庭与刑事审判庭之间互不隶属，没有上下级关系，以避免和防止预审法官在预审中受到其他刑事业务庭室领导和法官的不当干预。在预审法官的任命上，可以按照《人民法院组织法》和《法官法》规定的程序任命刑事预审庭的庭长、副庭长和法官。具体而言，对于拟任命的人选，根据法院的级别报请相应级别的人民代表大会依照法定程序任命即可，无须采用西方一些国家施行的元首任命制。

（三）刑事预审权力主体的职能

在司法审查意义上的刑事预审制度中，预审法官承担的职能与以往侦查机关主导的刑事预审制度相比有很多不同之处。具体而言：

1. 对公诉案件进行预审

对公诉案件的预审由刑事预审庭统一负责。如果预审法官认为检察机关的公诉书具备法定的形式要件，指控的犯罪事实明确，证据材料确实、充分，应当作出准予移送审判的裁定，并将案件材料移交至刑事审判庭开庭审判。反之，如果预审法官认为检察机关的公诉不符合进入审判程序的条件，应当通知检察机关及时补正。如果检察机关超过一定期限没有补正，那么应按撤诉处理。

2. 对自诉案件进行预审

重构后的刑事预审制度中关于刑事自诉案件的预审是强制性的。刑事自诉案件经登记立案后，即被移交至刑事预审庭，由预审法官强制预审。在预审中，预审法官预审的重点主要有两个方面：一是审查自诉案件是否符合法律的要求，具备法定的形式要件；二是对自诉案件进行筛选和分流。对法定形式齐备、各项手续齐全的自诉案件，预审法官应当作出准予移交审判程序的裁定，移交至刑事审判业务庭审判。对于有明确的指控，但是缺乏确实、充分的证据材料的，或者欠缺法定形式要件的，应当通知自诉人及时补正。如果自诉人在一定期限内不能及时补正，预审法官应当裁定驳回自诉；对于既没有明确指控又无相关证据支持，或者既没有明确的指控又不具备法定形式要件的自诉案件，预审法官应当作出驳回自诉的裁定。

3. 对涉及犯罪嫌疑人人身自由权和涉案财产的强制措施进行预审

根据我国现行《刑事诉讼法》的规定，当前我国法定的"强制措施"仅有五种，即拘传、拘留、逮捕、取保候审和监视居住。对于涉案财产的查封、冻结和扣押则被归类为侦查中的"强制性措施"，尚不属于"强制措施"。笔者认为，应当取消"强制性措施"和"强制措施"的差别，统称为"强制措施"。并且，重构后的刑事预审制度应当建立对涉及犯罪嫌疑人人身自由权和涉案财产的强制措施进行预审的机制。无论是公安机关抑或检察机关在申请适用强制措施前，均必须申请法院启动预审程序。只有在预审法官预审终结并签发相应令状后，才能适用强制措施。

4. 进行庭前准备

无论是公诉案件还是自诉案件，刑事预审庭均应负责庭前准备。刑事预审庭应负责证据开示和交换，并确定具体的适用程序。在庭前准备中，预审法官还应按照《刑事诉讼法》的要求及时向各方当事人送达各类传票、裁定书、通知书以及与诉讼有关的其他诉讼文书，并在庭审时间确定后及时通知当事人开庭的地点和时间。

（四）刑事预审权力主体的监督

法律问题天生具有或然性，这使人们很难对每一个案件的最终审理结果进行准确预测和判断。因此，“法律在很大程度上曾经是、现在是，而且将来永远是含混的和有变化的”。[①] 如果预审法官在预审过程中滥用自由裁量权，不仅会给当事人的权利造成严重的损害，而且也会破坏司法公信力，造成国家信誉的极大损失。有鉴于此，笔者认为，可以通过以下方式加强和完善预审法官的监督和制约机制：

1. 进一步落实和完善我国《法官法》，加强对预审法官预审活动的监督。根据该法规定，如果法官在案件审理过程中存在贪污受贿、徇私枉法、刑讯逼供以及伪造证据等行为，应当给予法官处分或追究刑事责任。同时，该法还规定了法官考评委员会的设立条件和工作职责。因此，在已有条文的基础上，笔者建议，进一步细化我国《法官法》，增加关于预审法官的任职资格、免职条件、考评要求和渎职处罚等方面的具体规定，加强对预审过程中预审法官行为的监督。

2. 借鉴西方国家的相关制度，建立预审法官弹劾制度。所谓“法官弹劾”，通常是指特定机构对具有严重枉法裁判行为的法官依据法定程序剥夺其法官资格的活动。世界各国关于法官弹劾的标准并不相同，但主要的标准有两条：一是法官的裁判缺乏公信力和公正性；二是法官在审判中存在枉法裁判行为。[②] 笔者认为，如果预审法官出现贪污受贿、枉法裁判或其他严重违法失职行为，那么预审法官也应当属于被弹劾的对象。当前，我国各级法院都建立了法院主导的法官考评委员会，

---

① 张宏生、谷春德主编：《西方法律思想史》，北京大学出版社1990年版，第425页。

② 参见严仁群：《法官弹劾中的实质思维与表象思维》，载《甘肃社会科学》2004年第3期。

但是这样的考评委员会却缺乏社会各界的参与,其公正性和公平性饱受质疑。从世界范围来看,西方发达国家一般采用议会直接弹劾模式和议会组织专门机关弹劾模式对违纪法官进行弹劾。从最高人民法院提出的司法改革方向来看,我国将在国家和省一级两个层面分别设立法官惩戒委员会,通过社会各界的参与和严格的法官惩戒程序对法官进行考评和惩戒。[①] 因此,笔者建议,我国可以建立以法官惩戒委员会为主导的弹劾制度,负责对预审法官进行惩戒和弹劾。

二、重构后的预审应适用于所有的刑事案件

在确定刑事预审程序的适用范围时,我国理论界主要有以下两种观点:其一,以汪建成教授为代表的部分学者认为刑事预审程序应当只适用于案情复杂或情节严重的重罪案件,轻罪案件不能适用;[②]其二,以潘金贵教授为代表的部分学者则认为,刑事预审程序应当适用于所有类型的刑事案件,无论其属于重罪案件抑或是轻罪案件。[③] 笔者认为,在确定重构后刑事预审制度的适用范围时必须充分考虑我国的国情和已有的法律规定。具体而言:

(一)必须考虑到我国对重罪和轻罪的划分

罪行是犯罪的最小单位。它可以用来表达特定的犯罪构成和法定刑,并且具有一定的可比性。因此,我国《刑法》中"重罪"指的是重罪行,而"轻罪"指的是轻罪行。根据《刑法》第 7 条、第 8 条和第 72 条的

---

① 参见辛闻:《最高法:在国家和省一级设立法官惩戒委员会》,载 http://news.china.com.cn/txt/2015-02/26/content_34893713.htm,最后访问日期:2015 年 8 月 23 日。

② 参见汪建成、杨雄:《比较法视野下的刑事庭前审查程序之改造》,载《中国刑事法杂志》2002 年第 6 期。

③ 参见潘金贵:《刑事预审程序研究》,法律出版社 2008 年版,第 283 页。

规定,我国公民在我国领域外犯《刑法》规定之罪的,适用《刑法》,但最高刑为3年以下有期徒刑的,可以不予追究;如果外国人在我国领域外对我国或我国公民实施犯罪的,并且根据《刑法》规定需判处最低刑为3年以上有期徒刑的,可以适用《刑法》。同时,对于被判处拘役、3年以下有期徒刑的犯罪分子,根据犯罪分子的犯罪情节和悔罪表现,适用缓刑确实不致再危害社会的,可以宣告缓刑。从上述我国《刑法》的相关规定可以得知,在司法实践中,我国对"重罪"和"轻罪"的划分是以"3年或3年以上的有期徒刑"为界限。

(二)必须考虑到我国对公诉案件和自诉案件的划分

所谓"公诉案件"通常是指检察机关根据法律的规定代表国家向法院提起公诉,以追究被告人刑事责任的案件;而"自诉案件"通常是指由被害人或其法定代理人依法直接向人民法院提起诉讼,以追究被告人刑事责任的案件。

根据我国现行《刑事诉讼法》第211条的规定,自诉案件包括下列案件:(1)告诉才处理的案件;(2)被害人有证据证明的轻微刑事案件;(3)被害人有证据证明对被告人侵犯自己人身、财产权利的行为应当依法追究刑事责任,而公安机关或者人民检察院不予追究被告人刑事责任的案件。

(三)必须充分考虑我国的国情和司法现状

前述已提及,立案登记制全面实施后大量刑事案件涌入法院,如果不允许刑事自诉案件进入预审程序,那么预审法官将不能对自诉案件进行有效的甄别、筛选和分流,并排除不适格的案件。同时,根据法律规定,我国的公诉案件既有可能属于重罪案件,也有可能属于轻罪案件;自诉案件也是如此。由于我国的公诉案件和自诉案件之间并没有绝对“重罪”和“轻罪”之分,因此,以“重罪”和“轻罪”为标准来确定刑事预审程序的适用范围是不合适的。

总之,笔者认为,重构之后我国刑事预审程序的适用范围应当包括所有类型的刑事案件,即只要是我国《刑法》所规定的刑事案件都可以作为预审的对象。

三、采用混合式的预审启动模式

从我国现行的刑事预审程序来看,我国刑事预审的启动模式仅有一种启动模式,即公安机关启动模式。通过前文的分析可知,无论是传统两大法系各国的当事人启动模式、公诉机关启动模式、法官启动模式,还是我国的公安机关启动模式都具有一定的局限性。在重构我国刑事预审制度的过程中,我们必须充分考虑到刑事诉讼各方参与人的诉求,而不能片面的照顾某一方的利益。因此,笔者认为,改革后我国的刑事预审制度的启动模式应当采用混合式启动模式,预审法官、检察机关、被告人和被害人均有权启动预审。具体而言:

(一)预审法官依职权启动预审

从立案登记制改革后的司法现状来看,应当赋予预审法官强制启动刑事预审的权力,即对于包括公诉案件和自诉案件在内的所有类型的刑事案件,预审法官均可以依职权主动启动预审。根据我国现行《刑事诉讼法》的规定,法院对于检察机关移交的刑事公诉案件必须受理。但是,刑事自诉案件并不属于必须受理的范围。自诉人囿于自身法律知识水平有限,通常其所提出的自诉在实质上并非真正的刑事案件。在原先立案审查制下,各级法院可以对刑事自诉案件的受理设定一定的“门槛”,以排除不符合起诉条件的刑事自诉案件进入法院。但是,立案登记制在很大程度上打破了这一“门槛”。根据《最高人民法院关于人民法院登记立案若干问题的规定》第1条的规定,在2015年5月1日立案登记制全面实施后,人民法院应当对依法受理的一审民事起诉、行政起诉和刑事自诉案件进行立案登记。因此,法院对符合要求的刑事自诉案件必须予以立案,并且在法律规定的时限内依法作出裁决。有鉴于此,在立案登记制实施后,应当允许预审法官对刑事自诉案件进行强制预审,并通过预审对自诉案件进行有效的甄别、筛选和分流,排除不符合起诉条件的自诉案件。此外,从节约司法资源的角度考虑,虽然预审法官可以对所有类型的刑事案件进行预审,但预审法官在通常情况下应当只对有可能涉嫌重罪的公诉案件进行预审,而非对所有的公诉案件进行预审。只有在必要的情况下,预审法官才应对可能涉嫌轻罪的公诉案件进行预审。

（二）检察机关依职权申请启动预审

由于检察机关是我国法定的公诉机关,因此,检察机关应当有权对刑事案件提起预审。但是,在当前我国司法资源有限的情况下,应当对检察机关启动预审的权力做出如下限制:(1)检察机关只能对其依职权提起的刑事公诉案件申请启动预审;(2)检察机关只能向已经受理该检察机关公诉案件的法院申请启动预审;(3)检察机关只能对重罪案件申请启动预审。

（三）被告人申请启动预审

在刑事诉讼中,被追诉人在不同的诉讼阶段有不同的称谓。通常情况下,犯罪嫌疑人是在侦查和审查起诉阶段对被追诉人的称谓;在检察机关向法院提起公诉后,被追诉人的法定称谓变为被告人。根据我国现行《刑事诉讼法》的规定,尊重和保障人权也是我国刑事诉讼法的任务之一。因此,赋予被告人申请启动预审的权利体现了我国对被告人权利保障问题的重视。在具体操作上，笔者认为，被告人申请启动预审应当受到以下限制：(1)被告人申请启动预审的案件必须是公诉案件；(2)被告人必须是本案的被告人。

对被告人申请启动预审进行限制的原因前述已提及，在重构后的刑事预审制度中，预审法官应当对刑事自诉案件进行强制预审。因此，自诉案件的被告人无须向法院申请预审。但是，为了保证公诉案件被告人的利益，应当赋予公诉案件的被告人向预审法官申请启动预审的权利。

(四)被害人申请启动预审

为节约有限的司法资源并提高预审的效率，笔者认为，被害人申请启动预审应满足以下条件：(1)被害人必须是本案的被害人；(2)无论是重罪案件抑或轻罪案件，被害人均能要求启动预审；(3)只有在法院和检察机关没有主动启动或者申请启动预审的前提下，被害人才能申请启动预审。

被害人启动预审不仅能更好地保障被害人各项诉讼权利，而且也有利于对侦查机关和检察机关刑事诉讼活动的监督。但是，被害人申请启动预审不应被视为预审的主要启动方式。因此，应当对被害人启动预审进行适度限制，只有在法院和检察机关没有主动启动或者申请启动预审的前提下，被害人才能向法院申请启动预审，从而避免预审程序被反复启动，造成司法资源的浪费。

四、重构后的预审应当是程序性司法审查

(一)重构后刑事预审的审查标准

在刑事预审的审查标准上，笔者认为，无论是英美法系的证明标准

抑或是大陆法系的证明标准均不符合我国国情，也不符合重构后我国刑事预审制度的要求。根据我国法律的规定，当前公安机关预审审查标准、检察机关公诉标准和法院裁判标准分别如下：

首先，根据《刑事案件程序规定》的规定，我国现行公安机关刑事预审程序的证明标准是“有证据证明有犯罪事实”；

其次，根据我国现行《刑事诉讼法》第171条的规定，检察机关提起公诉的证明标准是“犯罪事实、情节清楚，证据确实、充分，犯罪性质和罪名认定正确”；

最后，根据我国现行《刑事诉讼法》第200条的规定，法院作出有罪裁判的证明标准是“案件事实清楚，证据确实、充分，依据法律认定被告人有罪”。

很显然，从上述三种证明标准来看，法院裁判标准最高，检察机关公诉标准次之，公安机关预审审查的证明标准最低。由于预审的主要目的并非作出实体性裁判，因此，如果按照法院作出有罪裁判的证明标准来确定刑事预审的证明标准，那么这样的证明标准明显过高。但如果直接援用当前公安机关刑事预审程序的证明标准，那么证明标准又明显过低。有鉴于此，笔者认为，重构后我国刑事预审的证明标准应当参照检察机关公诉标准来确定。

（二）重构后刑事预审的审查内容

对于我国未来的刑事预审应当采用实体性司法审查机制还是程序性司法审查机制，我国理论界存在不同的看法。其中，部分学者认为我国未来的刑事预审制度应当以程序性审查为主、实体性审查为辅。[①] 也有部分学者持相反观点。笔者认为，实体性审查抑或程序性审查各有

① 参见甄贞：《论刑事诉讼庭前审查程序的改革》，载《法学家》2001年第2期。

利弊，必须结合各国的具体国情和司法制度才能发挥最大的效用。重构后的我国刑事预审制度应当采用程序性司法审查机制，理由如下：

第一，从刑事预审程序的目的和功能来看，刑事预审程序的主要作用在于对刑事案件进行审查起诉、过滤分流和司法调控。就个案而言，刑事预审的重点在于审查起诉，并不在于解决被告人的定罪与量刑等实体法上的问题。

第二，从刑事预审程序和刑事庭审程序的关系来看，预审程序可以通过证据开示和交换，明晰控辩双方的争点，及时发现和纠正预审各方参与人不适当的诉讼行为，从而提高庭审的效率。但是，预审法官的审查结果并不涉及对被告人刑事责任的认定问题，亦不具有终局性裁决的功能。在已经设立刑事预审程序的国家中，预审通常被视为庭审的前置程序，其目的是为庭审法官的最终裁决打下基础。因此，在预审程序中过于强调实质性审查。

第三，从立案登记制全面实施后我国的司法实践来看，根据最高人民法院的有关规定，立案登记制只要求当事人提供符合法定形式的起诉材料就可以依法向法院起诉，大大降低了当事人的起诉门槛。由于立案登记制也适用于刑事自诉案件，因此，我们不应再在预审程序中对自诉案件设立更多的审查门槛，而应侧重于对案件当事人的基本情况和提交的证据材料是否合乎法律规定的形式这个方面进行审查。

（三）重构后刑事预审的审查方式

我国当前刑事预审的审查方式采用了混合式的审查方式。其中，在对犯罪嫌疑人的预审中使用了言辞预审的方式，而在对犯罪证据的调查中则采用了书面预审的方式，这就充分结合了言辞预审和书面预审的优势并取得了较好的效果。

有鉴于此，笔者认为，重构后的我国刑事预审制度也可以继续采用混合式的审查方式，具体而言：(1)对于案情并不复杂，可能判处轻罪的刑事案件原则上主要采用书面预审的方式；(2)对于案情复杂，可能判处重罪的刑事案件则主要采用言辞预审的方式。但是，为了更好地保障预审中当事人的诉讼权利，预审法官应在预审前通过适当的方式告知当事人预审采用的审查方式，并允许当事人对审查方式提出异议。如果当事人要求改变审查的方式，预审法官应当就当事人的请求请示刑事预审庭的庭长。此时，庭长必须召集刑事预审庭的所有预审法官召开临时会议，对当事人的请求进行合议并投票。只有在多数预审法官投票同意的情况下，预审法官才能按照当事人的请求采用另外的预审审查方式。

(四)重构后刑事预审的审查形式

从刑事预审的审查形式来看，传统两大法系各国主要采用独任制和合议制。由于我国当前的刑事预审程序是侦查机关主导的预审程序，并没有预审法官的参与。因此，我国现行刑事预审程序的审查形式既不属于独任制，又不是合议制。

有鉴于此，笔者认为，独任制和合议制两种审查方式在重构后我国刑事预审制度中均可以采用。对于案情并不复杂，可能判处轻罪的刑事案件原则上采用独任制的审查方式；而对于案情复杂，可能判处重罪的刑事案件则主要采用合议制的审查方式。在采用合议制审查的案件中，一般情况下，合议庭应由3名预审法官组成。对于某些重大、敏感和复杂的案件，经法院院长指派，最多可以由5名预审法官组成合议庭。在预审中，合议庭可以行使法律赋予预审法官的全部职权，有权对案件是否交付审判作出裁决。

五、将是否签发令状的裁定纳入重构后预审的终结方式

从《预审工作规则》第44～48条的规定看，我国现行刑事预审的终结方式主要有准予起诉、免予起诉和退回补充侦查三种方式。虽然我国现行的刑事预审制度并不具备司法审查的功能，也不同于传统两大法系各国的刑事预审制度，但是，重构后刑事预审制度的终结机制可以充分吸收和借鉴传统两大法系各国和我国现行刑事预审制度的经验，并在此基础上进一步完善。笔者认为，重构后的我国刑事预审程序可以采用以下五种终结方式：

第一，裁定准予起诉。预审终结后，预审法官认为达到起诉条件并且各项手续完备，那么预审法官应当作出准予起诉的裁定，并制作准予起诉裁定书，然后将案件由刑事预审庭移交至刑事审判庭。

第二，裁定不予追诉。经过预审后，预审法官认为不应继续追究被告人的刑事责任，应当裁定不予追诉，并且立即释放在押被告人。同时，在裁定作出后，已经被有关机关扣押、查封和冻结的财物也应当立即解除相关措施。在不予追诉裁定生效后，除非发现新的犯罪事实和证据，否则不能对同一案件再次追诉。但是，有关机关仍然可以依据行政法规的规定对不予追诉的人给予行政处罚或行政处分。

第三，裁定驳回自诉。在重构后的刑事预审程序中，自诉案件必须经过预审才能被交付审判程序。否则，预审法官应作出驳回自诉的裁定。

第四，裁定签发令状。经过预审法官的审查，如果侦查机关对于强制措施的申请符合法律规定的条件，那么在预审终结后，预审法官应当根据侦查机关申请的内容作出裁定和签发相应的令状，并交由申请实施的侦查机关实施有关强制措施。

第五，裁定不予签发令状。经过预审法官的审查，如果预审法官认

为侦查机关的申请不符合法律规定的条件，那么在预审终结后，预审法官应当作出不予签发令状的裁定，并驳回侦查机关的申请。

六、明确赋予被告人预审救济权

由于我国现行刑事预审制度设置在侦查阶段，因而并未规定被告人具有预审救济权。但是，重构后我国的刑事预审制度具有司法审查功能，其审查的范围包括所有的刑事公诉案件和自诉案件。有鉴于此，笔者认为，重构后的我国刑事预审制度应当明确规定被告人具有预审救济权，并准予其在预审中通过多种方式维护自己的合法权利。重构后的预审救济机制主要包括：

（一）检察机关的救济

重构后的刑事预审制度应当在下列情况中允许检察机关进行救济。具体而言：

第一，检察机关认为本级人民法院的预审结果确有错误时，可以向上级检察机关报告，由上级检察机关向本级人民法院提起抗诉；

第二，对于预审法官在预审中侵犯当事人合法权益的行为，比如预审法官非法阻碍当事人依法行使诉讼权利的，或是预审法官作出不予追诉的裁定后，法院仍然违法使用强制措施的，检察机关有权通知法院及时纠正；

第三，如果检察机关发现预审法官在预审中非法收集证据，应当及时提出纠正意见，并对构成犯罪的预审法官依法追究刑事责任；

第四，在预审法官不予追诉的裁定生效后，如果检察机关发现了新的犯罪事实和证据，应当允许检察机关对同一案件再次追诉。

（二）被告人的救济

对被告人权利的救济一直是传统两大法系各国重点关注的内容。笔者认为，重构后的刑事预审制度也应当赋予被告人充分的救济权，允许被告人通过多种方式维护和保障自身的合法权利。具体而言：

第一，如果被告人对预审法官的预审结果有异议，应当准予被告人向预审法官所在法院的审判委员会申诉。该院的审判委员会在收到被告人的申诉后必须在一定期限内对被告人的申诉进行审查。如果审判委员会认为被告人的申诉理由成立，那么应当决定重新启动预审程序。但是，预审程序重新启动后，审判委员会应另行指派法官负责预审，原预审法官应回避。如果审判委员会在审查后认为被告人的申诉理由不成立，必须在一定期限内答复被告人。如果被告人对审判委员会的答复仍有异议，可以向上级人民法院的审判委员会再次申诉，或者请求检察机关提出抗诉。

第二，对于预审法官在预审过程中非法侵害被告人诉讼权利、非法收集证据以及人身侮辱行为，被告人有权向审判委员会反映，并要求审判委员会对预审法官的不当行为及时作出纠正。预审法官的侵害行为构成犯罪的，被告人有权请求有关机关依法追究预审法官的刑事责任。

第三，被告人有权在预审中申请变更强制措施。预审法官在收到被告人的申请后，应当及时审查并在一定期限内告知被告人相关结果。

第四，作为诉讼参加人，被告人在刑事诉讼中享有以辩护权为代表的多项诉讼权利。笔者认为，这些权利在重构后的刑事预审制度中也应继续适用，以更好地保障被告人在预审中的合法权益。

(三)被害人的救济

作为独立的诉讼主体,被害人在重构后的刑事预审制度中也应当具有救济权,具体体现在:

第一,如果被害人对预审法官的预审结果有异议,应当准予被害人向预审法官所在法院的审判委员会申诉。在收到被害人申诉后,该院的审判委员会应当在一定期限内对被害人的申诉进行审查。如果审判委员会认为被害人的申诉理由成立,那么应当决定重新启动预审程序。但是,预审程序重新启动后,审判委员会应另行指派法官负责预审,原预审法官应回避。如果审判委员会在审查后认为被害人的申诉理由不成立,也必须在一定期限内答复被害人。如果被害人对审判委员会的答复仍有异议,可以向上级法院的审判委员会再次申诉,或者不经申诉,直接要求检察机关抗诉或向上级法院提起自诉。

第二,在预审过程中,预审法官有非法侵害被害人诉讼权利、非法收集证据以及人身侮辱等不当行为,被害人也有权向审判委员会反映,并要求审判委员会对预审法官的不当行为及时作出纠正。如果预审法官的侵害行为构成犯罪的,被害人也有权请求有关机关依法追究预审法官的刑事责任。

第三,作为诉讼参与人,被害人有权依法享有《刑事诉讼法》规定的多项诉讼权利,因而在刑事预审程序中,被害人也应当继续享有这些法律赋予的权利。

第六节　重构我国刑事预审制度的阶段性进路

从改革的方向来看,毫无疑问,重构我国刑事预审制度的目标是构建一个由法院主导的并具备程序性司法审查功能的刑事预审制度。至于改革和重构的具体方案和措施,笔者在本章的第五节中已经提出了自己“大刀阔斧”的改革设想。同时,笔者也认为,从我国现阶段的基本国情和司法现状来看,对刑事预审制度“大刀阔斧”的改革不仅可能触及某些既得利益,而且还要对我国整个司法制度和司法体制动一次大规模的“手术”,势必要支付高昂的改革成本。这主要是因为:虽然中华人民共和国成立后取得了很大的发展和进步,但是人口多、底子薄、发展不平衡,依然属于发展中国家。从人口分布的地域来看,我国有将近67000万人口居住于乡村,占总人口的比例约为50.32%。[①] 根据现有的统计数据,虽然我国有3000多个基层法院和10000多个隶属于基层法院的派出法庭,但只有大约23000名法官,其中相当一部分还是非科班出身的军转干部。[②] 总体上,正如著名法学家苏力先生所言,经济社会的快速发展使我国正处于社会矛盾的高发期和凸显期。人们愿意将矛盾诉诸于司法来解决,也对司法有很大的期待。但是,我国基层司法人才数量和素质却不尽如人意,不仅与基层群众日益增加的司法需求不匹配,而且流失严重。[③] 由此可见,“一步到位”的改革不仅不能马上实现改革的目标,而且还可能因为要求过高而遭到基层司法人员的抵制和反对。有鉴于此,笔者认为,可以先从较为简单的改革措施着手,先易后难的逐步推进和完善,以最大限度地降低改革的成本并减少改革的阻力。在刑事预审制度改革的过渡阶段,笔者的设想是分两步走:第一步是取消公安机关的预审权,改由检察机关和法院共同行使;第二步是在借鉴两

---

① 参见中华人民共和国国家统计局:《2010年第六次全国人口普查主要数据公报(第1号)》,载《中国计划生育学杂志》2011年第8期。

② 参见《2.3万基层法官压力大待遇低》,载 http://news.takungpao.com/paper/q/2014/0709/2586659.html,最后访问日期:2015年9月24日。

③ 参见苏力:《送法下乡——中国基层司法制度研究》(修订版),北京大学出版社2011年版,第2~3页。

大法系各国司法令状制度先进经验的合理内核的基础上，由法院和检察机关分别对限制犯罪嫌疑人或被告人人身、财产权利的强制措施进行预先审查，并通过签发令状的方式进一步规范强制措施的使用，以更好地实现对审前程序的司法控制并为我国刑事预审制度的全面改革和重构提供经验和借鉴。

一、取消公安机关的预审权

在我国，公安机关是一个性质特殊的行政机关。与普通的行政机关不同，公安机关不仅代表国家行使行政权，依法履行户籍管理、出入境管理、交通管理、消防管理及危险物品管理等社会管理职能，而且还具有刑事侦查权即双重权力属性。因此，我国的公安机关是各级政府的重要职能部门，在社会生活的方方面面都发挥了极其重要的作用。但这并不代表公安机关理所应当成为刑事预审的权力主体。根据我国现行法律规定，公安机关在刑事案件的侦查中集侦查权和预审权为一身，在事实上排除了来自外界的监督和制约。而从传统两大法系各国立法与司法实践的情况来看，要建立一个真正具备司法审查功能的刑事预审制度，就必须将侦查机关所享有的预审权力交由中立的第三方（一般为预审法官）行使，由第三方对侦查机关的权力进行司法控制。因此，笔者认为，无论是在刑事预审制度改革的过渡阶段还是最终阶段，取消我国公安机关的预审权都应当是改革的第一步。具体理由如下：

（一）公安机关在历史上并非当然的预审权力主体

前文已述，我国的公安机关并非自始就是刑事预审的权力主体。在中华人民共和国成立以前，无论在中华苏维埃共和国时期，还是在抗日战争和解放战争时期，公安机关均不是预审的权力主体。在中华苏维埃共和国时期，根据中央执行委员会的规定，只有在政治保卫局预审后，反革命案件才能交付至苏区的各级审判机关审判。[①] 而对于普通刑事案件的侦查，则由检察机关负责。直到中华人民共和国成立后，为了肃清国民党反动派的余孽和巩固新生的革命政权，全国各级公安机关在系统内部先后设立了预审处、警法科、预审股和预审小组等预审机构，承担对反革命案件和其他刑事案件的逮捕、关押和审查起诉等工作。虽然受到“反右扩大化”、“大跃进”和“文化大革命”等政治斗争的影响，公安机关的预审职能一度被取消，但在改革开放后，《刑事诉讼法》赋予了公安机关刑事预审的职能。至此，公安机关正式成为了法律上认可的刑事预审权力主体。

综上所述，从我国公安机关的发展历程来看，公安机关成为当前我国的预审权力主体并不是必然的，而是特殊历史条件下的一种选择。客观而言，在中华人民共和国成立初期的历史条件下，党和国家非常需要一个稳定的社会环境，用以恢复和发展千疮百孔的国民经济。与其他机关相比，公安机关在政治方面、组织方面和人员方面都更有优势。因此，在中华人民共和国成立初期，选择公安机关作为刑事预审权力主体是历史和时代的最佳选择。但是，当前我国已经从革命斗争阶段进入了以经济建设为中心的现代化发展阶段。此时，我国的公安机关面临着机构臃肿、办案效率低下和人员素质不高（相对于法官和检察官）等新问题。有鉴于此，笔者认为，既然公安机关在历史上并非当然的预审权力主体，在新的历史条件下，我们当然也可以打破常规，根据时代的变化重新选择和确定合适的刑事预审权力主体。

---

① 参见江西省法学会苏区革命法制调查组：《中华苏维埃革命法制简介》，载《法学杂志》1982 年第 3 期。

（二）公安机关的行政行为和侦查行为在实践中难以区分

公安机关依法履行职务的行为具有双重属性。一方面，公安机关可以根据行政法律法规的授权，作出警告、罚款、收缴、行政拘留和强制戒毒等行政行为；另一方面，公安机关可以根据刑事法律法规的规定，通过讯问、检查、勘验、通缉等方式和手段开展刑事侦查工作，并采取拘传、刑事拘留、逮捕、扣押、追缴账款等有关人身权或财产权的刑事强制措施。从理论上说，行政行为和侦查行为在法律规定、行为对象和目的、适用法律文件和法律后果等方面都不相同。但在司法实践中，公安机关的行政行为和侦查行为很容易被混淆，其原因在于：

第一，行政行为和侦查行为的实施主体具有同一性。例如，在交通事故中，公安机关可以对交通事故进行现场调查，并对可能构成犯罪的犯罪嫌疑人采取刑事强制措施。由于作出具体行政行为和实施侦查行为的主体均为公安机关，这就使外界难以通过公安机关在事故现场的表现来判断和区分公安机关调查行为的性质。

第二，行政强制措施和刑事强制措施在外观上具有相似性。从行政强制措施的种类来看，其与刑事强制措施的种类非常类似。[①] 因此在司法实践中，仅从外观上很难区分部分行政强制措施和刑事强制措施。例如，在限制人身自由的强制措施中，就很难对行政拘留和刑事拘留进行外观上的辨别和区分。

第三，行政违法行为和犯罪行为的界限难以区分。从违法行为和犯罪行为的关系来看，违法行为和犯罪行为是一对具有属种关系的概念。一方面，违法行为是犯罪行为的属概念，违法行为涵盖犯罪行为；另一方面，犯罪行为是违法行为的种概念，违法行为并非都构成犯罪行

---

① 曲涛：《公安机关行政强制措施与刑事强制措施辨析》，载《当代法学》2003 年第 5 期。

为。但在司法实践中，两者却难以区分。这是因为：其一，同一个案件中既可能涉及行政违法行为，又可能涉及犯罪行为。例如，在部分治安管理案件中，同案的多名违法行为人违反的法律规定有可能是不同的。因此，公安机关必须对行为人在案件中的地位和作用加以区分。对于有可能构成犯罪的违法行为人，公安机关应继续进行刑事侦查工作，依法追究行为人的刑事责任。而对于其他违反行政法规的人，则应依法予以行政处罚。所以，公安机关有很大的自由裁量权。其二，“以罚代刑”或“以刑代罚”的现象仍然存在。所谓“以罚代刑”就是指公安机关本应当依据刑事法律法规的规定作出刑事侦查行为，但却以行政行为的名义作出处罚。而“以刑代罚”则正好相反。在司法实践中，造成“以罚代刑”或“以刑代罚”的原因主要有两点：其一，与公安机关内部的管理问题和腐败问题有关。例如，为了保障犯罪嫌疑人的合法权益，法律严格限制对犯罪嫌疑人刑事拘留的时间。但是，为了更快查明犯罪事实，公安机关往往借用行政拘留的手段限制犯罪嫌疑人的人身自由，延长犯罪嫌疑人的羁押期限。更有甚者，部分公安干警因为收取贿赂，故意混淆行政行为和侦查行为，使犯罪分子逃避刑法的追究。其二，与来自党政部门等外界的干预有关。作为政府的组成部门，公安机关的工作受到各级政府的领导。由于地方保护主义等因素，一些党政机关领导为了保护当地的企业或某种利益通过各种方式干扰公安机关行使职权的现象时有出现，使公安机关不得不违心作出“以罚代刑”或“以刑代罚”的行为。①

（三）预审部门在公安机关内部趋向边缘化

预审工作普遍被认为是公安机关的重要工作内容。在预审中，公

① 参见周林：《试论行刑衔接制度之完善》，载《法学杂志》2011 年第 11 期。

安机关主要承担收集、审查和核实证据，审讯犯罪嫌疑人，案件分流和公诉准备的职能。从我国公安机关的发展历程来看，中华人民共和国成立后到1997年以前，我国的公安机关在预审机构的设置上采用的是“侦审分立”的模式。而在1997年全国刑事侦查工作会议以后，我国各级公安机关进行了“侦审一体化”改革，确立了“侦审合一”的改革方向。在“侦审合一”模式下，全国各级公安机关实现了侦查和预审一体化，不再单独设立预审机构。在“侦审分立”模式下，由于公安机关内部对于侦查和预审有明确的业务分工，因此，侦查部门和预审部门可以各司其职，共同完成对刑事案件的侦查任务。而且，预审部门还可以根据《预审工作规则》的规定，及时弥补和纠正侦查中的疏忽和错误，对侦查部门的侦查活动进行审查监督。但在“侦审一体化”改革后，尽管一些专家和学者认为，实行“侦审合一”有利于避免重复侦查、保障侦查工作的连续性并减少司法资源的浪费。[①] 但不受制约的权力必然产生腐败。“侦审一体化”改革将预审部门变成侦查部门的一部分，不仅在事实上剥夺了预审部门的职权，而且弱化了预审对侦查的监督作用，无形中扩大了侦查部门的权力。从司法实践来看，“侦审一体化”改革后，“多头”审查和“多头”移送现象屡屡发生，在无形中造成了移送起诉的案件质量下降。[②]

二、借鉴域外司法令状制度适用的经验

事实上，改革和重构我国刑事预审制度的目的就是通过侦查权、公诉权与预审权之间的相互制约，最终实现公检法三大司法机关在审前阶段的权力制衡。前文已述，我国的公安机关在刑事侦查过程中具有

① 参见陈闻高：《大刑侦——中国预审改革之趋势》，载《公安理论与实践》1997年第5期。

② 参见云山城、曹晓宝：《侦审合一后的预审工作研究》，载《湖北警官学院学报》2009年第5期。

广泛而强大的权力,不仅可以通过讯问、检查、勘验和通缉等方式和手段对案件进行调查,而且还可以对犯罪嫌疑人采取限制人身自由或限制财产权的强制措施。有鉴于此,从权力相互制衡的角度,在我国刑事预审制度改革的过渡阶段,我们也必须通过合适的方式对我国公安机关的刑事侦查权进行适度的规制,最大限度地防止和避免公安机关滥用侦查权。从传统两大法系各国现有的司法制度来看,笔者认为,司法令状制度是一个比较合适的选择。因此,在过渡阶段中,改革的第二步应当是借鉴域外司法令状制度的适用经验,用以完善我国的刑事预审制度。

(一)司法令状制度概述

"司法令状"通常被简称为"令状"(writ)。在拉丁文中,"令状"常被称为"brevis";而在古罗马,"令状"却被称为"imperial rescripta"。据史料记载,"令状"早在古罗马时代就已经出现。在古罗马,法官可以根据一方当事人的申请对另一方当事人作出命令,要求另一方当事人积极实施某一行为或不作出某种行为。英国是现代意义上司法令状制度的真正起源地。早在1215年,英国的《大宪章》中就出现了令状制度的萌芽。根据《大宪章》第39条的规定,英国自由民非经依法审判,不得被非法拘留、搜查、逮捕、没收财产和监禁。由于该条明显保护了英国贵族和自由民的利益,引起了时任英国国王的不满。特别是在斯图亚特王朝时期,英国王座法院常常以各种借口拒绝执行该条规定,遭到了议会反对派辉格党人的不满和反对。多次交涉后,英国国王妥协并签署了《人身保护法》(Habeas Corpus Act)。该法明确规定,任何英国公民不受非法拘留和逮捕,除非法院发出逮捕令。[①]《人身保护法》的实施也意味着现代意义上的司法令状制度正式形成。此后,令状制度逐渐

① 参见曾庆敏主编:《法学大辞典》,上海辞书出版社1998年版,第20页。

随着英国资本主义的全球扩张而走向世界。今天，令状制度不仅在英美法律各国普遍适用，也被一些大陆法系国家所采用，并演变成为对侦查行为进行司法控制的工具。

从语意上来看，“令状”是一个外来的词语，是19世纪末经由日本传到我国的西方法律概念。① 所谓“令状”通常是指根据法律的授权，由特定的主体代表国家签发书面命令，要求命令的接收人做出或者不做出某种特定的行为。② 而所谓“令状制度”则是指在实施搜查、拘留和逮捕等刑事强制措施时，实施该强制措施的组织或个人必须获得特定主体依据法律规定签发的令状。否则，被处分人有权不予配合。③

（二）域外司法令状制度的价值

从传统两大法系各国的规定来看，实施刑事强制措施的侦查机关必须根据法律规定的程序向令状签发人提交申请，才能获得令状。而只有收到令状签发人签发的令状之后，侦查机关才能实施其所申请的刑事强制措施。因此，在这一来一往中，司法令状制度显现出以下独特的价值：

1. 有利于规范侦查行为，维护合法的侦查权力

首先，从令状的申请来看，只有特定的主体才能申请令状。在传统两大法系国家中，侦查机关和检察机关均可以成为令状申请的主体。但是，在各国的司法实践中，并非每一个国家的警察和检察官都能同时向有权机关申请令状。具体而言，各国主要通过“一元式”、“多元式”和“折

① 参见王健：《沟通两个世界的法律意义——晚清西方法的输入与法律新词初探》，中国政法大学出版社2001年版，第241页。

② See Bryan. A. Gamer, *Black's Law Dictionary*, 8th Edition, Eagan, West Publishing. Co. 2004, p. 4965.

③ 参见宋英辉主编：《刑事诉讼原理》，法律出版社2003年版，第272页。

中式”三种方式申请令状。其中,所谓“一元式”,就是指令状的申请主体有且仅有一个。除了某个特定的组织或个人以外,其他组织或个人均不能申请。在传统两大法系各国,一般只有侦查机关才能成为令状的申请主体。而在少数国家,只有检察机关才能申请令状,其他组织或个人均不能申请。例如,根据《德国新刑事诉讼法典》第125条的规定,检察官可以向地方法院申请签发逮捕令。在审核通过后,地方法院的法官应当依职权向检察官签发逮捕令。而“多元式”则是指,令状的申请主体是多元化的,即多个组织或个人均有权申请令状。在传统两大法系各国中,法国和日本是多元式申请的代表。在这两个国家中,司法警察和检察官都可以申请令状。“折衷式”则综合了“一元式”和“多元式”的优点,是指令状的申请主体必须经过某些组织或个人的同意才能申请令状。例如,根据我国台湾地区“刑事诉讼法”的规定,只有经过所在地区检察官的同意,警察才能向法院申请令状。

其次,从令状申请书的内容来看,令状的申请必须具备法定的形式要件、合理的申请理由和充分的证据。令状申请书不仅要载明令状的申请人和被申请人的名称,还需写明申请的侦查行为或强制措施类型、申请的理由、申请的具体时间等。其中,申请的理由部分是令状申请书的重点。在理由部分中,应当重点阐述申请令状的“合理根据”。因此,在该部分中,申请人应当对犯罪嫌疑人的犯罪动机、严重程度、罪名和当前的行为状态等作出详细描述。同时,申请人还必须向令状签发人提供必要的证据,证明其所需要采取的强制措施有充分的必要性。

最后,令状的签发必须经过严格的程序,并由特定的主体负责。在传统两大法系各国,令状签发人主要是法院和检察院及其工作人员(主要是法官和检察官)。一般而言,法官是各国司法令状的主要签发人。根据英美两国的法律规定,两国的治安法官均有签发搜查令和逮捕令的权力。除英美两国外,法国也有类似的规定。根据《法国新刑事诉讼法典》的规定,法国的预审法官有权签发传票和逮捕证等司法令状。但在某些情况下,检察官也可以作为令状签发人。例如,根据《德国新刑事诉讼法典》第105条的规定,在出现紧急情况时,检察院或其他辅助人可以替代法官签发令状。而在我国的台湾地区,根据我国台湾地区"刑事诉讼法"的规定,台湾的检察官也可以签发拘提和紧急逮捕两种令状。[①]

总之,由于令状的申请、内容和签发都必须经过中立第三方的严格审核,因此,对于侦查机关依据令状实施的侦查行为或强制措施,通常被认为是合法的。这不仅是对侦查机关的一种保护,而且有利于侦查机关依法规范的履行侦查权,最大限度地防止和避免滥用权力的行为发生,从而提高侦查的质量,增强其权威性。

2. 有利于对侦查行为进行司法控制,维护控辩审三方的权力平衡

从表面上看,令状的签发来自中立第三方的授权,体现了第三方对侦查行为的司法授权。但在实质上,令状制度建立的目的在于通过对侦查行为的司法审查,实现审判机关对侦查机关的司法控制,进而达到控辩审三方在刑事诉讼中的权力均衡。具体而言:

首先,令状的签发机关是中立的第三方。这就意味着,由于侦查机关自身并不具有决定权,因而其在实施某项特定的侦查行为前,必须按照规定的格式准备申请材料并提交相关证据。一般而言,外部的审核比内部的审核更为严格。所以,如果材料不充分或者证据不符合相关条件,那么侦查机关的申请就有可能被令状签发人驳回。这在很大程度上避免了令状签发的随意性。

其次,令状制度有利于对非法证据的排除。所谓"非法证据排除"通常,是指除非法律另有规定,否则,通过非法方式或手段获取的证据

① 参见林山田:《刑事程序法》,台北,五南图书出版股份有限公司1999年版,第264页。

均不能在刑事审判中作为定案的依据。[①] 在传统两大法系各国,为了保障刑事诉讼中犯罪嫌疑人和被告人的合法权益,无论是言词证据还是实物证据,只要违反令状制度均应排除。比如根据《意大利刑事诉讼法》的规定,窃听而来证据必须经过法律的许可,否则不予采用。[②]

最后,令状对强制措施执行的时间和范围进行了严格限制。从传统两大法系各国令状执行的情况来看,令状的执行人原则上必须根据令状所载的时间和列明的范围执行令状。只有在某些特殊情况下,令状的执行人才可以突破令状中所载的时间和范围。比如,根据《美国联邦刑事诉讼规则》的规定,搜查的时间应在 6 ~ 22 点进行。因此,在一般情况下,警察如果要对犯罪嫌疑人或被告人进行搜查,那么应在 6 ~ 22 点开展搜查工作。但是,考虑到刑事强制措施在执行时的特殊性,部分国家也放宽了令状执行的时限要求。例如,根据《英国警察与刑事证据法》的规定,对于场所的搜查时间可以由令状执行人根据合理时刻决定,但搜查工作必须在搜查证签发后一个月之内完成。[③] 而且,令状执行人在执行强制措施时必须向当事人出示令状,履行必要的告知义务。比如,《日本刑事诉讼法》第 110 条就规定,令状执行人在搜查时必须向当事人出示搜查证。[④]

3. 有利于维护和保障当事人的合法权益

由于令状制度本身也可能会侵害当事人的合法权利,因此,传统两大法系各国普遍设立了对令状制度的救济机制,目的是充分维护和保障当事人的合法权益。具体而言:

---

① 参见郑旭:《非法证据排除规则》,中国法制出版社 2009 年版,第 36 页。

② 参见《意大利刑事诉讼法典》,黄风译,中国政法大学出版社 1994 年版,第 92 页。

③ 参见孙长永:《侦查程序与人权——比较法考察》,中国方正出版社 2000 年版,第 113 页。

④ 参见[日]田口守一:《刑事诉讼法》,刘迪等译,法律出版社 2000 年版,第 65 页。

一方面，赋予当事人异议权。在令状执行的过程中，如果当事人对令状的内容有异议或者对令状的合法性存在质疑，那么，当事人可以通过特定的方式向有关机关提出。比如，根据《德国新刑事诉讼法典》第 304 ~ 311 条的规定，当事人对于法院作出的有关搜查和扣押的令状具有抗告权。但是，在抗告期间，不停止执行被提出异议的裁决。①

另一方面，赋予当事人民事追偿的权利。为了更好地保障当事人的人身权、财产权和其他权利，民事赔偿也是传统两大法系各国广泛采用的一种令状救济机制。比如，如果英国警察在没有法律授权或未经房主同意的情况下就私自进入私人住宅的，房主可以对警察私入民宅的行为主张侵权损害赔偿。② 但是，令状的民事赔偿范围一般仅限于已执行的令状所造成的实际损害，未执行的令状则不能提出赔偿。

三、构建有中国特色的司法审查制度

从传统两大法系各国对于司法令状制度的适用来看，令状制度的适用不仅有利于加强对侦查行为的司法控制，改变审前强制措施的混乱状态，而且有利于促进控辩审三方在刑事诉讼中的权力平衡，维护刑事诉讼秩序的稳定。因此，笔者认为，在改革的过渡阶段，可以汲取域外司法令状制度合理内核，构建有中国特色的司法审查制度。构建这一制度的目的是对限制犯罪嫌疑人或被告人人身、财产权利的强制措施进行预审，从而更好地保护当事人的合法权益。

（一）当前我国强制措施适用中存在的问题

笔者认为，强制措施分类不合理、公安机关的审批权限过大、缺乏

① 参见《德国刑事诉讼法典》，宗玉琨译，知识产权出版社 2013 年版，第 227 ~ 230 页。

② See Ar1zona v. Evans (93 - 1660),514 U. S(1995).

来自第三方的司法审查机制以及当事人缺乏救济的渠道是我国强制措施在适用中最主要的问题。具体而言：

1. 强制措施的分类不合理

我国的强制措施主要有两种类型，即行政强制措施和刑事强制措施。其中，根据我国《行政强制法》第2条的规定，行政强制措施是指行政机关在行政管理过程中，为制止违法行为、防止证据损毁、避免危害发生、控制危险扩大等情形，依法对公民的人身自由实施暂时性的限制措施，或者对公民、法人或者其他组织的财物实施暂时性控制的行为。从行政强制措施的具体种类来看，行政强制措施在实践中主要表现为对公民人身自由的暂时性限制和财物的暂时控制两方面。其中，对公民人身自由的暂时性限制措施主要包括强制传唤、强制拘留、限期出境、强制隔离和强制戒毒等，而对财物的暂时性控制措施则主要包括查封、扣押、冻结和划拨等。① 而我国1979年《刑事诉讼法》仅仅规定了五种强制措施。后来，虽然我国在1996年和2012年对1979年《刑事诉讼法》进行了两次大规模的修正，但是，从修正后的我国现行《刑事诉讼法》来看，我国的刑事强制措施的种类仍然为五种即拘传、取保候审、监视居住、拘留和逮捕。至于在侦查中对涉案财产的查封、扣押和冻结等涉及财产权的措施，则属于侦查中的"强制性措施"。从传统两大法系各国的立法和司法实践来看，一个完善的刑事强制措施体系并不应当只有对人的强制措施，还应当包括对财产的强制措施。

2. 公安机关对于一般强制措施的审批权限过大

在我国，公安机关是具有双重职能的特殊行政机关，不仅有权在行政执法中实施行政强制措施，而且还可以作为刑事侦查的主体，在刑事诉讼中实施刑事强制措施。在实施行政强制措施抑或刑事强制措施之

① 参见罗豪才、湛中乐主编：《行政法学》，北京大学出版社2012年版，第233页。

前,公安干警都必须经过其所属的公安机关相关负责人的批准或授权,甚至需要相关的许可令状。虽然公安机关内部也有纪检部门和预审部门,但是,如果某些非法侦查行为可能带来的收益远远高于风险,这种内部控制就可能形同虚设。[①] 在司法实践中,也时常发生行政行为和侦查行为被故意混淆的现象,甚至"以罚代刑"故意使犯罪分子逃避刑事责任。

3. 缺乏来自第三方的司法审查机制

在我国"流水作业"式的刑事诉讼结构中,并不是每一个环节都有来自公检法三机关的参与和制约。比如,在我国现行《刑事诉讼法》规定的五种强制措施中,除了逮捕可以由人民检察院批准或者人民法院决定以外,其他的四种强制措施都是由公安机关一家决定的。虽然羁押必要性审查制度已被我国现行《刑事诉讼法》所采用,但是,这种来自检察机关的"准司法审查"(quasi-judicial review)与真正意义上的司法审查仍然有很大区别。

4. 当事人缺乏诉讼救济途径

根据我国现行《刑事诉讼法》第94条、第95条、第97条、第98条的规定,对于不当使用的刑事强制措施,公检法三机关有权撤销或变更。如果犯罪嫌疑人、被告人及其法定代理人、近亲属或者辩护人认为强制措施适用不当,有权向公检法三机关申请变更。因此,从法条的规定来看,关于强制措施的救济渠道似乎非常完善。但是,侦查行为的不可诉性却使当事人难以通过诉讼的方式对强制措施进行救济,更不能申请法院或其他中立的第三方机构对强制措施的适用情况进行司法审查,导致救济的效果大打折扣。

---

① 参见何诗扬:《论侦查权的优化配置》,载《法学论坛》2008年第5期。

(二)我国司法审查制度的具体设计

正因为我国的强制措施在申请和适用过程中出现了种种问题,因此,应当针对这些问题进行重点的改进和完善。笔者认为,在改革的过渡阶段,应当尽快从强制措施的申请着手,多措并举建立具有我国特色的司法审查制度,从而通过令状的方式进一步规范强制措施的使用,更好地实现对审前程序的司法控制。具体方案如下:

1. 对限制犯罪嫌疑人或被告人财产权利的强制措施的预审由检察机关负责

(1)预审的权力主体

对限制犯罪嫌疑人或被告人财产权利的强制措施的预审,笔者认为应当由检察机关负责,具体理由如下:第一,从检察机关的具体职能来看,我国的检察机关具有公诉权,亦具有审查起诉的职能。从《刑事诉讼法》对财产强制性措施的规定来看,查封、扣押和冻结等强制性措施均属于侦查行为。根据我国现行《刑事诉讼法》第169条的规定,检察机关对所有需要提起公诉的案件都有审查权和决定权。第170条规定中还特别要求检察机关在审查起诉中必须对侦查活动的合法性进行审查。因此,由检察机关负责对限制犯罪嫌疑人或被告人财产权利的强制措施的预审,既有利于贯彻《刑事诉讼法》的要求,维护刑事诉讼法的稳定性,而且可以配合审查起诉的活动。第二,从检察官的任职资格来看,根据法律规定,担任检察官除了必须拥护我国《宪法》、具有我国国籍并且达到相应的年龄条件以外,还必须具备本科以上的学历条件、通过国家司法考试和必要的法律工作经历。从上述条件来看,检察官的任职条件与法官的任职条件基本相同,因而检察官具有较高的素质,可以胜任对财产强制措施预审的要求。第三,我国的检察机关对侦查机关的强制措施具有监督职责。特别是从我国现行《刑事诉讼法》的规定来看,检察机关有权处理涉案财产是否需要采取强制性措施的申诉。根据该法第117条的规定,对于公安机关违法使用强制措施的行为,当事人有权向同级人民检察机关申诉。在收到当事人的申诉后,检察机关应当及时对公安机关的行为进行审查和纠正。

从负责预审的具体部门来看,我国的检察机关主要有侦查监督、公诉和控告申诉检察等职能部门。笔者认为,从现有的条件来看,比较合适的选择是可以在侦查监督部门内部设立预审检察官,由预审检察官专职负责对限制犯罪嫌疑人或被告人财产权利的强制措施的预审。

(2)预审的启动

笔者认为,对于限制犯罪嫌疑人或被告人财产权利的强制措施的启动应当具有唯一性和强制性,即检察机关是唯一的预审启动主体。因此,只要侦查机关提出的申请具备法定的形式要件,检察机关必须接收,并严格按照法律规定的时间启动预审程序。

(3)预审的内容

第一,关于预审的范围。除了明确将"限制犯罪嫌疑人或被告人财产权利的强制措施"纳入刑事强制措施体系,成为真正的"强制措施"以外,还应当明确"涉案财产"的范围。笔者认为,可以按照《公安机关办理刑事案件适用查封、冻结措施有关规定》第2条的规定对"涉案财产"的范围予以明确,即可以证明犯罪嫌疑人有罪或者无罪的各种财产或物品,具体包括犯罪所得及其孳息,用于实施犯罪行为的工具,其他可以证明犯罪行为是否发生以及犯罪情节轻重的财物等。

第二,审查的标准。在检察机关对涉案财产的强制措施进行审查时,应当重点对适用强制措施的必要性进行审查。笔者认为,所谓的"必要性"审查应当从以下三个方面进行理解:一是有法律条文明确规定可以对涉案财产适用强制措施;二是对涉案财产适用强制措施有利于防止犯罪嫌疑人逃避、隐匿和转移财产;三是如果不及时对涉案财产适用强制措施,那么将对国家、社会或者被害人合法权益造成巨大的损失。

第三,审查的方式。为了提高预审的效率,在检察机关对涉案财产的强制措施进行审查时,可以采用混合式的审查方式,充分结合言辞预审和书面预审的优势。如果需要查封、扣押或者冻结财产的标的额巨大,应由 3 名以上预审检察官组成合议庭进行裁决。

(4)预审的终结和救济

预审终结后,预审检察官应当签发处置涉案财物的令状,并交由申请实施的侦查机关负责强制措施实施的。为了防止预审检察官滥用令状签发的权力,片面地注重打击犯罪,而忽视了对当事人合法权利的保障,应当赋予犯罪嫌疑人和被告人救济的权利。具体包括:

第一,如果犯罪嫌疑人或被告人对预审检察官签发的令状有异议,应当准予其向预审检察官所在检察院的检察委员会提出申诉。该院的检察委员会在收到申诉后必须在一定期限内对申诉进行审查。如果检察委员会认为申诉理由成立,那么应当决定重新启动预审。但是,预审程序重新启动后,检察委员会应另行指派预审检察官负责,原预审检察官应回避。

第二,如果检察委员会在审查后认为申诉理由不成立,必须在一定期限内答复。犯罪嫌疑人或被告人如果对检察委员会的答复仍有异议,可以向上级检察院的检察委员会再次申诉,或者直接向法院起诉。

第三,对于预审检察官在预审过程中非法侵害犯罪嫌疑人或被告人诉讼权利、非法收集证据以及人身侮辱行为,当事人有权向检察委员会反映并要求纠正。如果预审检察官的侵害行为构成犯罪的,当事人有权请求有关机关依法追究其刑事责任。

2. 对限制犯罪嫌疑人或被告人人身自由权利的强制措施的预审由预审法官负责

(1)预审的权力主体

对限制犯罪嫌疑人或被告人人身自由权利的预审,笔者认为应当由预审法官负责,具体理由如下:第一,我国《法官法》规定了严格的法官任职资格和条件。因此,由取得法官资格的预审法官作为预审权力主体对刑事案件进行预审不仅更为专业,而且有利于及时查明案情和核实证据,更好地履行预审的职责。第二,在我国现行《刑事诉讼法》规定的五种强制措施中,我国侦查机关可以直接适用四种强制措施,无须经过检察机关或法院的批准。因此,由预审法官负责对限制犯罪嫌疑人或被告人人身自由权利的强制措施的预审,有利于加强对侦查机关侦查行为的司法控制。第三,对限制犯罪嫌疑人或被告人人身自由权利的强制措施往往涉及公民的基本权利。根据我国《刑事诉讼法》的规定,法院是国家的审判机关。因此,与作为公诉机关和法律监督机关的检察机关相比,法院作出的裁决显然更为权威,也更加中立。

从负责预审的具体部门来看,笔者认为,在刑事预审制度改革的过渡阶段,可以探索在法院立案庭内部设立预审法官。条件成熟后,再设立单独的刑事预审庭,由预审庭的预审法官负责对限制犯罪嫌疑人或被告人人身自由权利的强制措施进行预审。

(2)预审的启动

对限制犯罪嫌疑人或被告人人身自由权利的强制措施的预审,法院应是唯一的预审启动主体。因此,侦查机关(包括公安机关和检察机关的自侦部门)只要提供符合形式要件的申请,法院应当一律接收,并在规定期限内依法启动预审程序。

(3)预审的内容

第一,关于预审的范围。根据我国现行《刑事诉讼法》第 80 条的规定，检察机关和法院都有权批准或决定是否逮捕犯罪嫌疑人或被告人。而对于其他四种涉及限制犯罪嫌疑人或被告人人身自由权利的强制措施，只需公安机关决定即可。笔者认为，在改革后，公安机关在实施拘传、拘留、逮捕、取保候审和监视居住五种强制措施之前，都必须经过法院的预审，检察机关不再享有逮捕的决定权。特别需要注意的是，在某些案件中，如果事先难以确定侦查机关将要实施强制措施的性质（刑事强制措施或行政强制措施），也应当先向法院申请预审。如果预审法官认为该强制措施属于行政强制措施，那么应按照行政法律法规规定的方式处理。

第二，审查的标准。法院对涉及限制犯罪嫌疑人或被告人人身自由权利的强制措施进行审查时，也应当重点对适用强制措施的“必要性”进行审查，重点包括：一是是否有法律条文明确规定可以适用强制措施；二是申请强制措施是否可以保障侦查工作顺利开展，是否有利于防止犯罪嫌疑人逃避刑事责任；三是如果不及时对犯罪嫌疑人适用强制措施，那么是否将影响刑事诉讼目的的实现并给国家、社会和被害人的权益造成巨大的损失。

第三，审查的方式。为了加强预审的公正性和提高预审的效率，在对限制犯罪嫌疑人或被告人人身自由权利的强制措施进行预审时，可以采用混合式的审查方式，充分结合言辞预审和书面预审的优势。笔者认为，对于拘传、取保候审和监视居住等强制措施，可以由预审法官根据书面方式进行裁定。而对于拘留和逮捕这两项强制措施，则应由3名以上的预审法官组成合议庭进行裁决。

（4）预审的终结和救济

预审终结后，预审法官应当根据侦查机关申请的内容签发相应的令状，并交由申请实施的侦查机关实施强制措施。为了防止预审法官滥用令状签发的权力，应当赋予犯罪嫌疑人或被告人对限制其人身自

由权利的强制措施的预审申请救济的权利,具体包括:

第一,如果犯罪嫌疑人或被告人对预审法官签发的令状有异议,应当准予其向预审法官所在法院的审判委员会提出申诉。该院的审判委员会在收到申诉后必须在一定期限内对申诉进行审查。如果审判委员会认为申诉理由成立,那么应当决定重新启动预审。但是,预审程序重新启动后,审判委员会应另行指派预审法官负责,原预审法官应回避。

第二,如果审判委员会在审查后认为申诉理由不成立,必须在一定期限内答复。如果对审判委员会的答复仍有异议,可以向上级法院的审判委员会再次申诉,或者直接向上级法院起诉。

第三,对于预审法官在预审过程中非法侵害犯罪嫌疑人或被告人诉讼权利、非法收集证据以及人身侮辱行为,当事人有权向审判委员会反映并要求纠正。如果预审法官的侵害行为已涉嫌犯罪,当事人有权追究其刑事责任。

第四,借鉴域外“人身保护令”制度,允许已经被超期羁押或非法逮捕的犯罪嫌疑人或被告人向预审法官申请“人身保护令”。法院在收到申请后,应当组成由 3 名以上预审法官组成的合议庭进行审查,并将审查的结果上报本院的审判委员会。如果审判委员会认为申诉理由成立,那么应当立即释放犯罪嫌疑人或被告人。反之,则应继续羁押。如果犯罪嫌疑人或被告人对审判委员会作出的裁决结果存在异议,应当允许其向上级法院的审判委员会申诉,或者直接向上级法院起诉。

第五,对于事先难以确定要实施性质的强制措施,如果预审法官认为该强制措施属于行政强制措施,那么根据《中华人民共和国行政强制法》(以下简称《行政强制法》)、《中华人民共和国行政复议法》(2017 年 9 月 1 日第十二届全国人民代表大会常务委员会第二十九次会议修订,以下简称《行政复议法》)和《中华人民共和国行政诉讼法》(2017 年 6 月 27 日全国人民代表大会常务委员会修订,以下简称《行政诉讼法》)的规定,进行以下处理:首先,除了某些特殊情况以外,当事人可以自知道该具体行政行为之日起60日内依照《行政复议法》第6条的规定申请行政复议。其次,除了某些特殊情况以外,当事人还可以在自知道或者应当知道行政行为作出之日起6个月内依照《行政诉讼法》第12条的规定向有管辖权的法院提起行政诉讼。最后,在实施行政强制措施时,出现没有法律、法规依据,违反法定程序或者随意扩大查封、扣押、冻结范围等《行政强制法》第61条、第63条规定的情形的,上级机关或有关部门可以责令改正,并依法处分有关人员。

综上所述,从域外司法令状制度适用的经验来看,令状的申请、签发和实施都必须经过令状签发人的严格审核。因此,侦查机关根据令状实施的强制措施一般被推定为合法的侦查行为。这不仅有利于侦查机关依法履行侦查权,也是对侦查机关的一种保护。有鉴于此,笔者认为,在刑事预审制度改革的过渡阶段,从限制犯罪嫌疑人或被告人人身自由、财产权利的强制措施的审查入手,不仅可以从源头上对侦查机关的侦查行为进行控制,而且有利于减小改革的成本,不失为一条很好的改革路径。这一经验本身的价值也可以为我国的刑事预审制度进一步的改革和重构提供很有益的经验和借鉴,使我国刑事预审制度的全面改革和重构更快、更稳。

参 考 文 献

一、中文文献

(一)书籍

1. 姚伦主编:《预审学》,中国人民公安大学出版社 1986 年版。

2. 云山城主编:《预审学》,中国人民公安大学出版社 2007 年版。

3. 王怀旭主编:《预审学》,警官教育出版社 1999 年版。

4. 毕惜茜主编:《预审学理论研究综述》,群众出版社 1998 年版。

5. 徐静村主编:《中国刑事诉讼法(第二修正案)学者拟制稿及立法理由》,法律出版社 2005 年版。

6. 陈光中主编:《刑事诉讼法学》,中国人民公安大学出版社 2004 年版。

7. 陈瑞华:《刑事审判原理论》,北京大学出版社 1997 年版。

8. 谢佑平等:《刑事司法权力的配置与运行研究》,中国人民公安大学出版社 2006 年版。

9. 陈卫东主编:《刑事审前程序研究》,中国人民大学出版社 2004 年版。

10. 龙宗智:《刑事庭审制度研究》,中国政法大学出版社 2001 年版。

11. 潘金贵:《刑事预审程序研究》,法律出版社 2008 年版。

12. 潘久维:《审判心理学》,四川科学技术出版社 1989 年版。

13. 时蓉华主编:《高等学校文科教材:现代社会心理学》(第 3 版),华东师范大学出版社 2013 年版。

14. 李麒主编:《刑事诉讼法学》(第 2 版),法律出版社 2010 年版。

15. 宋英辉主编:《外国刑事诉讼法》,法律出版社 2006 年版。

16. 沈达明:《比较民事诉讼法初论》(上册),中信出版社 1991 年版。

17. 杨建华:《民事诉讼法要论》,台北,三民书局 1993 年版。

18. 吴建勋:《刑事诉讼法应否改采当事人主义之研究》,台北,宏辉电脑资讯企业有限公司 1997 年版。

19. 人民教育出版社历史室编:《世界近代现代史》(第 2 版),河南省人民教育出版社 2000 年版。

20. 苏力:《送法下乡——中国基础司法制度研究》,北京大学出版社 2011 年版。

21. 宋英辉、孙长永、朴宗根等:《外国刑事诉讼法》,法律出版社 2006 年版。

22. 周道鸾主编:《外国法院组织与法官制度》,人民法院出版社 2000 年版。

23.《法国刑事诉讼法典》,罗结珍译,中国法制出版社 2006 年版。

24. 宗玉琨译著:《德国刑事诉讼法典》,知识产权出版社 2013 年版。

25. 何勤华等:《英国法律发达史》,台北,韦伯文化国际出版有限公司 2004 年版。

26. 何勤华等:《德国法律发达史》,台北,韦伯文化国际出版有限公司 2004 年版。

27. 何勤华主编:《美国法律发达史》,上海人民出版社1998年版。

28. 何勤华主编:《外国法制史》(第4版),法律出版社2006年版。

29. 汪建成、黄伟明:《欧盟成员国刑事诉讼概论》,中国人民大学出版社2000年版。

30. 周枏:《罗马法原论》,商务印书馆2001年版。

31. 何家弘:《外国犯罪侦查制度》,中国人民大学出版社1995年版。

32. 王兆鹏:《美国刑事诉讼法》,北京大学出版社2005年版。

33. 中国政法大学刑事法律研究中心组织编译:《英国刑事诉讼法》(选编),中国政法大学出版社2001年版。

34. 最高人民检察院法律政策研究室编译:《所有人的正义——英国司法改革报告》,中国检察出版社2003年版。

35. 卢永红主编:《国外刑事诉讼法通论》,中国人民公安大学出版社2004年版。

36. 邱庭彪:《澳门刑事诉讼法分论》,社会科学文献出版社2012年版。

37.《法国刑事诉讼法典》,余叔通、谢朝华译,中国政法大学出版社1997年版。

38. 曹文安:《刑事预审制度研究》,中国检察出版社2006年版。

39. 林山田:《刑事程序法》,台北,五南图书出版股份有限公司2000年版。

40. 宋远升、闵银龙编:《最新国外刑事司法制度研究》,东南大学出版社2007年版。

41. 中国政法大学刑事法律研究中心组织编译:《英国刑事诉讼法》(选编),中国政法大学出版社2001年版。

42. 最高人民检察院法律政策研究室组织编译:《所有人的正

义——英国司法改革报告》,中国检察出版社2003年版。

43. 齐树洁主编:《美国司法制度》(第2版),厦门大学出版社2010年版。

44. 孙长永:《探索正当程序——比较刑事诉讼法专论》,中国法制出版社2005年版。

45.《美国联邦刑事诉讼规则和证据规则》,卞建林译,中国政法大学出版社1996年版。

46. 程味秋主编:《外国刑事诉讼法概论》,中国政法大学出版社1994年版。

47. 王以真主编:《外国刑事诉讼法学参考资料》,北京大学出版社1995年版。

48. 陈晓枫主编:《中国法制史新编》(第2版),武汉大学出版社2011年版。

49. 张晋藩主编:《中国近代社会与法制文明》,中国政法大学出版社2003年版。

50. 刁荣华:《刑事诉讼法释论》,台北,汉苑出版社1976年版。

51. 中共中央文献研究室、中国人民解放军军事科学院编:《毛泽东军事文集》(第1卷),军事科学出版社、中央文献出版社1993年版。

52. 屈新:《刑事诉讼中的权利制衡与权利保障》,中国人民公安大学出版社2011年版。

53. 王传利:《给腐败号脉——新中国腐败频度与控制强度相关性研究》,群众出版社2004年版。

54. 张宏生、谷春德主编:《西方法律思想史》,北京大学出版社1990年版。

55. 汉语大词典编纂处:《汉语大词典》,上海辞书出版社2012年版。

56. 中国社会科学院语言研究所词典编辑室主编:《现代汉语词

典》,商务印书馆 2012 年版。

57. 中华人民共和国国家统计局:《2010 年第六次全国人口普查主要数据公报》,载《中国计划生育学杂志》2011 年版。

58. 林榕年主编:《外国法制史》,中国人民大学出版社 1999 年版。

59. 夏征农、陈至立主编:《辞海》(第 6 版),上海辞书出版社 2009 年版。

60. [古希腊]亚里士多德:《政治学》,商务印书馆 1983 年版。

61. [德]托马斯·魏根特:《德国刑事诉讼程序》,岳礼玲、温小洁译,中国政法大学出版社 2004 年版。

62. [法]贝尔纳·布洛克:《法国刑事诉讼法》,罗结珍译,中国政法大学出版社 2009 年版。

63. [法]卡斯东·斯特法尼、乔治·勒瓦索、贝尔纳·布洛克:《法国刑事诉讼法精义》(上、下册),罗结珍译,中国政法大学出版社 1999 年版。

64. [法]皮埃尔·尚邦:《法国诉讼制度的理论与实践——刑事预审法庭和检察官》,陈春龙译,中国检察出版社 1991 年版。

65. [英]罗斯科·庞德:《普通法的精神》,唐前宏、廖湘文、高雪原译,法律出版社 2001 年版。

66. [英]S. F. C. 密尔松:《普通法的历史基础》,李显冬等译,中国大百科全书出版社 1999 年版。

67. [英]约翰·斯普莱克:《英国刑事诉讼程序》,徐美君、杨立涛译,中国人民大学出版社 2006 年版。

68. [英]丹宁勋爵:《法律的正当程序》,李克强、杨百揆、刘庸安译,法律出版社 2015 年版。

69. [英]戴维·M. 沃克:《牛津法律大辞典》,光明日报出版社 1988 年版。

70. [英]麦高伟·切斯特米尔斯基:《陪审制度与辩诉交易:一部真实的历史》,陈碧等译,中国检察出版社 2006 年版。

71. [英]麦高伟等主编:《英国刑事司法程序》,姚永吉等译,法律出版社 2003 年版。

72. [英]巴里·尼古拉斯:《罗马法概论》(第 2 版),黄风译,法律出版社 2004 年版。

73. [英]梅因:《古代法》,沈景一译,商务印书馆 2010 年版。

74. [意]朱塞佩·格罗索:《罗马法史》,黄风译,中国政法大学出版社 2009 年版。

75. [日]杉原泰雄:《宪法的历史》,吕昶、渠涛译,社会科学文献出版社 2000 年版。

76. [日]冈田朝太郎、松冈义正等口授:《检察制度》,郑言笔述,蒋士宜编纂,陈颐点校,中国政法大学出版 2003 年版。

77. [日]田口守一:《刑事诉讼法》(第 5 版),张凌、于秀峰译,中国政法大学出版社 2010 年版。

78. [美]S. T. 菲斯克、S. E. 泰勒:《社会认知——人怎样认识自己和他人》,张庆林等译,贵州人民出版社 1999 年版。

79. [美]伯尔曼:《法律与宗教》,梁治平译,中国政法大学出版社 2003 年版。

80. [美]理查德·A. 波斯纳:《法律的经济分析》,中国大百科全书出版社 1997 年版。

81. 美国联邦司法中心主编:《美国联邦地区法院刑事诉讼流程》,徐卉译,法律出版社 2003 年版。

82.《意大利刑事诉讼法典》,黄风译,中国政法大学出版社 1994 年版。

（二）期刊论文

1. 季卫东：《程序比较论》，载《比较法研究》1993 年第 1 期。

2. 季卫东：《法律程序的意义——对中国法制建设的另一种思考》，载《中国社会科学》1993 年第 1 期。

3. 汤维建：《论诉中监督的菱形结构》，载《政治与法律》2009 年第 6 期。

4. 陈瑞华：《从"流水作业"走向"以裁判为中心"——对中国刑事司法改革的一种思考》，载《法学》2000 年第 3 期。

5. 陈瑞华：《程序价值理论的四个模式》，载《中外法学》1996 年第 2 期。

6. 汪建成、杨雄：《比较法视野下的刑事庭前审查程序之改造》，载《中国刑事法杂志》2002 年第 6 期。

7. 肖建国：《程序公正的理念及其实现》，载《法学研究》1999 年第 3 期。

8. 汪海燕：《古罗马刑事诉讼制度与模式探微》，载《现代法学》2003 年第 5 期。

9. 陈卫东、韩红兴：《初论我国刑事诉讼中设立中间程序的合理性》，载《当代法学》2004 年第 4 期。

10. 谢佑平、邓立军：《预审法官制度比较研究》，载《中国人民公安大学学报》2004 年第 5 期。

11. 何勤华：《大陆法系变迁考》，载《现代法学》2003 年第 1 期。

12. 左卫民：《刑事诉讼的经济分析》，载《法学研究》2005 年第 4 期。

13. 洪浩：《从"侦查权"到"审查权"——我国刑事预审制度改革的一种进路》，载《法律科学》2018 年第 1 期。

14. 洪浩、罗晖:《法国刑事预审制度的改革及其启示》,载《法商研究》2014年第6期。

15. 洪浩、罗晖:《论我国刑事预审制度的重构——以立案登记制的改革为视角》,载《学术论坛》2015年第4期。

16. 罗晖:《新世纪法国刑事预审制度改革探析——基于成本—收益的法经济学分析》,载《学术论坛》2014年第6期。

17. 韩红兴:《我国刑事公诉审查程序的反思与重构》,载《法学家》2011年第2期。

18. 潘金贵:《美国刑事预审程序考察与评价》,载《西南民族大学学报》(人文社科版)2007年第12期。

19. 林钰雄:《论中间程序——德国起诉审查制的目的、运作及立法论》,载《月旦法学》2002年第9期。

20. 曹文安:《日本刑事预审制度介评》,载《福建警察学院学报》2009年第4期。

21. 曹文安:《论德国和意大利刑事司法语境中的预审》,载《福建警察学院学报》2010年第4期。

22. 姜虹:《澳门刑事预审制度的评价和启示》,载《北京人民警察学院学报》2009年第1期。

23. 白俊华:《试论我国刑事预审制度的历史沿革和完善》,载《中国人民公安大学学报》2004年第3期。

24. 陈海峰:《刑事审查起诉程序功能的重构》,载《政治与法律》2015年第5期。

25. 张月亭、薛宏伟:《预审是侦查活动中的子系统——试析预审在刑事诉讼中的地位》,载《公安大学学报》1988年第2期。

26. 朱以重、韩国权:《试论我国预审的性质和职能——兼谈预审概念》,载《公安大学学报》1989年第4期。

27. 季金华:《历史与逻辑:司法审查的制度化机理》,载《法律科学》(西北政法大学学报)2010 年第 4 期。

28. 周建华:《法国预审法官存废之争》,载《中国刑事法杂志》2006 年第 3 期。

29. 中国政法大学刑事法律研究中心:《中英刑事审判前程序研讨会纪要》,载《政法论坛》2002 年第 4 期。

30. 叶雷:《不做正义的旁观者——读刘桂明新〈正义不会缺席〉》,载《法人》2014 年第 7 期。

31. 李学军、刘建华:《预断排除法则若干问题浅析》,载《法学家》2003 年第 6 期。

32. 何兵:《法律程序的价值和弊端》,载《人民法院报》2004 年 5 月 12 日"法治时代"周刊版。

33. 马长山:《法治进程中公民意识的功能及其实现》,载《社会科学研究》1999 年第 3 期。

34. 万毅:《刑事诉讼价值评论》,载《法学论坛》2003 年 9 月号。

35. 钱弘道:《论司法效率》,载《中国法学》2002 年第 4 期。

36. 胡亚球:《程序安全:程序价值的新视角》,载《中国法学》2004 年第 5 期。

37. 罗旭南:《纠问式诉讼概念探微》,载《海南大学学报》(人文社会科学版)2005 年版。

38. 肖军、刘静坤:《从乌特罗案看法国预审法官制度改革》,载《中国检察官》2012 年第 16 期。

39. 柴松霞:《论德国刑事诉讼模式改革对我国的启示》,载《天津法学》2011 年第 2 期。

40. 倪静:《法国预审法官制度存废之争》,载《人民法院报》2010 年 5 月 21 日,第 8 版。

41. 施鹏鹏:《法国刑事程序无效理论研究——兼谈中国如何建立“刚性”的程序》,载《中国法学》2010 年第 3 期。

42. [荷]威姆·沃尔曼斯:《司法委员会的职能与组织——欧洲各国法院的司法行政管理模式比较研究》,王晓芳译,载《法律适用》2004 年第 2 期。

43. 张远南:《荷兰刑事诉讼简介》,载《法制日报》2003 年 3 月 27 日版。

44. 王俊平:《荷兰刑法典的发展和特色》,载《法学杂志》2009 年第 3 期。

45. 潘金贵:《法国刑事预审程序的考察与评价》,载《西南民族大学学报》(人文社科版)2005 年第 1 期。

46. 叶青:《中国大陆公诉案件审查程序与澳门预审程序之比较研究》,载《福建政法管理干部学院学报》2005 年第 2 期。

47. 谢佑平、邓立军:《预审法官制度比较研究》,载《中国人民公安大学学报》2004 年第 5 期。

48. 王册、许昆、宋家宁:《“侦审一体化”理论与实践》,载《公安大学学报》2000 年第 6 期。

49. 夏欣:《美国陪审团制度及其特点》,载《法制与社会》2013 年第 33 期。

50. 叶青、张少林:《法国刑事预审制度的评析和启示——兼论强化我国逮捕程序的公开、公正性》,载《华东学院学报》2000 年第 4 期。

51. 顾荣新:《12 世纪 ~ 19 世纪英国治安法官的起源与流变》,载《法律文化研究》(第 3 辑)。

52. 潘金贵:《英国刑事预审程序及其借鉴意义》,载《学术交流》2008 年第 5 期。

53. 赵朝、李忠诚、岳礼玲、陈瑞华:《英国刑事诉讼制度的新发展——赴英考察报告》,载《诉讼法论丛》(第2卷)。

54. 胡兴建:《美洲发现对现代立法者的启示——〈政府论〉中自然法思想的可能性初探》,载《现代法学》2008年第2期。

55. 白俊华:《试论我国刑事预审制度的历史沿革和完善》,载《中国人民公安大学学报》2004年第3期。

56. 于树斌:《对清末至民国刑事诉讼中刑事预审制度的建立与废止的考证》,载《公安大学学报》1995年第5期。

57. 张丽:《有关五卅惨案的中外交涉——以外方为中心的考察》,载《近代史研究》2013年第5期。

58. 钱月乡:《省港大罢工的历史作用》,载《省港大罢工的历史作用》1980年第6期。

59. 利丹:《省港大罢工的法制建设》,载《华南师范大学学报》(社会科学版)1993年第2期。

60. 刘庭华:《黑云压城——九一八事变与东北沦陷》,载《党史博采(纪实)》2015年第1期。

61. 云山城:《建国六十年预审工作论纲》,载《湖南省公安高等专科学校学报》2010年4月。

62. 徐茂:《刍议预审机构独立》,载《犯罪研究》2008年第6期。

63. 谭世贵主编:《中国司法制度》,法律出版社2008年版。

64. 刘海年:《中国警察制度发展史略》,载《公安大学学报》1985年第4期。

65. 刘振华:《南昌起义与我党初建的警政》,载《人民公安》2001年第16期。

66. 中华苏维埃共和国中央执行委员会:《处理反革命案件和建立司法机关的暂行程序》,载《中国新民主主义革命时期根据地法制文献选编》(第3卷)。

67. 于树斌:《试论我国预审与侦查的关系——兼论预审在公安机关办理刑事案件中的地位和作用》,载《湖北警官学院学报》2005 年第 6 期。

68. 陈闻高:《大刑侦——中国预审改革之趋势》,载《公安理论与实践》1997 年第 5 期。

69. 苏宏根:《对公安内部撤销预审机构弊端之浅析》,载《检察实践》2000 年第 3 期。

70. 江西省法学会苏区革命法制调查组:《中华苏维埃革命法制简介》,载《法学杂志》1982 年第 3 期。

71. 公安大学预审教研室:《第一次全国预审学术讨论会探讨的几个理论问题》,载《公安大学学报》1985 年第 3 期。

72. 李思国:《公安机关行政行为与刑事侦查行为的审查和辨析》,载《法治论丛》(第 17 卷)第 6 期。

73. 周忠伟:《1997 ~ 2007:我国刑事预审制度的变革及反思》,载《江西公安专科学校学报》2007 年第 6 期。

74. 周金福:《刑诉法的修改与预审的法律地位》,载《河南公安学刊》1997 年第 1 期。

75. 云山城、曹晓宝:《侦审合一后的预审工作研究》,载《湖北警官学院学报》2009 年第 5 期。

76. 张明伟:《英国刑事司法制度》,载《台湾军法专刊》(第 55 卷)第 6 期。

77. 林钰雄:《谈检察官之监督与制衡——兼论检察一体之目的》,载台湾《政法大学评论》第 59 期。

78. 张志华、袁成本:《山东法院实施新制度,推广预审法官》,载《法制日报》2005 年 10 月 24 日版。

79. 秦强:《转型中国的法律意识变迁》,载《黑龙江社会科学》2014

年第 6 期。

80. 韩德明:《我国刑事预审制度探析》,载《江苏公安专科学校学报》1997 年第 3 期。

81. 云山城:《重构我国刑事预审制度的思考》,载《公安大学学报》1995 年第 5 期。

82. 严仁群:《法官弹劾中的实质思维与表象思维》,载《甘肃社会科学》2004 年第 3 期。

83. 甄贞:《论刑事诉讼庭前审查程序的改革》,载《法学家》2001 年第 2 期。

84. 甄珍、王丽:《美国大陪审团与人民监督员制度比较》,载《人民检察》2007 年第 9 期。

85. 陈丽莉:《法国的检察官制度》,载《法学杂志》2008 年第 6 期。

86. 柴松霞:《德国刑事诉讼法修改的特色所在》,载《西部法学评论》2011 年第 1 期。

87. 王禄生:《论美国大陪审团制度的历史发展与现实意义——由弗格森枪击案谈起》,载《东南法学》2003 年第 1 期。

88. [荷]J. A. W. 伦森:《预审调查中被告人权利的比较研究》,周叶谦译,载《环球法律评论》1987 年第 2 期。

89. 姚秀兰:《香港太平绅士:“源”与“流”》,载《华中科技大学学报》(社会科学版)2009 年第 1 期。

90. 曲涛:《公安机关行政强制措施与刑事强制措施辨析》,载《当代法学》2003 年第 5 期。

91. 陈立中、郑旭:《追求刑事诉讼价值的平衡——英俄近年刑事司法改革述评》,载《中国刑事法杂志》2013 年第 1 期。

92. [荷]帕尔特 · 海因 · 凡 · 科姆普恩:《荷兰刑事诉讼程序权利保障及其新发展》,倪铁、陈波译,载《犯罪研究》2013 年第 1 期。

(三)网络资料

1. 肖云:《论刑事公诉案件庭前程序》,载 http://www.jsfy.gov.cn/llyj/xslw,最后访问日期:2014 年 11 月 30 日。

2. 郑志峰:《公诉案件庭前审查程序研究》,载 http://www.chinacourt.org/article/detail/2004/11/id/141723.shtml,最后访问日期:2015 年 6 月 20 日。

3.《立案登记制实施首月:立案登记超百万件,同比增 29%》,载 http://www.chinanews.com/gn/2015/06-04/7322507.shtml,最后访问日期:2015 年 8 月 23 日。

4. 联合国开发计划署:《2014 年人类发展报告》,载 http://www.cn.undp.org/content/china/zh/home/library,最后访问日期:2015 年 8 月 23 日。

5.《最高法:在国家和省一级设立法官惩戒委员会》,载 http://news.china.com.cn/txt/2015-02/26/content_34893713.htm,最后访问日期:2015 年 8 月 23 日。

6.《中共中央关于全面推进依法治国若干重大问题的决定》,载 http://news.xinhuanet.com/2014-10/28/c_1113015330.htm,最后访问日期:2015 年 3 月 15 日。

7.《2.3 万基层法官压力大待遇低》,载 http://news.takungpao.com/paper/q/2014/0709/2586659.html,最后访问日期:2015 年 9 月 24 日。

8. 张志华、袁成本:《山东法院实施新制度——推广预审法官》,载 http://news.sina.com.cn/0/2005-10-24/080472441853.shtml,最后访问日期:2005 年 10 月 24 日。

二、外文文献

1. A. Esmein, *A History of Continental Criminal Procedure*: *With Special Reference to France*, trans. by John Simpson, Boston, Little、Brown and Company, 1913, pp. 33 – 34.

2. A. Esmein, *Histoire De La Procedure Criminelle En France*: *Et Spécialement De La Procédure Inquisitoire Depuis Le Xiiie Siècle Jusqu'à Nos Jours*, Belfast, Ulan Press, 2012.

3. W. F Walsh, *Outlines of the History of English and American Law*, Miami, Fred B. Rothman & Co., 1995.

4. David M. Walker, *The Oxford Companion to Law*, Oxford, Oxford University Press, 1980.

5. Charles A. Pulaski, *Criminal Pretrial and Trial Procedure*, Charlottesville, Michie Company, 1982.

6. Bryan A. Garner, *Black's Law Dictionary* 8th *ED*, Eagan, Thomson West, 2004.

7. P. H. Richards and L. B. Curzon, *The Longman Dictionary of Law* 6th *ED*, Harlow, Pearson Education Ltd., 2003.

8. Ronald Joseph Delisle and Don Stuart, *Learning Canadian Criminal Procedure*, Toronto, Carswell Company Ltd., 1986.

9. Robert Shiels et al., *Criminal Procedure* (*Scotland*) *Act* 1995. 4th *Ed*, Edinburgh, W. Green 2005.

10. E. Bodenheimer and Jurisprudence, *The Philosophy and Method of the Law* (*revised edition*), Havard, Havard University Press, 1974.

11. Mireille Delmas Marty and J. R. Spencer, *European Criminal Procedures*, Cambridge, Cambridge University Press, 2002.

12. Charles H. Whitebread and Christopher Slobogin, *Criminal Procedure*, New York, Foundation Press, 1993.

13. Marvine Zalman and Larry Siegel, *Criminal Procedure Constitution and Society*, Minnesota, West Publishing Company, 1991.

14. Lem Woon v. Oregon, 229 U. S. 586, 783 (1913).

后　记

之所以将我国的刑事预审制度作为我的博士论文选题和研究方向,并将本书定名为《中国刑事预审制度研究》,主要有以下两个方面的原因:一是本选题的研究具有较为重要的理论意义和实践意义。随着立案登记制改革和法官员额制改革在全国法院系统的推进与施行,法官的入额比例受到严格限制,而法院的各项审判工作任务却日益繁重,“案多人少”的矛盾更为突出。因此,如何科学合理地推进各类案件的繁简分流并提升审判质效已经成为全国各级法院亟须解决的一大难题。但遗憾的是,现有的研究成果对民商事案件繁简分流机制的构建着墨甚多,却对刑事案件繁简分流机制的建设关注甚少,已然不能适应当前以审判为中心的刑事诉讼制度改革的要求。从传统两大法系各国的司法实践来看,建立一个由预审法官主导的刑事预审制度在审前阶段对刑事案件进行预审,不但可以有效地推进刑事案件的繁简分流,而且可以通过司法审查的方式对侦查机关的侦查权和检察机关的检察权进行有效的司法规制,从而更好地保护犯罪嫌疑人和被告人的合法权益。当然,作为一个社会主义国家,我国的司法制度和政法体制与西方国家有本质的区别。在我国,公、检、法三大司法机关在《宪法》《刑事诉讼法》等法律规范规定的范围内各司其职,共同承担着打击犯罪、保障人权的重要职责。有鉴于此,本书之所以提出对当前由公安机关主导的刑事预审制度进行改革和重构,并建立一个由预审法官为主导并具备程序性司法审查功能的刑事预审制度,其目的并不是否认公安机关和检察机关在查明犯罪事实,惩罚犯罪分子等方面的重要作用,而恰恰是为了进一步优化公、检、法三大司法机关在打击犯罪、保障人权方面的职权配置,稳定司法秩序,从而进一步推进和完善以审判为中心的刑事诉讼制度改革,更好地尊重和保障犯罪嫌疑人和被告人在审前阶段的合法权益。二是得益于我的伯乐和恩师洪浩教授和师母夏虹老师的悉心关怀和指导。正是洪浩老师在本文选题至成文定稿全过程的悉心指导,和师母夏虹老师在求学期间对我学习和生活无微不至的关爱和帮助,让我更加坚定了对本书写作的信心。在此,再次感谢洪浩老师和夏虹老师!

在本书的写作和成文过程中,我必须感谢武汉大学法学院诉讼法学科的赵钢教授、蔡虹教授、蔡杰教授、林莉红教授、刘学在教授、占善刚教授和李傲教授等诸位老师,以及谢邵静博士、耿翔博士、刘晶博士、王薇博士、宋国涛博士、欧阳俊博士、窦家应博士和张鑫博士等诸位同学。正是你们让我感受到了珞珈山的钟灵毓秀和诉讼法学的博大精深,让我在大家的关爱下树立了克服困难的勇气,一步一个脚印完成了本书的写作!不仅如此,邓晓静博士、操旭辉博士、王莉博士、胡辉博士、崔凯博士、刘冕博士、刘长伟博士、刘胜超博士等很多师兄、师姐、师妹及同学好友亦给予了我很多的指点和帮助。在家乡,我曾经和现在的工作单位广西刘晰律师事务所、广西财经学院法学院和南宁市中级人民法院的领导和同事们,以及广西大学法学院汪鑫教授、林轲亮副教授和梁春艳博士等良师益友同样给予我大力的支持。限于篇幅,无法一一列举,只能在此一并表示感谢!

在此,我还要感谢我的父母、妻子和儿子。我的妻子是一名白衣天使,也是我们家第一个博士!在本书写作期间,她从多个方面提出了宝贵的建议,并利用休息时间对本书的英文摘要和注释部分进行了修改润色。而儿子的出生则给我们一家带来了无限地幸福和欢乐,也让我下定决心将本书付梓出版！

最后，我特别感谢法律出版社的邢艳萍编辑对本书顺利出版所付出的心血和汗水。同时，本书在写作过程中参考并引用了部分著作、期刊和其他文献资料，在此一并致谢！当然，本书仅为理论研究，由于本人水平有限，书中观点亦仅为个人浅见。若有不当之处，尚祈方家和读者批评指正！特致谢忱！

罗　晖

2018 年 5 月 1 日于邕城

图书在版编目(CIP)数据

中国刑事预审制度研究 / 罗晖著. -- 北京：法律出版社，2019(2020.12 重印)
ISBN 978-7-5197-3148-9

Ⅰ.①中… Ⅱ.①罗… Ⅲ.①刑事侦查-预审-研究-中国 Ⅳ.①D918.5

中国版本图书馆 CIP 数据核字(2019)第 027881 号

中国刑事预审制度研究 **ZHONGGUO XINGSHI YUSHEN** **ZHIDU YANJIU**	罗　晖　著	策划编辑 邢艳萍 责任编辑 邢艳萍 装帧设计 鲍龙卉

出版 法律出版社
总发行 中国法律图书有限公司
经销 新华书店
印刷 北京虎彩文化传播有限公司
责任校对 王晓萍
责任印制 吕亚莉

编辑统筹 法律应用出版分社
开本 A5
印张 8.5
字数 260 千
版本 2019 年 3 月第 1 版
印次 2020 年 12 月第 2 次印刷

法律出版社/北京市丰台区莲花池西里 7 号(100073)
网址/www.lawpress.com.cn
投稿邮箱/info@lawpress.com.cn
举报维权邮箱/jbwq@lawpress.com.cn
销售热线/400-660-8393
咨询电话/010-63939796

中国法律图书有限公司/北京市丰台区莲花池西里 7 号(100073)
全国各地中法图分、子公司销售电话：
统一销售客服/400-660-8393/6393
第一法律书店/010-83938432/8433
重庆分公司/023-67453036
深圳分公司/0755-83072995
西安分公司/029-85330678
上海分公司/021-62071639/1636

书号：ISBN 978-7-5197-3148-9
定价：36.00 元
(如有缺页或倒装，中国法律图书有限公司负责退换)